U0638123

"一带一路"倡议、国际合作关系与投资区位重构

陈建勋　著

中国商务出版社
CHINA COMMERCE AND TRADE PRESS

图书在版编目（CIP）数据

"一带一路"倡议、国际合作关系与投资区位重构 / 陈建勋著 . —北京：中国商务出版社，2021.12 （2023.3重印）

ISBN 978-7-5103-4169-4

Ⅰ.①一… Ⅱ.①陈… Ⅲ.①对外投资—直接投资—区位选择—研究—中国 Ⅳ.① F832.6

中国版本图书馆 CIP 数据核字 (2021) 第 276001 号

"一带一路"倡议、国际合作关系与投资区位重构

"YIDAI YILU" CHANGYI、GUOJI HEZUO GUANXI YU TOUZI QUWEI CHONGGOU

陈建勋　著

出　　版：中国商务出版社
社　　址：北京市东城区安定门外大街东后巷 28 号　　邮政编码：100710
网　　址：http://www.cctpress.com
电　　话：010-64212247（总编室）　　　010-64241423（事业部）
　　　　　010-64208388（发行部）
责任编辑：杨　云
印　　刷：河北赛文印刷有限公司
开　　本：787 毫米 ×1092 毫米　　1/16
印　　张：15.5
版　　次：2022 年 1 月第 1 版　　印　　次：2023 年 3 月第 2 次印刷
字　　数：258 千字　　　　　　　　定　　价：68.00 元

版权所有　盗版必究（盗版侵权举报可发邮件至 cctp@cctpress.com）
购买本社图书如有印装质量问题，请与本社印制部（电话：010-64248236）联系

摘　要

自 2013 年我国提出"一带一路"倡议以来,"一带一路"相关政策与举措在国内外引起高度关注,伴随着多年探索,"一带一路"倡议初见成效。从国际层面看,在后金融危机时代,"一带一路"倡议使得作为世界经济增长引擎的中国,将自身的产能优势、技术与资金优势、经验与模式优势转化为市场与合作优势,通过开创性的地区新型合作,有效促进了全球化的再平衡,取得了良好的国际声誉。同时,"一带一路"国际合作高峰论坛也给予了海内外学者沟通与交流的开放平台,使得"一带一路"倡议日渐成熟。"一带一路"建设是一项系统工程,需要作为倡议国的中国坚持共商、共建、共享原则,积极推进与"一带一路"国家发展战略的相互对接。在推进"一带一路"建设过程中,对外直接投资是重要的组成部分。

然而,"一带一路"背景下中国对外直接投资存在着区位以及领域的不平衡、国家与企业关于对外直接投资权责不清等弊病,这表明中国对外直接投资区位重构具有紧迫性。其中,在探索对外直接投资区位重构的过程中,政治关系应是值得关注与重视的考量因素。当前学界对政治关系与投资的关系,尤其是"一带一路"背景下两者关系尚缺乏深入的讨论,缺乏对"一带一路"国家国情、中国与具体东道国政治关系的深入探析。

由此,本书将研究对象锁定为"一带一路"国家,并围绕政治关系与政治风险进行深入探析。且运用详尽的数据进行计量分析,旨在探寻政治关系与中国对外直接投资区位选择的关系,并结合研究结论为中国对外直接投资区位重构提出政策建议。本书各章主要内容如下:

第一章作为本书绪论,介绍"一带一路"倡议的现实与理论背景和意义。首先阐明了"一带一路"倡议出台的现实背景,目前中国在进行对外直接投资时面临着政治关系与政治风险的诸多挑战,且投资布局存在不均衡等弊病。其次,从经济学、地理学和政治学方面分析了"一带一路"倡议的理论背景。同时本章也说明了本书的意义,既能在实践层面上改善中国对"一带一路"国家直接投资的格局、培育新的经济增长点,又能在理论层面上丰富与发展现有的学术成果、探索具备中国特色的"一带一路"理论。

第二章阐明本书研究背景。首先,对"一带一路"相关概念进行阐释,并对"一带一路"倡议提出后某些质疑作出回应;其次,论述本书所探讨的中国对外直接投资区位重构的理论基础,指出区位理论、新自由制度主义理论、区域合作理论等对本书的相关研究主题具有重要意义;最后,对当前学界对政治关系与国际投资相关学术成果进行梳理。

第三章回顾中国在"一带一路"国家的投资历程。首先,根据区位理论将"一带一路"65国分为东亚及东盟(东南亚)11国、中亚5国、南亚8国、西亚北非等地区18国、独联体7国、中东欧16国这些区域,限定了研究主体范围,从而能够进行更具针对性的研究。然后,介绍中国对这些国家的投资概况,中国对"一带一路"65国的投资并不是完全一致,而是各有侧重,根据地缘政治和各国实力以及双方的互补性来进行相关的合作。

第四章探究"一带一路"国家与其他国家的政治关系与对中国的外资依存度的关系。首先,介绍了本章关于外资依存度的定义及分类,进而分别从整体、分阶段、个例的角度进行多层次分析。其次,在引入政治关系的基础上,本章分别从东道国制度质量和双边政治关系来探究其与外资依存度的关系。结论表明,"一带一路"倡议提出后,政府制度质量和外交关系在中国对东道国直接投资影响因素中变得更为重要。

第五章探究政治风险与中国对外直接投资的选择问题。首先,引入政治风险的相关定义及影响因素,并对其分别从整体、分阶段、分地区的角度进行了分析。其次,分析政治风险对中国向"一带一路"与非"一带一路"国家投资规模与速度的影响。中国对"一带一路"国家投资倾向于选择中高风险国家,而其他国家,中国直接投资具有较强的地域特征,总体上与政治风险成反比关系。

第六章对"一带一路"国家典型地区与国家分析。典型地区为东亚与太平洋地区、中亚地区和欧洲地区,典型国家包括巴基斯坦、俄罗斯和意大利。本章主要分析在"一带一路"倡议提出后,中国在这些地区与国家的投资概况以及与其政治关系和可能面临的政治风险。

第七章是计量分析。本章基于投资与出口规模、国家重要性和数据可得性三个标准,选取2003—2017年世界范围内198个国家(其中已同中国签订共建"一带一路"合作文件的国家为129个)与中国双边OFDI的存量与流量数据进行双重差分回归分析。解释变量主要分为两类,一类是反映东道国本身特性的东道国相关变量，另一类是反映东道国与中国相关关系的变量。结果表明，"一带一路"倡议的提出和外交关系的改善能够有效促进中国对"一带一路"地区和国家的对外直接投资，推动次区域经济合作。

第八章作为本书最后一章，将分类概括本书主要结论并为"一带一路"倡议背景下中国对外直接投资区位选择提供政策建议，使政治关系建设更好地服务于中国与"一带一路"国家的投资关系可持续发展。

目　录

第一章

绪　论

一、现实背景

"一带一路"倡议既是中国倡议的政策沟通、设施联通、贸易畅通、资金融通、民心相通等广泛系统的合作，更是东亚与欧洲"中间广大腹地国家"共同谋求发展的宏伟规划，是中国与欧亚地区国家携手共进的坚定指向。自"一带一路"倡议提出以来，中国对外直接投资规模持续扩大，并与"一带一路"国家的经贸合作不断扩大，有效促进了双方的经济发展，为后金融危机时代全球经济复苏提供了一种可能性。然而，目前中国"一带一路"建设并非一帆风顺，在对外直接投资和政治关系上仍然面临诸多挑战。一方面，中国对外直接投资的区位和领域不均衡，影响对外直接投资的成效和质量。另一方面，"一带一路"国家不同的政治、经济和文化背景蕴含着不同的政治风险，易加剧与中国的战略利益摩擦，从而影响对外直接投资的进程，增加"一带一路"倡议的实施成本。

（一）对外直接投资背景

自 2013 年"一带一路"倡议提出以来，中国对外直接投资规模迅速增长，直至 2017 年中国对外直接投资流量首次呈现降低趋势，同比下降 19.3%，2018 和 2019 年持续负增长，分别同比下降 9.6% 和 4.3%，直至 2020 年才略有回升 3.3%①，这意味着中国对外直接投资进入了快速增长后的放缓阶段。在此阶段，中国对外直接投资面临着国内外的多重挑战。

第一，全球经济下行风险尚存。当前国际社会保护主义盛行，贸易局势紧张，地缘政治风险加剧，这一系列不确定因素给中国的对外直接投资进一步增长带来阻力。联合国发布的《2020 年世界经济形势与展望年中报告》认为，由于贸易紧张局势得不到解决以及新冠疫情对世界经济的冲击，国际政

---

① 数据来源：商务部。

策具有高度不确定性，商业信心不断减弱，全球价值链或遭严重破坏，全球经济增长正在经历着全面放缓。在经济增长放缓的情况下，全球直接投资也增长乏力。联合国贸易和发展会议2021年1月发布的《全球投资趋势监测报告》显示，2020年全球外国直接投资流量为8950亿美元，在2019年1.5万亿美元的基础上下降了42%。这是全球外国直接投资自2005年以来首次低于1万亿美元，并预计2021年将进一步疲软①。全球经济低迷的大环境在给中国对外直接投资带来压力的同时也提供了机遇，互利共赢、高效优质的"一带一路"合作项目或许能够吸引更多国家的关注。

第二，投资区位的不平衡。从现有的投资情况来看，中国对外直接投资主要集中在亚洲邻近国家。近5年以来，中国对外直接投资流向以亚洲尤其是东亚与太平洋地区为主，这一地区作为中国对外直接投资最重要目的地的地位并没有发生根本改变。2019年中国对外直接投资数据显示，在投资规模方面，中国对亚洲的投资额最大，对外直接投资流量为1108.4亿美元，占中国对"一带一路"投资总量的80%以上。而对于地理距离较远的非洲国家和大洋洲国家，中国的对外直接投资规模并不大，2019年对非洲地区的对外直接投资流量为27.1亿美元（仅占总额的2%），对大洋洲地区的对外直接投资流量为20.8亿美元（仅占总额的1.5%），足见中国对区域间投资的差异性②。这既不利于"一带一路"倡议的可持续发展，也会导致中国企业集聚，加深中国企业间以及中国企业与东道国本土企业间的利益摩擦。

第三，投资产业领域的不均衡。中国对外直接投资产业结构发展不平衡，主要投资领域仍停留在初级加工产品层次，对高附加值产业、高新技术产业涉及较少。例如2019年中国对信息传输/软件和信息技术服务业的对外直接投资为54.8亿美元，仅占对外直接投资总额的4%，甚至同比下降2.7%；对科学研究和技术服务业的对外直接投资为34.3亿美元，仅占2.5%，同比下降9.7%③。一方面，这未充分利用中国企业的工业、产业优势，另一方面，会导致中国对外直接投资领域布局失衡，加深部分国家对中国投资目的的误解（如获取能源的动机等）。为改变此现状，中国需要在进行对外直接投资时兼顾本国与东道国双方利益，将本国优势产业与东道国发展规划对接。同时中国需要调整对外直接投资战略，通过不断改变投资增量的流向、区位、速

---

① 数据来源：联合国贸易和发展会议。
② 数据来源：商务部。
③ 同上。

度等，推动对外直接投资在世界范围内的重新布局，优化中国企业对外直接投资的产业领域选择。

（二）政治关系背景

当前"一带一路"倡议已得到65个国家的响应和支持，但中国与这些国家的合作并非一帆风顺。在推进"一带一路"倡议时，由于不同地区和国家的政治、经济状况以及与中国关系紧密程度不同，导致中国企业进行对"一带一路"国家投资时面临诸多困境与阻碍。同时，国际社会特别是西方某些怀有偏见的国家存在抹黑"一带一路"倡议的声音，进一步加剧中国落实"一带一路"倡议的压力。

第一，"一带一路"国家的国情差异影响中国对外直接投资实效。"一带一路"国家政治制度、经济发展程度、社会文化发展水平、宗教信仰等都具有较大差异，部分地区地缘政治关系也较为复杂。其中，东道国国内的政治情况是影响中国对外直接投资的重要因素之一。"一带一路"国家中发展中国家居多，部分国家甚至处于政治局势不稳定状态，面临着内乱、恐怖主义等威胁。

东南亚的缅甸长期面临着少数民族地方武装对政府治理的挑战，西亚北非地区的也门和阿富汗等国家遭受着反政府武装与恐怖主义的双重威胁，中东欧地区的乌克兰处于美俄斗争的角力场，政治局势难以平静。而上述国家大多处于"一带一路"倡议实施的关键位置，缅甸是连接东南亚及通往南亚地区的门户，也门位于亚丁湾、红海和阿拉伯海的咽喉部位，叙利亚是西亚地区和地中海沿岸的重要国家，乌克兰则是欧盟与独联体特别是俄罗斯地缘政治等交叉点。这些国家的政治不稳定给中国的对外直接投资带来不确定性（杨思灵，2015）。从世界治理指数（WGI）和政治风险指数（PRI）分析也可以看出，相较于其他国家，"一带一路"国家的制度质量更低，政治风险偏高，且"一带一路"不同地区政治运行的效能和风险存在差异，各国对中国的外资依存度存在不均衡性。这种不稳定性、不确定性与不均衡性为中国企业"走出去"带来一定阻碍，甚至还会招致其他国家的介入，加深误解与疑虑，增添复杂性。由此可知，为提升对外直接投资的实效，中国需要充分考察各国的实际国情，进行恰当的顶层设计和政策规划。

第二，中国与"一带一路"国家政治关系的差异性为中国制定对外直接投资相关政策带来较高政策成本。在加强与中国经济合作实现共同经济利益的同时，不同国家有不同的战略利益需求，对"一带一路"倡议的接受程度也不同。与中国地缘上更为接近的东南亚国家寻求该地区中美日的大国平衡，南亚地区的印度在与中国经济合作的同时也存在着政治经济等多领域竞争关系，中亚、西亚和北非的国家则希望中国能够在地区安全上发挥更大作用。战略利益的差异可能导致合作关系的紧密差异，巴基斯坦、孟加拉国、缅甸等与中国利益重合较多的国家积极回应"一带一路"倡议，开展中巴经济走廊（CPEC）、孟中印缅经济走廊（BCIM）等经济合作与中国"一带一路"项目对接。而与中国存在利益冲突的国家则在"一带一路"合作方面更为犹豫，其中，中国与部分"一带一路"国家的领土争端问题在某种程度上影响着国家间的政治关系和合作关系。在南海地区，中国与菲律宾、越南等国家存在着领海争端；在陆地领域，中国与印度、越南等国的边境冲突至今仍是两国关系友好发展的阻碍因素。与此同时，以美国为首的西方大国的干扰加深了中国与"一带一路"国家双边关系的复杂性。某些国家会为了本国的全球利益而遏制中国发展，通过挑起中国与其他国家的争端，破坏中国与"一带一路"国家的双边关系，例如西方国家在国际社会上鼓吹的"中国威胁论"在缅甸、印度、越南等东南亚和南亚国家较为盛行（杨思灵，2015），由此增大了中国对外直接投资的难度。由此可知，中国与"一带一路"国家的双边政治关系给中国对外直接投资带来重要影响，为促进对外直接投资，中国需要思考区位重构的战略与政策。

第三，国际社会特别是某些怀有偏见的西方国家对"一带一路"倡议的抹黑与质疑影响其他国家与中国的政治关系和合作态度。这些抹黑与质疑主要表现为猜疑"一带一路"倡议的政治和经济意图，认为其是一种霸权主义、地缘政治、马歇尔计划和新殖民主义，是一种服务于中国经济的单方面考量。在具体的投资层面，陈涛涛（2019）等认为质疑主要集中于中国的投资动机、项目实施和投资影响。针对投资动机，《华盛顿邮报》和《纽约时报》认为"一带一路"倡议是中国经济及合作模式的输出，一方面通过投资转移国内过剩产能，另一方面，控制并获取中东地区及亚非国家石油天然气矿产等自然资源（韦宗友，2018）。针对项目实施，舆论质疑中国"一带一路"项目实施的可行性，认为项目的实施存在各种潜在的风险，而应对这种风险并没有可行的手段。多数"一带一路"国家的政府机构运转低效，仍是低收入经济体，对大型投资项目的需求和风险进行评估的能力有限，可能带来操作和执行的风险（Kohli 和 Zucker，2018）。国际社会对于"一带一路"倡议的质疑声音部分源于中国在对外直接投资时确实存在的不足之处，但更多的是西方一些国家为阻碍中国与"一带一路"国家合作发展的污名化行为。在此不利的舆论背景下，中国应该积极主动回击对"一带一路"倡议的抹黑或污名化行为，澄清国际社会对于"一带一路"倡议的误解，重视与其他国家建立良好政治关系，为"一带一路"建设顺利开展提供政治保障。

二、理论背景

随着"一带一路"倡议的不断完善和中国对外直接投资的日益发展，学界有关"一带一路"背景下中国对外直接投资的理论成果越来越多，主要集中于投资对经贸关系的影响以及投资区位的选择，一方面肯定了"一带一路"倡议对于促进中国与"一带一路"国家经贸合作的意义，另一方面为中国对"一带一路"国家的直接投资提供了理论建议。同时，也有部分学者的研究涉及政治因素与"一带一路"倡议的关系。

（一）全球价值链分工理论

全球价值链分工理论认为，产品生产包含不同的经营环节和生产工序，模块化分布到不同国家进行生产会带来更高的经济效率，因此"一带一路"背景下的海外投资在生产工序重分布方面有合理性。全球价值链是指为实现商品或服务价值而连接生产、销售、回收处理等过程的全球性跨企业网络组织，涉及从原料采购和运输，半成品和成品的生产和分销，直至最终消费和回收处理的整个过程。在经济全球化条件下，企业往往在全球范围内配置资源和生产布局，这种全球价值链分工能够整合各方的比较优势，从而创造最大化收益。"一带一路"背景下的中国对外直接投资能够提升中国与东道国的价值链关联程度以及中国在价值链中的分工地位，这种效应甚至能够外溢到非"一带一路"国家和地区，促进中国与其他国家的经贸合作，提高经贸合作的效率（戴翔、宋婕，2020）。

中国开展对外直接投资能够优化全球价值链分工，促进产业调整升级，培育新的经济增长点，推动全球经济的协同发展，有利于中国、东道国乃至第三国经济的可持续发展。中国与"一带一路"国家的经济具有互补性，在"一带一路"背景下开展的对外直接投资能够放大这种外投资的正面效应，具有合理性与科学性，既能够推动中国和东道国经济发展，也能够更好地促进双边经贸合作。

(二) 经济地理学理论

经济地理学是以人类经济活动的地域系统为中心内容的一门学科，主要以地域为单元研究世界各国、各地区经济活动的系统和它的发展过程。当前国内外学者主要结合区位理论来对投资区位选择进行探讨，即国家基于区位理论，对相关因素进行综合考量，为海外投资寻求更低的成本和更优的区位，进一步确定对外直接投资的最佳流向，进而发展出经济地理学。

目前，中国对"一带一路"国家投资存在区位不均衡的问题。从现有的投资情况来看，中国对外直接投资主要集中在亚洲邻近国家，对"一带一路"其他地区的投资有所忽视。商务部数据显示，2020 年中国企业在 58 个"一带一路"国家中主要投向新加坡、印尼、越南、老挝、马来西亚、柬埔寨、泰国、阿联酋、哈萨克斯坦和以色列等国家①。这既不利于"一带一路"倡议的可持续发展以及影响力扩大，也会导致中国企业集聚，加深中国企业间以及中国企业与东道国本土企业间的利益摩擦。本着适度分散原则，学者建议中国应该更为合理地进行投资布局，在进行对"一带一路"国家投资的区位选择时，一方面需要考虑基本合作条件，如东道国的自然资源、市场规模、劳动力成本和基础设施状况等，另一方面需要考虑影响合作的外部因素，如东道国的政治稳定性、制度质量等，减少投资活动的不确定性和不稳定性，从而最大程度上保障对外直接投资实效。

(三) 政治关系和政治风险与"一带一路"倡议

"一带一路"背景下的对外直接投资给东道国经济发展注入了资金和技术，既开发利用东道国的经济潜能，推动东道国的技术创新和产业调整升级，助力经济整体发展，又通过基础设施建设等项目建设改善东道国发展经济的物质基础，推动其持续发展。中国对外直接投资通过加强与"一带一路"国家的经济贸易合作，来给予东道国经济利益，一方面加强了被投资国家甚至第三国对中国的好感与支持，另一方面也能够缓解双方在其他领域的摩擦与冲突，进而促进双边政治关系发展。

---

① 数据来源：商务部。

但在地缘政治环境复杂的欧亚地区，"一带一路"背景下的中国对外直接投资也面临着政治风险。其一，地缘政治博弈下的国家战略利益冲突会影响中国与"一带一路"国家的友好关系，给"一带一路"倡议的开展带来负面影响，例如，俄罗斯追求中亚地区的主导权，会对与中亚国家展开深入合作的"一带一路"倡议带来疑虑，从而放缓与中国在"一带一路"项目上的合作步伐。其二，西方国家将"一带一路"倡议视作中国崛起的手段，甚至是中国与其争夺霸权的方式，这种"中国威胁论"也不利于中国在地缘环境敏感的"一带一路"国家进行对外直接投资与经贸合作。

三、现实意义

本书以政治关系为重点研究"一带一路"背景下中国对外直接投资的区位重构，不仅在经济领域促进中国对外直接投资的合理布局，加强与"一带一路"国家的经济合作，为双方培育新的经济增长点，还能在政治领域加强国家间双边或多边关系，减少地缘政治环境带来的战略利益冲突，降低地区、国家不稳定风险。

（一）构建更具全方位特点的对外直接投资格局

中国产品在过去主要处于产业链低端，在产品内分工时代通过加工贸易参与国际分工，主要表现为承接发达国家劳动密集型产业，向发达国家输出加工品。经过几十年的发展，中国已成功转变为中等收入水平国家，未来经济发展与结构提升对中国开拓海外投资布局提出更高要求。中国与发达经济体仍有很多投资合作空间，同时与新兴经济体以及广大发展中国家进行投资合作的重要性也将会显著提升。在当今思考中国对外直接投资区位重构具有重要的现实意义，不仅会助力中国打造覆盖国家范围更广、投资区位选择更精准、投资领域更全面的对外直接投资格局，更有利于中国构建全方位开放新格局，深度融入世界经济体系。

"一带一路"倡议有助于中国与"一带一路"国家开展更大范围、更高水平、更深层次的区域合作，共同打造开放、包容、均衡、普惠的区域经济合作架构，为中国对外直接投资开辟新空间、营造新环境，构建更为合理的对外直接投资格局。中国对"一带一路"国家的投资能够实现优势产能与基础产能的互补。中国可根据各国所处不同工业化阶段，将自身优势产能与当地基础产能结合。对工业化初期的国家，中国可大量投资劳动密集型产业，带动当地加工贸易发展。工业化中期的国家往往对于港口、铁路和公路等基础设施有着较大发展需求，而中国不仅装备制造技术能力成熟，而且在工程建设上具有价格优势，是开展合作的较优选择。对于已进入后工业化阶段的国家，投资合作可深入到新一代信息技术、生物、新能源和新材料等新兴产业领域。这样具有针对性的对外直接投资能够提高中国对外直接投资效率，与"一带一路"国家开展更为深入的多领域经贸合作，使得中国对外直接投资格局更为合理。

（二）培育国内、区域乃至全球范围的新经济增长点

当前，中国内部面临着宏观经济周期调整的下行压力，外部面临着中美贸易摩擦带来的负面经济影响，消费增速放缓，有效投资增长乏力，国内生产总值增速放缓，经济结构调整迫切。国家统计局数据显示，自 2010 年以来，中国 GDP 增速一直呈降低趋势，固定资产投资额增速同样也一直在放缓，2019 年甚至出现了负增长。2020 年负增长趋势持续，投资额较 2018 年下降 18.3%，国内经济运行面临较大下行压力①。此外，国际上中美经贸摩擦升级效应持续显现，长期的贸易摩擦也会影响国际贸易、对外投资、技术转移和人员交流，进而影响中国的科技创新能力和产业链、供应链发展，对中国经济产生较大的负面影响。

同时，"一带一路"国家特别是发展中国家在基础设施，体制政策方面存在不足，诸多限制导致其发展潜力未能得到充分释放。在这样的形势下，中国思考投资区位重建，对症施策，将有助于中国投资于需求最紧迫的国家与区域，这一方面可以提高中国对外直接投资的经济效率，促进中国的产业结构升级，使得"一带一路"建设更具成效；另一方面激发"一带一路"国家的经济活力，开发经济潜能，有助于更好地实现经济可持续发展目标，从而培育中国和"一带一路"国家新的经济增长点，并通过"以点带面"的形式推动培育区域乃至全球的经济新增长点。

（三）改善与"一带一路"国家的政治关系

目前中国与部分"一带一路"国家存在领土争端与历史冲突等问题。在

---

① 数据来源：国家统计局。

南海地区，中国与菲律宾、越南等国家存在着领海争端；在陆地领域，中国与印度、越南等国的边境冲突至今仍是两国关系友好发展的阻碍因素，这些因素阻碍着中国与其他国家各方面的正常交往，不利于中国对外开放政策和中国特色大国外交的开展。

在中国对外直接投资区位的重构下，中国与"一带一路"国家经贸领域的合作将更加高质高效，能够为双方带来切实的经济利益，增强彼此之间的信任。经济具有为政治服务的功能，这种经济领域的正面印象会延伸至政治等多领域，从而缓解之前双方间存在的摩擦，促进双边政治关系的改善。同时，"一带一路"国际合作平台秉承着共同发展、平等互利的原则，是中国向世界提供的国际机制类公共产品，能够对世界经济的复苏产生积极影响，也是中国作为"负责任大国"的具体担当。因此"一带一路"倡议能够减轻国际社会对于中国的误解与偏见，通过互利互惠、高质高效的方式让所有"一带一路"参与国共享合作成果，反击西方国家的"中国威胁论"和"中国霸权论"，从而在国际上营造更为积极正面的中国国际形象。

（四）缓解欧亚地区复杂敏感的地缘政治关系

欧亚地区作为地缘政治环境最为复杂的地区之一，面临着大国战略竞争、国家间领土争端、宗教冲突等一系列政治问题。东亚地区存在着中国、美国、日本和韩国的战略博弈，而在东北亚地区俄罗斯又强势介入，加剧地缘博弈；中亚地区一直以来被视为俄罗斯的势力范围，与期望在中亚投资能源行业的中国利益相悖；南亚地区和西亚地区面临着严重的民族武装和恐怖主义问题；中东欧地区历来处于美俄欧斗争的角力场；西欧地区则呈现德国、法国和英国的大国平衡。"一带一路"地区的地缘博弈为各国关系带来不稳定因素，也不利于各国的经贸合作和经济发展。

"一带一路"倡议作为双边及多边合作机制，能够为有着摩擦和冲突的国家提供对话和协商平台，以及通过共享经济利益缓和政治关系，缓解欧亚地区间国家摩擦。更为重要的是，在考虑政治关系的情况下，中国对外直接投资的区位选择将更多地关注地缘政治环境的作用，投资区位重构将有针对性地根据不同国家的地缘利益而采取不同的具体政策，以经济领域多国的合作来缓解政治上的地缘敏感度，为"一带一路"国家对外发展营造更为稳定和谐的地区环境。

四、理论意义

（一）丰富次区域合作理论的内涵

跨境次区域合作是是运用边境区位的特性，将边境对经济发展与合作的屏蔽作用，通过政府支持、网络联系、过境需求、企业集聚等转化为中介作用，挖掘边境区位优势，并以此带动跨境经济合作，将边境区由一个国家内部的"边缘区"转化为具有发展潜力的"核心区"。与此前以国家为参与主体、宏观化、整体性的区域经济合作相较，本书选取的以"一带一路"为代表的次区域合作有其自身的特点，以区位作为核心单位，更注重中观甚至微观领域，具有包容性，关注边界从屏蔽效应走向中介效应与跨境区位经济功能的建构。

由此可知，"一带一路"倡议的顺利推行验证了次区域经济合作理论的合理性和科学性，但次区域经济合作的固有特性也使各国发展次区域经济合作时面临政策阻碍与协商困境。而本书从政治关系入手，将政治因素考虑进次区域经济合作，通过寻求政治关系的改善来完善次区域经济合作的方法论，并通过典型地区和国家的实例分析中国推行"一带一路"倡议及中国对外直接投资过程中所面临的经济合作困境，为次区域的经济合作提出创新性的政策建议和更具实践意义的解决方案，从而丰富次区域合作理论的内涵。

（二）明确不同政治关系在国际投资中的作用

目前学界对于政治关系对国际经济合作的理论研究多聚焦于宏观的经贸关系和影响机理，而本书则从"一带一路"大背景入手，落脚于宏观层次的中国对外直接投资和投资区位选择，并引入新的视角——"政治关系"，重点探究国家间政治关系是否对中国对外直接投资区位选择产生影响及影响程度，在此基础上进一步通过实际案例及相关数据进行论证，对所提出的理论观点进行实证检验。

本书以政治关系为研究重点，深入考察了"一带一路"建设中政治关系对中国对外直接投资的影响路径及区位选择。首先，根据区位理论分析了"一带一路"国家和其他国家的投资概况，并引入政治关系和政治风险进行探讨，为研究"一带一路"与对外直接投资之间的关系提供一个新视角。其次，对"一带一路"典型地区和国家的投资状况与政治关系进行详细分析，从而更具针对性地为中国对外直接投资提供具体的建议措施。因此，本书从研究切口和研究建议方面丰富了现有的"一带一路"理论研究，也为后续确定相关理论奠定基础。

（三）探索具有中国特点的地缘政治学理论

现有的地缘政治学理论主要由西方国家提出，充满了现实主义的权力和利益的零和博弈，无法对中国追求互利共赢的"一带一路"倡议设计的地缘问题进行解释。西方地缘政治学经发展演变形成了系统的古典地缘政治理论，提供了一整套有关地缘政治的思维模式和认识论框架，即"西方地缘政治想象"。正如科林·弗林特和张晓通（2016）所言，受刻板印象影响，当代西方学者在解读"一带一路"倡议时会产生惯性思维：一是历史类比，将中国与历史上的崛起大国相比照；二是通感，想象中国会模仿自己追求扩张和霸权。在西方地缘政治学的固化思维下，国际社会对中国的"一带一路"倡议存在怀疑、误解和偏见，将"一带一路"倡议比作"马歇尔计划"，认为是中国为了增强对其他国家的影响力和控制力而实行的霸权计划，从而在中国和其他国家之间造成带有冲突和竞争性质的预期，这既不利于"一带一路"倡议在国际社会的广泛开展，也不利于中国良好国际形象的建设。因此提出具备中国特点的，符合"一带一路"倡议的，建设合作开放、互利共赢特征的地缘政治学理论至关重要。

本书从政治关系出发讨论"一带一路"倡议背景下中国的对外直接投资区位重构，强调发展与"一带一路"国家的友好政治关系，以优化对外直接投资促进政治关系改善，又因政治关系改善深化经贸合作发展，实现政治关系和经济关系的良性循环。中国不以追求权力和控制为目的，不依循"国家中心主义"路径，也不采取海陆对立的"两分法"视角，而是采取市场逻辑和商业法则来开展正面的地缘政治经济实践，做到地缘邻近的各方共享成功、共同发展。这种通过政治关系视角来探讨中国对外直接投资区位问题的方式是超越传统地缘政治思维、提出带有中国合作共赢特色的地缘政治观的一种理论尝试。

五、本书特色

本书以"一带一路"倡议背景下对外直接投资的区位重构为主题，将研究对象锁定为"一带一路"国家，并围绕政治关系与政治风险进行深入探析。同时，本书运用详尽的数据进行计量分析，以便检验和深入分析政治关系与中国对外直接投资区位选择的关系，并在此基础上，结合研究结论为中国对外直接投资区位重构提出政策建议。具体而言，本书具有的特色如下：

（一）考察了不同类型"一带一路"国家的投资区位变迁

本书根据区位理论考察了中国在"一带一路"不同地区和国家的投资区位变迁历程。首先，根据区位理论将"一带一路"65国分为东亚及东盟10国、中亚5国、南亚8国、西亚北非18国、独联体7国、中东欧18国这些区域，并分别从地区和国家层面分析中国的投资区位变迁。同时，在对不同国家与中国的政治关系类型作出梳理的基础上，本书进一步对典型的"一带一路"国家（如巴基斯坦、俄罗斯、意大利）和地区（如东亚与太平洋地区、中亚地区、欧洲地区）投资区位的变迁进行了细致分析，并在分析中强调了政治关系对于投资区位变动的影响作用，以深入阐释本书主题。

（二）探讨了政治关系对投资区位的影响机制

本书对于东道国政治关系的研究从两个不同层面的指数与"一带一路"国家对中国的外资依存度的比较展开。第一个层面立足于东道国国内的政治制度情况，即制度质量指数（WGI）；第二个层面考虑了东道国与中国的双边政治关系，即"一带一路"国家与中国的双边关系指数（BIL）。并基于此得出结论："一带一路"国家对中国的外资依存度与各国的制度质量呈负相关关系。"一带一路"国家对中国的平均外资依存度在国别间的差异较大。老挝、塔吉克斯坦等经济体对中国的外资依存度较高，沙特阿拉伯、匈牙利等国家对中国的外资依存度较低。"一带一路"倡议的提出，推动了双边关系在中国对东道国直接投资影响因素中的重要程度，这同时意味着二者关系更加极化，即，"一带一路"倡议给与中国关系亲密的国家更多的投资渠道，而给与中国原本关系疏远的国家较少的投资利益。

（三）运用因果分析框架检验了国家政治关系对对外直接投资的因果效应

因果分析是为了确定引起某一现象变化原因的分析，能够从逻辑上解决"为什么"的问题，本书则运用这种框架，从一个新的视角——"政治关系"

来探寻并验证引起对外直接投资变化的原因，为对外直接投资现象提供合理的解释。

本书首先从理论上分析了政治关系影响中国对外直接投资的因果链条，并结合典型地区和国家进行详细说明。其次，本书构建双重差分模型对于上述因果逻辑进行实证检验。计量分析选取了 2003—2017 年世界范围内 198 个国家与中国双边 OFDI 的存量与流量数据，并选择友好城市数量、主席出访次数、总理出访次数三个自变量作为国家政治关系的衡量指标，来验证其对对外直接投资的因果效应。

主要参考文献

［1］陈涛涛，金莹，吴敏，徐润，葛逸晅. "一带一路"倡议的合作体系构建与舆论挑战——基于国际直接投资视角的研究［J］. 国际经济合合作，2019（2）：4 – 19.

［2］戴翔，宋婕. 中国 OFDI 的全球价值链构建效应及其空间外溢［J］. 财经研究，2020，46（5）：125 – 139.

［3］科林·弗林特，张晓通. "一带一路"与地缘政治理论创新［J］. 外交评论：外交学院学报，2016（3）：1 – 24.

［4］韦宗友. 美国媒体对"一带一路"倡议的认知——基于美国三大主流媒体的文本分析［J］. 国际观察，2018（1）：112 – 126.

［5］杨思灵. "一带一路"倡议下中国与沿线国家关系治理及挑战［J］. 南亚研究，2015（2）：15 – 34，154 – 155.

［6］Kohli H.，Zucker L. An Economic Perspective on the BRI：Five Years after its Launch［J］. Emerging Markets Forum，Tokyo，2018.

第二章

理论基础与文献综述

一、关键概念界定

（一）"一带一路"倡议的基本概念

"一带一路"倡议（The Belt and Road，缩写 B&R）指中国国家主席习近平分别于 2013 年 9 月和 10 月提出的"新丝绸之路经济带"和"21 世纪海上丝绸之路"合作倡议的总体简称，2015 年正式被提出。[①] 作为东亚与欧洲"中间广大腹地国家"共同谋求发展的宏伟规划，中国的"一带一路"倡议包含政策沟通、设施联通、贸易畅通、资金融通、民心相通等广泛系统的合作内容。根据上述官方阐释，学界对"一带一路"倡议的概念进行了具体化扩展，认为"一带一路"倡议的理论本质是多维度的经济一体化，是 21 世纪以古代丝绸之路为文化纽带，以欧亚地区的基础设施互联互通为重点，并依托中国作为主要推动力的经济一体化工程（谢来辉，2019）。对于国内而言，"一带一路"倡议是中国全方位对外开放的统领性战略，是中国实现"开放发展"的主要旗帜和载体，决定着未来数十年中国的发展路径和模式；对于世界而言，"一带一路"倡议是改革现有国际经济治理模式、实现包容性发展的尝试，是推动世界从"二元"分割发展到"三元"融合发展的努力（刘卫东，2016）。"一带一路"国家名录见表 2-1。

"一带一路"倡议现阶段包括五个重点地域合作方向。"丝绸之路经济带"重点畅通三条线：一是中国经中亚、俄罗斯至欧洲（波罗的海）；二是中国经中亚、西亚至波斯湾、地中海；三是中国至东南亚、南亚、印度洋。"一带一路"倡议将"依托国际大通道，以沿线中心城市为支撑，以重点经贸产业园区为合作平台，共同打造新亚欧大陆桥、中蒙俄、中国—中亚—西亚、

---

① 习近平：《在哈萨克斯坦纳扎尔巴耶夫大学发表重要演讲——弘扬人民友谊，共同建设丝绸之路经济带》，载《人民日报》，2013 年 9 月 8 日；习近平：《中国愿同东盟国家共建世纪海上丝绸之路》，载《人民日报》，2013 年 10 月 3 日。

中国—中南半岛等国际经济合作走廊"。"21 世纪海上丝绸之路"重点方向包括：从中国沿海港口过南海到印度洋，延伸至欧洲；从中国沿海港口过南海到太平洋。"海上以重点港口为节点，共同建设通常安全高效的运输大通道"。《愿景与行动》特别提到"中巴、孟中印缅两个经济走廊与推进'一带一路'建设关联紧密，要进一步推动合作，取得更大进展"。

表 2－1　"一带一路"沿线 65 个国家名录

类别	国家
东亚 1 国	蒙古国
东盟 10 国	新加坡、马来西亚、印度尼西亚、缅甸、泰国、老挝、柬埔寨、越南、文莱、菲律宾
南亚等地区 8 国	印度、巴基斯坦、阿富汗、孟加拉国、斯里兰卡、马尔代夫、尼泊尔、不丹
中亚 5 国	哈萨克斯坦、乌兹别克斯坦、土库曼斯坦、塔吉克斯坦、吉尔吉斯斯坦
独联体 7 国	俄罗斯、乌克兰、白俄罗斯、格鲁吉亚、阿塞拜疆、亚美尼亚、摩尔多瓦
西亚、北非等地区 18 国	伊朗、伊拉克、土耳其、叙利亚、约旦、黎巴嫩、以色列、巴勒斯坦、沙特阿拉伯、也门、阿曼、阿联酋、卡塔尔、科威特、巴林、希腊、塞浦路斯、埃及
中东欧 16 国	波兰、立陶宛、爱沙尼亚、拉脱维亚、捷克、斯洛伐克、匈牙利、斯洛文尼亚、克罗地亚、波黑、黑山、塞尔维亚、阿尔巴尼亚、罗马尼亚、保加利亚、马其顿

"一带一路"倡议重点合作内容则体现为"五通"。第一，"一带一路"国家共同协调发展规划与加强政策沟通是"一带一路"建设的重要保障；第二，"一带一路"国家大力建设基础设施，实现互联互通是"一带一路"建设的优先领域；第三，"一带一路"国家扩大贸易与相互投资，实现贸易畅通是"一带一路"建设的重点内容；第四，促进金融合作与资金融通是"一带一路"建设的关键支撑；第五，"一带一路"国家开展广泛的社会和文化交流与合作，实现民心相通是"一带一路"建设的社会根基。

（二）对外直接投资

对外直接投资（Outward Foreign Direct Investment，缩写 OFDI）是一国投资者为取得国外企业经营管理上的有效控制权而输出资本、设备、技术和管理技能等经济行为。根据 2010 年中国商务部和国家统计局公布的《对外直接投资统计制度》，对外直接投资是指"我国企业、团体等在国外及港澳台地区以现金、实物、无形资产等方式投资，并以控制国（境）外企业的经营管理权为核心的经济活动"，其目标是实现持久利益。对外直接投资方式主要有以下四种：第一，参与资本。第二，开办合资企业。由双方共同投资并派遣拥有代表权的人员参加经营。目前一些发展中国家为了保障本国利益，对合资企业中的外资比例都有立法限制。第三，收购现有企业。第四，开设子公司（或分公司），由总公司出资，根据当地法律开设独立经营企业（韩双林、马秀岩，1993）。对外直接投资有利于被投资国解决资金困难、引进先进技术、扩展出口贸易、增加就业机会，因而被广为接受。

"一带一路"国家和地区经济潜力较大，中国对其直接投资有利于东道国解决资金困难、引进先进技术、扩展出口贸易、增加就业机会，给东道国带来经济利益。同时，"一带一路"国家经济发展程度和制度化水平各异，中国对外直接投资需要综合考量各种因素，因地制宜采取合适的对外直接投资方式。

（三）政治关系

政治关系是围绕国家公共权力而形成的一整套关系体系，对于国家间交往来说，政治关系是一种重要的双边制度联系，友好的政治关系有利于两个国家良性的外交互动和经贸往来（凌丹、张玉芳，2017）。

（四）政治风险

富兰克林·鲁特（Franklin Root）在 1968 年提出了政治风险的概念，主要指政府对企业干预所带来的负面影响。随着时代的发展，政府干预造成损失的情况越来越少，政治风险的含义逐渐延伸到政府不作为所带来的风险，通常表现为腐败、国家失败、政治体制缺陷、民粹主义等。在对外直接投资中，政治风险主要指东道国因国内政治或国际政治环境变化而导致的环境不确定性，主要表现为东道国政治结构或政策突然发生变化而带来的投资成本增加（Sissani 和 Belkacem，2015）。在"一带一路"建设中，政治风险主要有域内外大国的地缘战略博弈、域内地区大国的激烈竞争和域内弱小国家的政治不稳定，这些风险能够增加"一带一路"国家环境的不确定性，加剧了中国与"一带一路"国家关系的负面性和关系间的无序、竞争与对抗，从而增加对外直接投资的难度，不利于中国推进"一带一路"建设。

二、理论基础

（一）区位理论

区位理论是关于人类活动的空间分布及其空间中的相互关系的学说，主要解决"一定的经济活动为何会在一定的地方出现"这一基本问题，具体而言，区位理论是研究人类经济行为的空间区位选择及空间区内经济活动优化组合的理论（魏伟忠、张旭昆，2005）。

区位（location）主要指事物占有的场所，但也含有位置、布局、分布、位置关系等方面的意义。由于区位理论限定于研究人类为生存和发展而进行的诸类活动，从这个意义上讲，区位是人类活动（人类行为）所占有的场所。具体而言，区位除了解释为地球上某一事物的空间几何位置，还强调自然界的各种地理要素和人类经济社会活动之间的相互联系和相互作用在空间位置上的反映。区位就是自然地理区位、经济地理区位和交通地理区位在空间地域上有机结合的具体表现。区位主体是指与人类相关的经济和社会活动，如企业经营活动、公共团体活动、个人活动等。区位主体在空间区位中的相互运行关系称为区位关联度。区位关联度影响投资者和使用者的区位选择。一般来说，投资者或使用者都力图选择总成本最小的区位，即地租和累计运输成本总和最小的地方。

古典区位理论与"一带一路"倡议背景下中国对外直接投资最为相关的是工业区位分析传统，这一传统源于阿尔弗雷德·韦伯（Alfred Weber）1909年发表的《工业区位理论：区位的纯粹理论》一书，主要是找寻工业区位移动的规律，解决工业尤其是制造业的区位选择问题。韦伯对工业区位因素做出了经典划分，将其分为两类：区域因素和位置因素。其中区域因素是影响工业分散于各个区域的因素，位置因素是促使工业集中于某些区域的因素。在此基础上，韦伯重点研究了运输成本、劳动力价格和原料成本对工业区位选择的影响程度。一般而言，运输成本和原料成本对工业区位的影响程度较大，工资成本相对影响较小，但随着各地工人劳动生产率和工资率的差距增大，工资成本对区位迁移的影响也会增大。

20世纪30年代，随着政府权力和职能的扩大，政府行为逐渐进入区位理论的研究范围，出现了政府行为学派。政府行为学派的代表是美国经济学家埃德加·胡佛（Edgar M. Hoover），其在著作《区域经济学导论》中提出了构成复杂经济活动的区位结构，并强调非经济因素，如政治因素、军事因素在区位结构中的作用。

本书的研究重点正是以政治关系作为主要分析依据，以具体国家作为研究对象，来探究"一带一路"背景下中国对外直接投资区位重构，因此区位理论对本书具有重要借鉴意义。本书对区位理论的主要应用有：第三章结合区位理论对"一带一路"65国进行分类，进而对投资现状进行分析；第六章运用区位理论分析"一带一路"倡议在典型地区和国家的建设进展和面临风险。

（二）次区域经济合作理论

次区域经济合作理论是结合地缘因素和国际政治经济学理论，解释次区域范围内行为体经济互动的地缘经济学分析框架，其研究重点次区域经济合作（Subregion economy cooperation）是相对于区域经济合作而言的，指若干国家和地区接壤地区之间的跨国界的自然人或法人，基于平等互利的原则，在生产领域内通过各种生产要素的流动而开展的较长时期的经济协作活动（柳思思，2014）。根据亚投行的定义，"次区域"是指精心界定的、由三个或三个以上国家或地区组成的地理毗邻的跨境经济区。从经济发展的角度看，次区域合作的实质就是生产要素在"次区域"这个地缘范围内趋向自由化的流动，从而带来生产要素的有效配置和生产效率的提高，主要表现为在这个地缘范围内的贸易和投资自由化。因而，在经济范畴上，它属于区域经济一体化范畴，是区域经济一体化的一种形式，并伴随区域经济一体化的发展而得到强化。

第二次世界大战后，世界经济一体化迅速发展，东亚经济高速增长并出现通过扩大内部需求—供给来促进自身发展的特征以及冷战结束后东亚各国加快了对外开放的步伐，在这种背景下，东亚出现了次区域经济合作这种新的经济合作方式。20世纪80年代末90年代初，东亚的次区域经济合作踊跃出现。

根据次区域经济合作概念可知，其特征如下：通常只涉及成员国领土的一部分；建立具有较大的灵活性，门槛相对较低，一个国家可以同时参加几个次区域经济合作组织；合作范围十分广泛，通常包括贸易、投资、旅游、基础设施、人力资源、环境保护等；地方政府是次区域合作的主体。

"一带一路" 倡议属于跨境次区域合作。与传统的区域合作形式比较，"一带一路" 倡议集中与跨境地区的合作，具体面向 "丝绸之路经济带" 和 "海上丝绸之路" 国家和地区，以点带面，从线到片，继承古丝绸之路开放传统，吸纳新地缘经济学的区位理论，秉持开放包容精神，将计划中的合作项目结合起来，汇聚成一揽子合作。

本书第六章应用次区域经济合作理论分析典型国家和地区与中国的投资合作情况，以及面临的机遇和挑战。"一带一路" 倡议背景下的次区域经济合作能够促进地区或国家的经济增长，但同时也存着政治风险。不同的地区和国家情况各异，因此第八章通过对典型地区和国家的分析，能够有助于中国在对 "一带一路" 国家投资时更好地把握机遇，化解风险。

（三）地缘政治经济学理论

地缘政治经济学 （Geopolitical economy） 是地缘政治学和地缘经济学交叉融合的学科，地缘政治学将地理因素视为影响甚至决定国家对外政治决策的基本因素，强调以军事实力作为争夺权力和利益的主要手段，通常是零和博弈。冷战后，世界进入了相对和平稳定的时期，经济实力取代军事实力成为国家追求的目标，地缘经济学兴起。地缘经济学将国际投资和国际贸易作为维护国家利益的手段，因此各国在追求各自经济利益和经济安全的同时也会为了共同利益而妥协于合作。

为了更好地解释国际社会日益广泛的政治经济合作问题，美国乔治·德姆克和威廉·伍德 （1994） 提出 "地缘政治经济学" 理论，尝试从地缘政治视角解释国际经济问题，丰富并发展地缘政治和地缘经济理论。地缘政治经济的主要目标是实现地缘合作，研究重点是具有某种自然特征的自然地理空间范围内进行的政治经济合作，其核心假定是共同发展的需要推动了地区的地缘合作，方法是地区和国家通过地缘空间来挖掘地缘优势，形成利益共同体，从而获得政治和经济权力，并化解地区冲突，重塑地缘格局 （吴世韶，2016）。该理论主要有两个特征：第一，地理要素是基本要素。一国的地理区位、资源禀赋对国家的政策制定、经济发展甚至国际间的区域合作都将产生重要影响。地缘政治经济学正是基于地理要素的角度，分析如何利用地缘特性来实现区域合作，最大化国家利益。第二，合作共赢是基本理念。在世界格局逐渐多极化的新时期，基于地缘因素的政治经济考量已不再停留于如何为自己获得最大利益层面，而是更多地注重合作共赢，通过地理空间上的便利化措施，缩小地理空间距离，降低政治和经济合作的成本，实现共同利益。

"一带一路"倡议以"陆地新丝绸之路经济带"和"21世纪海上丝绸之路"为地理基础，寻求"一带一路"地区的经济合作以实现共同发展，综合了地缘政治和地缘经济因素。一方面，"一带一路"国家的地缘政治博弈思维仍存在，周边国家如印度等与中国有领土和地缘战略冲突，域外则有美国、日本等国家阻挠干涉，增添"一带一路"国家对"一带一路"倡议的疑虑。另一方面，中国可以通过地缘经济的合作思想来推动与其他国家政治关系的改善，建立与"一带一路"国家与其他国家的良好政治经济关系，从而更好地推动"一带一路"倡议的开展，实现地区互利共赢。

本书则是运用地缘政治经济学理论来研究"一带一路"背景下中国基于地区共同发展目的而进行的对外直接投资，具体表现为：第五章从政治关系视角分析东道国制度质量和双边关系与"一带一路"国家对中国外资依存度的相关度；第七章运用政治关系来对计量分析结果进行原因剖析，得出影响中国对"一带一路"国家投资的政治促进与阻碍因素，以更好地推动"一带一路"建设。

三、文献综述

伴随着"一带一路"倡议的推进，对"一带一路"倡议的研究已经涉及大多学科。经过数年发展，"一带一路"倡议相关研究日渐成熟，其中与政治关系和中国对外直接投资相关的研究主要可以从以下三个方面来总结。

（一）"一带一路"倡议对对外直接投资影响的相关研究

自"一带一路"倡议提出以来，学者们就"一带一路"倡议对于对外直接投资的影响从各个角度进行了讨论，总的来说，可以将"一带一路"倡议对于对外直接投资的影响归纳为两个方面：对其的促进作用和对其的影响因素。

1. "一带一路"倡议的促进作用

"一带一路"倡议作为互利共赢的国际经济合作平台，对投资、贸易乃至国家经济的发展具有积极作用。陈虹、杨成玉（2015）运用 CGE 模型对"一带一路"国家和亚投行成员国进行实证分析，认为"一带一路"项目能够通过促进投资贸易便利化来提高各国的 GDP 增长率和进出口总额，同时参与"一带一路"各国的贸易也将趋于平衡。此外，作为参与度最广的国家，中国的贸易顺差进一步扩大，福利、贸易条件得到明显改善。"一带一路"倡议下的经济合作能够实现互利共赢。Enderwick（2018）根据历史经验、比较分析和模拟评估了"一带一路"倡议对投资和增长的潜在经济影响。研究发现，一方面，"一带一路"倡议能够以多种方式使中国受益，例如促进中国外贸发展，延伸中国的投资价值链，海外投资合作项目还能促进知识的创造和分享，从而提高中国创新能力。另一方面，对于"一带一路"国家，中国对基础设施建设的投资填补了其贸易和生产网络中的空白，且投资项目中技术、信息和实践的交流有助于为这些国家带来更高的可持续增长率；对于"一带一路"外部区域，通过第三方合作可以以较低的交易成本进入这些新兴经济体市场，并同时为项目获得廉价的劳动力。周健、刘友金、曾小明（2020）分析了"一带一路"建设对中国对外直接投资盈利能力的作用机制，认为"一带一路"倡议显著地提升投资企业的盈利能力。在具体作用机制上，"一带一路"倡议可以加强双边国家的政治互信、经济融合和文化包容，因此与对非"一带一路"国家投资相比，中国企业在"一带一路"国家投资项目上的盈利能力能够显著提高。张晓涛、王淳、刘亿（2020）在分析中国对外直接投资大型项目后的政治风险时发现，"一带一路"倡议降低了中国对外直接投资的政治风险，原因在于倡议加深了中国与"一带一路"国家的经济贸易合作，促进了双边友好关系，降低了政府违约和民众反对的可能性。在具体案例研究上，陆亚琴、顾伟（2021）以"孟中印缅"经济走廊倡议为例，通过双重差分法定量考察了 2003—2017 年的中国对南亚 8 国和东盟10 国的对外直接投资数据，证实了该经济走廊建设推动了基础设施建设和产业集聚，提高了地区制度质量，同时改善了地区硬环境和软环境，在一定程度上促进了中国对走廊三国的投资。可见，"一带一路"倡议对促进相关国家发展具有很大的作用。

2. "一带一路"背景下中国对外直接投资的影响因素

在有关"一带一路"背景下中国对"一带一路"国家直接投资的影响因

素方面，一部分学者从经济角度出发，考察东道国的自然资源、市场规模、劳动力成本和基础设施状况等因素对中国对外直接投资的影响。熊彬、王梦娇（2018）通过分析中国对 48 个"一带一路"国家的直接投资数据来检验中国在东道国直接投资的影响因素，结果表明，中国对外直接投资倾向于市场规模大、自然资源租金低、基础设施建设水平完善以及劳动力成本较低的国家或地区。此外，不同收入水平国家的影响因素效力不同：在高收入国家，劳动力成本因素较为重要；而在低收入国家，直接投资需要更多考虑自然资源和基础设施状况。

另一部分学者从政治角度入手，认为东道国政治制度质量与对中国对外直接投资存在负相关关系。李晓敏、李春梅（2017）从腐败程度、政治风险水平和法治水平三个角度考察了"一带一路"国家的制度质量对中国对外直接投资的影响，结果表明："一带一路"国家的制度变量总体上与中国对外直接投资呈负相关。赵明亮（2017）则以投资引力理论为基础，分析了"一带一路"投资实践中的风险因素对中国对外直接投资的影响机理，研究发现，汇率波动、政治动荡、主权摩擦、反华情绪、语言文化差异等因素会加剧中国对外直接投资的难度和成本，对中国对外直接投资产生负面影响，并据此提出了降低投资风险的相关建议，如建立和完善汇率风险监测制度、强化与东道国政府和海外华人、华侨的联系与互动等，防范国家间冲突与摩擦。程中海、南楠（2017）运用随机前沿引力模型对中国"一带一路"直接投资的效率和潜力进行实证分析，认为投资自由度、民主程度和法律规范等是导致投资效率低的主要原因，而东道国与中国签订贸易协定和投资协定、加入国际贸易组织等加大贸易依存度行为和提高政府效率措施能够有效促进中国对其的直接投资。Sutherland（2020）等学者在研究"一带一路"倡议如何影响中国对外直接投资时发现：东道国体制的脆弱性对中国的外国直接投资规模产生了积极影响，而在"一带一路"倡议下，体制脆弱性对中国向东道国的外国直接投资的影响被放大了。具体而言，"一带一路"倡议促进了对法治薄弱且政府问责较少的国家的外国直接投资。

（二）政治关系对对外直接投资影响的相关研究

政治关系是一种重要的双边制度联系，友好的政治关系有利于两个国家良性的外交互动和经贸往来（凌丹、张玉芳，2017）。对于政治关系与对外直接投资的研究，学者主要从政治的经济功能出发，分析了政治关系对中国对外直接投资的影响。

1. 政治关系对对外直接投资的促进作用

在政治关系影响中国对外直接投资的区位选择方面,中国偏好投资与自身政治关系更好、政治不稳定性较低的国家。贺书锋、郭羽诞(2009)通过对 51 个中国对外直接投资东道国 4 年的面板数据分析,发现国家间政治因素对中国对外直接投资有着重要影响,中国倾向投资与自身政治关系更好、政治摩擦更少、有共同政治信仰、国际地位相似的国家,这样可以最大程度上达成合作共识,减少投资成本。张建红、姜建刚(2012)通过 2003—2010 年 131 个投资东道国的数据证明了国家间政治关系与中国对外直接投资正相关。第一,双边政治制度的建立能够有效地维护对外直接投资。第二,双边友好的外交活动能够有效地促进对外直接投资的发展。第三,双边外交活动对一些比较敏感和重要的投资能起到保驾护航的作用。第四,双边外交活动能够克服东道国制度不完善对投资所带来的不利影响,从而有效促进中国对东道国的直接投资。

贺灿飞、郭琪、邹沛思(2013)则从"关系"视角出发分析了中国对外直接投资的区位选择,认为与东道国的密切政治、经济和社会关系是影响中国对外直接投资的重要因素。郭烨、许陈生(2016)从母国助推视角出发,研究了双边高层会晤对中国"一带一路"对外直接投资的作用,结果表明,良好的政治关系具备为经济服务的功能,高层访问促进国家间的友好关系和合作关系,为中国对外直接投资营造良好的政治环境,从而更好地促进中国对"一带一路"国家直接投资的顺利进行。韩民春、江聪聪(2017)根据中国对"一带一路"国家直接投资情况的实证分析,得出国家间友好的政治关系与中国对外直接投资正相关,原因在于良好的双边关系可以减少东道国政治风险带来的不利影响,有效降低对外直接投资风险。此外,中国对"一带一路"国家直接投资在发达国家和发展中国家中也存在差异,这种差异源于不同的政治风险和政治关系。在发达国家,双边投资协定可以有效降低法律风险;而在发展中国家,国家间政治关系可以减弱腐败、政治不稳定等因素的负面作用(凌丹、张玉芳,2017)。因此,中国需要发挥好政治关系在引导对外直接投资中的作用。王金波(2019)通过对 2005—2017 年中国企业对外直接投资的实证分析,认为良好的政治关系有利于两国间各种投资规则、规范和决策程序的创造与完善,改善信息质量和减少信息的非对称性,提升中国对外直接投资的优势。

在政治关系模式方面，不同的模式对对外直接投资的影响程度不同，学者们的研究主要集中于以下几个方面：第一，双边投资和多边投资协议。中国与"一带一路"国家签订双边投资协议会正向作用于中国对外直接投资，而多边投资协议会负向影响中国的对外直接投资，因为双边多为商谈正积极经济合作，多边多为解决负面投资争端，且效率低下。同时，政治关系能够强化双边投资协定的正面影响，弱化多边协调机制的负面影响（邓富华、贺歌、姜玉梅，2019）。第二，投资协定与高层互访。双边投资协定往往与"一带一路"国家政治制度质量互补，高层互访则与制度质量相互替代，一定程度上能够弥补东道国制度环境的缺陷，促使投资合约及各项优惠政策的达成，从而增加投资者信心，有利于进一步开展投资活动。反之，政治冲突会抑制中国对"一带一路"国家的投资（张倩、李芳芳、程宝栋，2019）。第三，东道国领导人任期。许陈生、陈荣（2017）实证考察了2003—2014年"一带一路"国家领导人任期对中国对外直接投资的影响，发现不同政治体制下的领导人任期影响效果有异。威权型东道国领导人任期存在显著倒"U"型影响，原因可能在于任期的"软约束"，上任之初急需通过发展经济来突出政绩、获得民心，因此大力吸引中国投资；执政一段时间政权稳固后，对经济发展的热情减弱，对外资的态度逐渐消极。民主型东道国或对华态度友好的领导人任期均只存在显著的线性积极影响，前者需要通过经济政绩来获取更多选票，后者则是对中国充满好感，因此这两类国家领导人的任期与中国对外直接投资呈现正相关关系。

2. 政治关系与对外直接投资之间不显著或不确定关系

也有部分学者的实证研究表明政治关系与中国对外直接投资并不存在显著关系。Quer、Claver 和 Rienda（2012）考察了中国29家公司对52个国家直接投资的实证数据，认为东道国的政治风险与中国对外直接投资的位置选择相关性不大，文化距离也不会对这种位置选择带来负面影响。文化距离指不同国家存在的文化价值观差异大小。在这一方面，投资区位的选择可能取决于中国公司的目标，尽管市场寻求的投资最初可能瞄准的是文化距离较小的国家，但是战略寻求的投资却主要瞄准了北美和欧洲那些文化距离较大的发达国家，因此文化距离也不是中国对外直接投资的重要影响因素。在政治风险方面，中国对外直接投资甚至稍倾向于政治风险高的国家，因为这类国家市场可能未被高度开发，从而竞争较少，成本较低，中国易获得先发优势。Ramasamy、Yeung 和 Laforety（2012）也持有类似观点，赞同中国对外直接投资具有制度风险偏好,国有资本更易被政治环境不稳定但资源丰富的国家吸引。一方面,除了进行基本的投资合作获取利润外,国有资本进入此类国家可能具有其他的政治意图;另一方面,国有资本投资具有明显的战略资源寻求动机,不仅仅是为了帮助东道国开发资源,更是为了保障自身的能源安全。

潘镇、金中坤(2015)则在比较不同东道国制度风险的基础上,借助117个国家的直接投资数据分析了双边政治关系与中国对外直接投资的关系,发现对于制度风险较大的东道国,良好的双边政治关系可以减小投资项目的不确定性,从而促进对外直接投资,而对于制度风险较小的东道国,因为制度比较完善,依靠外资发展经济的需求较小,因而双边政治关系的改善对直接投资的影响并不明显。戴利研、李震(2018)从东道国政治质量角度出发,通过对中国2003—2015年对89个国家对外直接投资情况的分析,赞同政治关系的加强能够促进对外直接投资额的增加,因为制度质量可以降低中国对外直接投资对双边政治关系的敏感度,缓冲政治关系恶化带来的负面影响。但这种制度质量的调节只能在中国对比自己制度质量高的国家投资时才能发挥显著作用,在制度质量低于中国的国家中,制度质量对双边政治关系的缓冲作用并不显著。Kohli、Zucker(2018)认为中国倾向于投资政治制度较为薄弱的国家。通过对2003—2006年中国对外直接投资的东道国决定因素进行计量分析,发现中国对外直接投资的对象多为制度薄弱且自然资源丰富的国家。因为这样的国家通常具有广阔的市场且投资门槛较低,中国可以以较低成本获取大量资源能源。且东道国的制度越薄弱,其自然资源吸引的中国对外直接投资就越多,中国在东道国能够获取的利益也越多。Luque(2019)探讨了内斯特·基希纳(Nestor Kirchner)和克里斯蒂娜·费尔南德斯(Cristina Fernandez)统治期间中国对外直接投资数量与阿根廷对中国外交政策之间的相关性。研究表明,尽管阿根廷领导人有亲中倾向以及对中国的经济和政治需求,但阿根廷并未向中国投资者提供特殊的便利,因此政治关系的改善不一定会绝对地促进中国对外直接投资的便利化。孙泽生、严亚萍、赵红军(2021)甚至考虑了域外竞争因素对于"一带一路"直接投资的影响,通过分析2013—2018年中国和59个"一带一路"国家直接投资数据,发现中美关系变化对于中国向"一带一路"国家投资存在着溢出效应,一方面美国及其盟国体系本身产生抑制作用,另一方面美国及其盟国的对外援助能够促进中国与"一带一路"国家的合作,因此域外的政治关系也存在着阻碍和激励的复合效果。

（三）政治关系对"一带一路"倡议影响的相关研究

1. 政治关系的促进作用

关系具有正面性，能使得行为体在关系联结与互动过程中获得保险和收益，积极的关系联结会给互动双方带来成本分摊、风险规避、利益交换、资源共享、合作促进等一系列风险分担与收益增加（刘乐，2012）。中国与其他国家政治关系的改善能够提高其他国家对中国的好感度与信任度，增强对"一带一路"倡议的理解和支持，进而使得"一带一路"国家加深与中国的经贸合作，同时吸引更多国家加入"一带一路"合作平台，推动"一带一路"倡议向纵深发展。

肖晞、宋国新（2019）认为"一带一路"倡议对政治关系具有反哺作用，能够进一步加强中国与"一带一路"国家的政治关系，实现良性循环。Cruz De Castro（2019）则以中菲关系为例，认为中国的"一带一路"倡议能够通过投资、修建大型基础设施等方式给予菲律宾经济利益，符合菲律宾经济增长战略，因此能够促使菲律宾主动寻求改变在南海问题上对中国的态度，并加强其他国家对中国的好感，从而缓解与菲律宾等存在领土争议的国家的政治关系，并反哺于"一带一路"倡议，为其赢得更多的认同和支持。Leng（2019）探讨了柬埔寨对中国"一带一路"倡议支持的原因，认为柬埔寨对于中国有着特殊的好感。两国有着深厚的历史联系，自1953年以来，柬埔寨在其后殖民时期的大部分时间里一直在与中国实行捆绑政策，因此柬埔寨首相洪森相信与中国的经济合作能够为柬埔寨带来实实在在的利益，积极参与"一带一路"项目，这同时也扩大了"一带一路"倡议在东南亚地区的影响力。

2. 加强政治关系的建议

为更好地发挥政治关系对于"一带一路"倡议的促进作用，学者们就加强中国与"一带一路"国家的政治关系提出了相关建议。在政治方面，曾向红（2016）从中国"一带一路"构想的太极式地缘政治想象出发，建议淡化中国的主导色彩。中国需要创设出更为均衡、更富正义、更为和谐的发展模式，以保障对"一带一路"国家产生良好的示范或辐射作用。在经济方面，中国可以通过提供公共产品，给予国际社会更多经济利益来加强区域层面、国家层面和次国家层面的政治关系建设，体现"一带一路"建设的包容、互利、互惠特征，缓解目前存在的大国战略博弈和中小国家不稳定等问题，降低政治关系风险(肖晞、宋国新,2019)。此外,"一带一路"构想要成为国际社会共同赞许的合作平台,需要尊重"一带一路"地区国家的中心地位,对各地区独特的发展动力进行深入了解,并加强与美俄等大国的协调,实现大国的共存共融,从而更好地推动各国参与"一带一路"共建。在文化方面,一方面需要建设"一带一路"文化交流机制,加强文化沟通和交流,构建国际互信,从而加强国家间的友好和合作关系;另一方面中国需要转变"大国话语",用更亲切的姿态去践行大国责任,树立友爱形象争取国家互信,从而赢得国际上对"一带一路"倡议的更多理解和支持,更好地推动"一带一路"建设的发展(郑士鹏,2015)。

(四)政治风险对"一带一路"倡议影响的相关研究

1. 政治风险的阻碍作用

"一带一路"倡议顺利发展的同时面临着诸多政治风险,对"一带一路"倡议的全球化推进起到负面作用。袁新涛(2014)从中国与其他大国的政治关系入手分析了"一带一路"倡议面临的主要挑战。美国一直谋求中亚和南亚地区的主导权,削弱中国对此范围的影响力,给中国与"一带一路"国家的合作带来阻碍;俄罗斯推行自己的"欧亚经济联盟"政策,寻求对欧亚事务尤其是中亚的主导权,容易与中国产生利益分歧;日本一直将中国视为其大国道路上的绊脚石,不断在南海地区拉拢与中国有争议和纠纷的国家,并开展"丝绸之路外交"来分化中国的合作伙伴,对中国发展进行遏制。周五七(2015)通过分析"一带一路"国家的分布格局和中国对其的直接投资格局,认为中国对"一带一路"投资的区位集中于紧邻中国的周边国家,尤其是东南亚地区。这种投资格局暗含着诸多政治风险:第一,周边国家对"一带一路"倡议的认知与中国存在差异,对"一带一路"倡议的意图存有疑虑。第二,中国周边地区易受到大国博弈的政治牵制;第三,周边国家存在着区域不稳定因素,"一带一路"地区和国家宗教极端势力、民族分裂势力和暴力恐怖势力等三股势力活动猖獗。周平(2016)详细分析了"一带一路"建设中潜藏的地缘政治风险:第一,这可能会引起地缘政治博弈;第二,可能会加剧地区矛盾和冲突;第三,可能会引起地缘政治相关方的反弹或反制;第四,可能会出现因地缘关系改变而形成的大量移民,对中国形成地缘性的人口输入,给陆地边疆某些区域的稳定造成严重影响。第五,可能会对中国经过长期努力而形成的地缘政治格局形成冲击,进而影响国家地缘政治资源的增加。这些风险因素都会影响中国与"一带一路"国家的友好关系，从而给"一带一路"建设造成阻碍。Zotova 和 Kolosov（2019）基于批判性地缘政治方法，详细考察了俄罗斯对于"一带一路"大型项目的态度，发现俄罗斯对"转向东方"的策略持怀疑态度。Shao（2020）采用双重差分法验证了"一带一路"国家的政治风险会急剧减少中国投资和增加项目损失，但同时进一步分析了"一带一路"倡议与政治风险的互动关系，认为虽作用有限，但"一带一路"倡议反过来是能够降低东道国政治决策的不确定性，从而降低政治风险的。

2. 降低政治风险的建议

为降低政治风险给"一带一路"倡议带来的消极影响，国内学者积极倡导阐释"一带一路"倡议内涵以消除误解和偏见，避免因误解而影响中国与其他国家的互利合作。对于国际社会对"一带一路"倡议是中国版"马歇尔计划"的质疑，金玲（2015）从内容、形式和实施方式上阐释了中国"一带一路"倡议与"马歇尔计划"的区别。"马歇尔计划"本质上是一项政治与安全战略，通过附加条件进行援助，而中国的"一带一路"倡议的根本属性是共同发展，遵循平等、互利原则，以务实合作为基础，不可将二者同等看待或直接对立，而是应该理性看待"一带一路"的共同发展特征，避免其他国家对中国求共同发展、谋互利合作的目的产生误解。刘卫东（2016）厘清了目前有关对"一带一路"认识的误区，认为"一带一路"倡议并不是中国单向的"走出去"，不是传统的地缘政治战略和零和游戏，而是具有包容性的全球化倡议，是经济全球化机制下促进区域共赢发展的一个国际合作平台，能够推动世界的共同发展。

（五）小结

通过探究现有研究进展可知：首先，针对政治关系与中国对外直接投资的研究涉及政治关系和政治风险与"一带一路"倡议的现有文献有限，且对于影响路径的分析较为单一，没有对政治关系如何影响中国海外投资的机制进行深入分析；其次，在探究区域投资差异的产生原因过程中，现有文献主要以区域为单位，而非具体国家，缺乏对"一带一路"国家国情、中国与具体东道国政治关系的深入探析；最后，政策建议缺乏针对东道国的具体建议，同时未将中国与东道国的合作途径置于研究重点。

因此，本书详细分析了"一带一路"国家与中国政治关系的类型和变化，同时考察了中国对不同类型"一带一路"国家投资区位的变迁，力求深入系统地探讨政治关系对中国对外直接投资区位的影响机制，为中国对外直接投资顺利开展、合理布局提供切实可行的政策建议。

主要参考文献

［1］阿尔弗雷德·韦伯. 工业区位论［M］. 商务印书馆，2011.

［2］埃德加·胡佛. 区域经济学导论［M］. 商务印书馆，1990.

［3］陈虹，杨成玉. "一带一路"国家战略的国际经济效应研究——基于CGE模型的分析［J］. 国际贸易问题，2015（10）：4-13.

［4］程中海，南楠. 中国对"一带一路"国家直接投资的效率及潜力评估［J］. 商业研究，2017（8）：64-73.

［5］戴利研，李震. 双边政治关系、制度质量与中国对外直接投资［J］. 经济理论与经济管理，2018（11）：94-109.

［6］韩双林，马秀岩. 证券投资大辞典［M］. 黑龙江人民出版社，1993.

［7］邓富华，贺歌，姜玉梅. "一带一路"沿线国家外资政策协调对中国对外直接投资的影响——基于双边、多边政策协调的分析视角［J］. 经济与管理研究，2019，40（12）：43-58.

［8］郭烨，许陈生. 双边高层会晤与中国在"一带一路"沿线国家的直接投资［J］. 国际贸易问题，2016（2）：26-36.

［9］韩民春，江聪聪. 政治风险、文化距离和双边关系对中国对外直接投资的影响——基于"一带一路"沿线主要国家的研究［J］. 贵州财经大学学报，2017（02）：84-91.

［10］贺灿飞，郭琪，邹沛思. 基于关系视角的中国对外直接投资区位［J］. 世界地理研究，2013，22（4）：1-12.

［11］贺书锋，郭羽诞. 中国对外直接投资区位分析：政治因素重要吗？［J］. 上海经济研究，2009（3）：3-10.

［12］金玲. "一带一路"：中国的马歇尔计划？［J］. 国际问题研究，2015（1）：88-99.

［13］李晓敏，李春梅. 东道国制度质量对中国对外直接投资的影响——基于"一带一路"沿线国家的实证研究［J］. 东南学术，2017（2）：119-126.

［14］凌丹，张玉芳．政治风险和政治关系对"一带一路"沿线国家直接投资的影响研究［J］．武汉理工大学学报（社会科学版），2017，30（01）：6－14．

［15］刘乐．关系的负面效应与身份间消极互动［J］．世界经济与政治，2018（03）：136－154＋160．

［16］柳思思．"一带一路"：跨境次区域合作理论研究的新进路［J］．南亚研究，2014（2）：1－11．

［17］刘卫东．"一带一路"战略的认识误区［J］．国家行政学院学报，2016（01）：30－34．

［18］陆亚琴，顾伟．"孟中印缅"经济走廊倡议促进中国对外直接投资了吗？——基于倍差法的实证研究［J］．云南财经大学学报，2021，37（2）：30－41．

［19］潘镇，金中坤．双边政治关系、东道国制度风险与中国对外直接投资［J］．财贸经济，2015（6）：85－97．

［20］孙泽生，严亚萍，赵红军．域外竞争影响中国对"一带一路"沿线国直接投资吗？［J］．亚太经济，2021（1）：82－89．

［21］王金波．双边政治关系、东道国制度质量与中国对外直接投资的区位选择——基于2005—2017年中国企业对外直接投资的定量研究［J］．当代亚太，2019（03）：4－28＋157．

［22］魏伟忠，张旭昆．区位理论分析传统述评［J］．浙江社会科学，2005（5）：184－192．

［23］吴世韬．地缘政治经济学：次区域经济合作理论辨析［J］．广西师范大学学报（哲学社会科学版），2016，52（3）：61－68．

［24］肖晞，宋国新．关系治理与"一带一路"沿线的中国海外利益保护［J］．探索，2019（1）：44－58＋2．

［25］谢来辉．"一带一路"的理论本质是经济一体化［J］．辽宁大学学报（哲学社会科学版），2019，47（1）：153－162．

［26］熊彬，王梦娇．基于空间视角的中国对"一带一路"沿线国家直接投资的影响因素研究［J］．国际贸易问题，2018（2）：102－112．

［27］许陈生，陈荣．东道国领导人任期与中国在"一带一路"沿线的直接投资［J］．国际经贸探索，2017，33（11）：93－112．

［28］袁新涛．"一带一路"建设的国家战略分析［J］．理论月刊，2014

（11）：5 - 9.

[29] 曾向红. "一带一路"的地缘政治想象与地区合作 [J]. 世界经济与政治, 2016（01）：46 - 71 + 157 - 158.

[30] 张建红, 姜建刚. 双边政治关系对中国对外直接投资的影响研究 [J]. 世界经济与政治, 2012（12）：133 - 155 + 160.

[31] 张倩, 李芳芳, 程宝栋. 双边政治关系、东道国制度环境与中国 OFDI 区位选择——基于"一带一路"沿线国家的研究 [J]. 国际经贸探索, 2019, 35（6）：89 - 103.

[32] 张晓涛, 王淳, 刘亿. 中国企业对外直接投资政治风险研究——基于大型问题项目的证据 [J]. 中央财经大学学报, 2020（1）：118 - 128.

[33] 赵明亮. 国际投资风险因素是否影响中国在"一带一路"国家的 OF-DI——基于扩展投资引力模型的实证检验 [J]. 国际经贸探索, 2017, 33（02）：29 - 43.

[34] 郑士鹏. 一带一路建设中文化交流机制的构建 [J]. 学术交流, 2015（12）：112 - 117.

[35] 周健, 刘友金, 曾小明. "一带一路"倡议能否提升对外直接投资企业盈利能力？[J]. 商业经济与管理, 2020（2）：69 - 83.

[36] 周平. "一带一路"面临的地缘政治风险及其管控 [J]. 探索与争鸣, 2016（1）：83 - 86.

[37] 周五七. "一带一路"沿线直接投资分布与挑战应对 [J]. 改革, 2015（8）：39 - 47.

[38] Castro R. C. D. China's Belt and Road Initiative（BRI）and the Duterte Administration's Appeasement Policy: Examining the Connection Between the Two National Strategies [J]. East Asia, 2019, 36（3）：205 - 227.

[39] Chang L., Li J., Cheong K. C., Goh L. T. Can Existing Theories Explain China's Outward Foreign Direct Investment in Belt and Road Countries [J]. Sustainability, 2021, 13（3）：1389.

[40] Enderwick P. The Economic Growth and Development Effects of China's One Belt, One Road Initiative [J]. Strategic Change, 2018, 27（5）：447 - 454.

[41] Franklin R. United States Business Abroad and Political Risks [J]. MSU Business Topics, 1968, 16（1）：73 - 80.

［42］ Kohli H. , Zucker L. An Economic Perspective on the BRI：Five Years after its Launch ［C］. Emerging Markets Forum, Tokyo, 2018.

［43］ Leng T. Underlying Factors of Cambodia's Bandwagoning with China's Belt and Road Initiative ［J］. East Asia, 2019, 36：243 – 253.

［44］ Luque J. Chinese Foreign Direct Investment and Argentina：Unraveling the Path ［J］. Journal of Chinese Political Science, 2019, 24 （4）：605 – 622.

［45］ Ramasamy B. , Yeung M. , Laforet S. China's Outward Foreign Direct Investment：Location Choice and Firm Ownership ［J］. Journal of World Business, 2012, 47 （1）：17 – 25.

［46］ Shao X. Chinese OFDI responses to the B&R initiative：Evidence from a quasi – natural experiment ［J］. China Economic Review, 2020, 61：101435.

［47］ Sissani M. , Belkacem Z. The Effect of Political Risk on Foreign Direct Investment：The Case of Algeria ［J］. Hyperion Economic Journal, 2015.

［48］ Sutherland D, Anderson J, Bailey N, et al. Policy, institutional fragility, and Chinese outward foreign direct investment：An empirical examination of the Belt and Road Initiative ［J］. Journal of International Business Policy, 2020, 3 （3）：249 – 272.

［49］ Zotova M. V. , Kolosov V. A. Russian – Chinese Interaction in the Context of the One Belt – One Road Initiative：Discourse Analysis ［J］. Geogr. Nat. Resour, 2019 （40）：306 – 314.

［50］ Quer D. , Claver E. , Rienda L. Political risk, cultural distance, and outward foreign direct investment：empirical evidence from large chinese firms ［J］. Asia Pacific Journal of Management, 2012, 29 （4）：1089 – 1104.

第三章

中国在"一带一路"国家的投资历程

一、"一带一路"国家投资概况

自"一带一路"倡议提出至 2020 年年底，中国已经同 138 个国家和 31 个国际组织签署 201 份共建"一带一路"合作文件，中国香港和澳门地区也已同国家发改委签署了参与和助力"一带一路"建设的相关文件，截至目前，"一带一路"国家的地区分布情况如表 3-1 所示。

表 3-1 "一带一路"国家地区分布

地区	国家总数量（个）	"一带一路"国家数量（个）	地区占比（%）
亚洲（不含中国）	47	38	80.9
非洲	54	39	72.2
欧洲	45	26	57.8
大洋洲	14	9	64.3
拉丁美洲	12	8	66.7
北美洲	23	11	47.8

资料来源：《2019 年中国对外投资合作发展报告》。

为使研究更方便直观，引入区位理论，将 65 个"一带一路"国家分为东亚及东盟（东南亚）10 国，南亚 8 国，中亚 5 国，独联体 7 国，西亚、北非等地区 18 国，中东欧 16 国六个区域，并对"一带一路"各国的吸引投资概况以及中国对各国的对外直接投资状况进行介绍。本章的数据来源于世界银行、商务部网站和国家统计局数据库中的统计数据。

（一）蒙古国

东亚及东盟（东南亚）10 国包括蒙古国、新加坡、马来西亚、印度尼西亚、缅甸、泰国、老挝、柬埔寨、越南、文莱、菲律宾。下面先对蒙古国进行详细的介绍。

蒙古国国土面积为157万平方千米,人口为312万人(2021年),位于亚洲中部的内陆国,东、南、西与中国接壤。主要产业包括矿业、农牧业、交通运输业、服务业等,地下资源丰富,国民经济对外依存度较高。

蒙古国自1990年开始经济体制发生转变,从计划经济体制向市场经济体制过渡,其吸引外商直接投资的发展历史也伴随着蒙古国市场经济体制转型的全过程。1997年,蒙古国加入世界贸易组织(WTO)后,通过了《矿产法》,在矿产业吸引外商直接投资,与78个国家签署投资合同,实现外商直接投资迅速增长。并且,蒙古国政府实行了多项招商引资优惠政策,投资环境改善,吸引外商投资者进入蒙古国市场进行投资。这使得外商直接投资不断增长,大多数年度外商直接投资增长率保持正增长态势,20年的时间里蒙古国外商直接投资净流入增加了400多倍,提高了蒙古国的市场竞争力,并在2011年其外商直接投资净流入量达到高峰。中国、俄罗斯作为蒙古国的两大邻国在蒙古国直接投资增长加速,在蒙古国经济发展过程中发挥了重要作用。

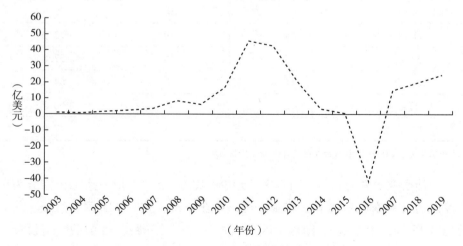

图 3 – 1　蒙古国 2003—2019 年外商直接投资流量
资料来源:世界银行。

作为中国邻国之一,蒙古国是东亚"一带一路"重要沿线国,位于亚洲中部,是"一带一路"北线的重要支点。"一带一路"倡议提出后,中俄蒙三国经济走廊将俄罗斯欧亚大陆桥、蒙古国"草原丝绸之路"同"一带一路"建设连接起来。值得注意的是，从投资流量来看，2003—2014 年，中国对蒙古国直接投资流量一直为正，存量一直上升，且增长较为迅速，2012 年出现了投资流量的峰值，达到 904 亿美元。而从 2013 年开始，增长放缓，首次出现了流量速度的减缓并一直持续到 2018 年。2017 年在北京"一带一路"国际合作高峰论坛上，中蒙签署政府间"一带一路"合作谅解备忘录，为中蒙经济合作往来提供政策助推力。

如图 3-1 所示，2013 年后，蒙古国的外商直接投资减少到 20.6 亿美元，并于 2016 年达到 -46.51 亿美元。其原因与蒙古国自身经济的衰退有关。从 2014 年起，受国际大宗商品价格低迷的影响，蒙古国经济开始陷入困境，GDP 开始连年负增长。2014 年蒙古国 GDP 增速下滑到 7.8%，之后更进一步放缓至 2.3%，而到了 2016 年，则出现了"断崖式"下降。并且，其引资政策的多变使大批外企对其"望而却步"。其中蒙古国政府 2012 年出台的《限制外国投资法》就备受争议，其对外国投资蒙古国的矿产资源提出了苛刻的条件：在一些领域不能进行外商直接投资；已签订的合同，也都不能履行。这种歧视性政策，导致大批外商撤离蒙古国，其中就包括中国公司。

（二）东盟（东南亚）10 国

东盟 10 国即东南亚 10 国：新加坡、马来西亚、印度尼西亚、缅甸、泰国、老挝、柬埔寨、越南、文莱、菲律宾。这些地理位置位于"一带一路"中"海上丝绸之路"的关口，是来往太平洋、印度洋之间的重要通道，世界重要"十字路口"马六甲海峡就位于印度尼西亚，战略位置十分重要。从整体数据来看，中国在东盟国家中对新加坡直接投资存量最多，三国经济往来较为密切。

东南亚国家经济发展两极分化严重，部分国家经济落后，贫困人口占比高，从 GDP 上就能看出差异。相比而言，新加坡、马来西亚、泰国和文莱经济发展较为突出。同时，东南亚地区政治和文化多样复杂，民族众多，各方利益混杂。

在引入外商直接投资方面，如图 3-2 所示，从整体上看，东南亚 10 国的平均外商直接投资流入和外商直接投资流入占 GDP 的比重呈上升态势，二者发展趋势相似。由图可以看出，2013 年"一带一路"倡议提出后，2015 年至 2016 年前后，该地区的外商直接投资流入增速加快，随后放缓甚至出现轻微下跌，较 2013 年之前整体的波动幅度趋于平缓，且有进一步增长的态势。

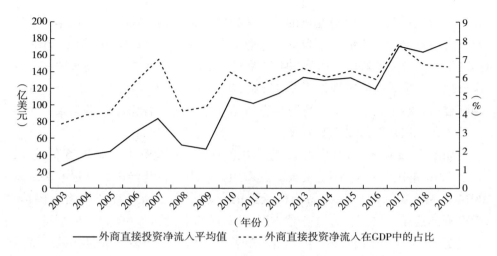

图 3 - 2　2003—2019 年东南亚 10 国外商直接投资流入情况

资料来源：世界银行。

　　将东亚各国 2003—2019 年外商直接投资流入趋势进行对比，可以看出每个国家各自水平以及在该区域中所处的位置。

　　根据图 3 - 3 可以看出，在外商直接投资引入方面，东南亚国家中新加坡"一枝独秀"，其余的国家水平差距不大，这与该地区的经济发展情况吻合。本书将新加坡单独提出作为一类进行具体介绍，其他国家则放到一起一并分析。

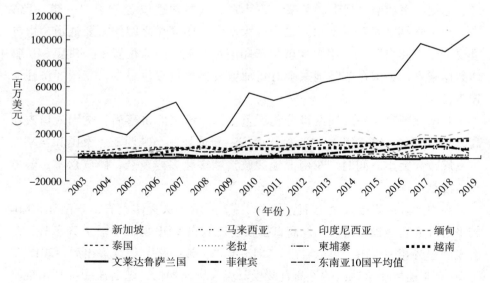

图 3 - 3　东南亚 10 国 2003—2019 年外商直接投资流入对比

资料来源：世界银行。

1. 新加坡

新加坡的土地面积是 723 平方千米, 公民和永久居民 579 万人 (2021年)。新加坡是发达国家, 属外贸驱动型经济, 以电子、石油化工、金融、航运、服务业为主, 高度依赖中、美、日、欧和周边市场, 外贸总额是 GDP 的四倍。GDP (2020 年) 总计为 3404 亿美元。

新加坡是亚洲为数不多的发达国家, 贸易中心的地位让它成为一个明显的出口导向型国家, 吸引外商直接投资是其基本国策。在引入外商直接投资方面, 新加坡《外资法》限制外资企业对新闻传媒、公用事业以及武器制造等行业的投资, 其他行业绝大部分对外资企业开放。其中, 新加坡政府将石化、电子以及生命科学等产业列为吸引外商直接投资的长期发展战略产业。新加坡的外商直接投资引入水平远超于本地区的其他国家, 在同中国签署政府间"一带一路"合作谅解备忘录之前, 新加坡已有大量外商直接投资流入, 但波动幅度较大。2013 年后, 新加坡的外商直接投资流入仍保持持续增长, 波动幅度逐渐变缓。同时, 根据图 3 - 4, 从外商直接投资流入占 GDP 比重来看, 新加坡也远超东南亚其他国家。

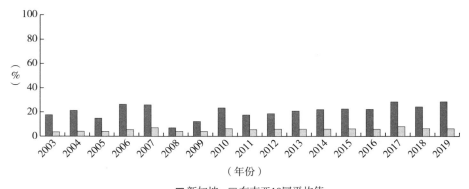

图 3 - 4　2003—2019 年外商直接投资流入占 GDP 比重
资料来源：世界银行。

1995—2006 年中国在新加坡的投资几乎可以忽略不计, 但从 2007 年后中国对新加坡的直接投资增长迅速, 流量和存量涨势喜人, 中国对新加坡投资在 2011 年时有明显的增长, 当年流量达到 3268.96 亿美元, 是往年的两倍, 2013 年后投资流量每年都保持 2000 亿美元的增长, 在 2015 年达到峰值 10000 亿美元, 在东南亚国家中是中国直接投资最多的的国家, 但中国并不是新加坡外商投资主要来源国。"一带一路"倡议推进以来中国对新保持增长，2017年在北京"一带一路"国际合作高峰论坛上，中新签署政府间"一带一路"合作谅解备忘录，为中新经济合作往来提供政策助推力。

2. 东南亚其他各国

（1）马来西亚。

马来西亚国土面积330257平方千米，总人口为3204万人（2021年）。马来西亚是相对开放的以国家利益为导向与新兴工业化市场经济体，也是一个农业与自然资源出口国，石油是主要的出口产品，是世界上最大的棕榈油生产国，电子业、制造业、建筑业和服务业发展迅速，是世界上最大的磁盘驱动器生产国，胶乳和橡胶工业都是马来西亚的经济强项。主要进口机械运输设备、食品、烟草和燃料等。GDP（2020年）总计为3543亿美元。

外商直接投资方面，马来西亚鼓励外商直接投资企业对石油化工、机械制造、电子电器以及生物技术等行业投资，限制外商直接投资企业投资保险、电信、金融、法律服务、基础设施以及房地产开发等领域，参股权不得超过30%或者50%。

2010年是中国对马来西亚直接投资的一个分界点，在这之前，投资流量最多的时候也只有56.72亿美元，而2010年冲破100亿美元大关，之后每年的流量都保持这个态势，但相比较日本和新加坡而言，中国对马来西亚的投资仍然很少，存量2017年也只有5000亿美元。2017年在北京"一带一路"国际合作高峰论坛上，中马签署政府间"一带一路"合作谅解备忘录，为中马经济合作往来提供政策助推力。

（2）印度尼西亚。

印度尼西亚国土面积为191.3579万平方千米，人口达2.67亿人（2021年），是世界人口第四大国。印度尼西亚是东南亚国家联盟创立国之一，也是东南亚最大经济体及20国集团成员国。印度尼西亚的石油、天然气和锡的储量在世界上占有重要地位。印度尼西亚镍储量约为560多万吨，居世界前列。金刚石储量约为150万克拉，居亚洲前列。此外，铀、镇、铜、铬、铝矾土、锤等储量也很丰富。

外贸在印度尼西亚国民经济中占重要地位，政府采取一系列措施鼓励和推动非油气产品出口，简化出口手续，降低关税。GDP（2020年）总计为12908亿美元。印度尼西亚的《投资法》禁止外商投资的行业有：公路设备、无线电广播与电视广播、黑锡金属工业等，限制私营企业对基建工程投资。

自 2009 年开始,印度尼西亚政府颁布实施的《电力法》中允许外商直接投资企业对电力领域投资。

自 2012 年以来,中国对印度尼西亚直接投资稳定增长,中国在东南亚的直接投资中,印度尼西亚占据第二位。2018 年,中国与印度尼西亚签署推进"一带一路"和"全球海洋支点"建设的谅解备忘录,推动了两国之间的贸易往来和中国对印度尼西亚的直接投资。2018 年中国对印度尼西亚的直接投资存量达到 12811.28 亿美元,与 2017 年相比增加了近 200 亿美元,从侧面反映出了两国之间对于"一带一路"的积极信心。

(3)缅甸。

缅甸国土面积为 676578 平方千米,人口约 5385 万人(2021 年),东北与中国毗邻。中缅经贸合作取得长足发展,合作领域从原来单纯的贸易和经济援助扩展到工程承包、投资和多边合作。农业为国民经济基础,矿产资源主要有锡、钨、锌、铝、锑、锰、金、银等,宝石和玉石在世界上享有盛誉,主要出口原木、锯材、农产品和矿产品等。GDP(2020 年)总计为 912 亿美元。

缅甸由于各种原因,吸引外商直接投资投资较少,根据中国驻缅甸大使馆经济商务参赞处的数据,中国内地对缅甸投资规模虽然不大,但仍然排名第一,从数据来看,每年的投资流量增幅较为平缓。2017 年在北京"一带一路"国际合作高峰论坛上,中缅签署政府间"一带一路"合作谅解备忘录,为中缅经济合作往来提供政策助推力,2017 年中国对缅甸直接投资存量达到峰值,为 5524.53 亿美元。2018 年后,由于政治环境的不稳定及双边政治关系的波动,中国对缅甸直接投资出现下降。

据图 3-4 所示,缅甸 2017 年略有涨幅。原因在于,2017 年初缅甸投资委员会根据新投资法批准了 21 个外商投资项目,投资额达 8.26 亿美元,主要投资领域为制造业、交通与通讯业、家畜与水产养殖业、房地产业和酒店服务业等。

(4)泰国。

泰国面积约为 51 万平方千米,2021 年总人口为 8918 万人。锡是泰国最重要的矿产,储量达 150 万吨,居世界之首。泰国被认为是一个新兴工业化国家,对外贸易在国民经济中具有重要地位。主要进口产品有:机电产品及零配件、工业机械、电子产品零配件、汽车零配件、建筑材料、原油、造纸机械、钢铁、集成电路板、化工产品、电脑设备及零配件、家用电器、珠宝金饰、金属制品、饲料、水果及蔬菜等。GDP（2020年）总计为5271亿美元。此外，泰国鼓励外资企业对农业、高新技术产业、公用基础设施以及其他指定行业进行投资，限制外资企业对房地产领域进行投资。

中国对泰投资较为平稳增长，但规模较小，不是泰国外商直接投资主要来源国，2017年中国对泰国直接投资存量也仅刚刚超过5000亿美元，年平均流量并没有很大的起伏。2017年，中泰签署"一带一路"建设和铁路等双边合作文件，作为泰国三大贸易伙伴之一，进一步深化双边合作为中泰贸易关系发展注入了新的活力，截至2018年，中国对泰国的直接投资接近6000亿美元，相较于2017年进步十分显著。

（5）老挝。

老挝国土面积约为24万平方千米，约696万人口（2021年），属于内陆国，北邻中国。经济以农业为主，工业基础薄弱。1994年4月21日，老挝国会颁布的新修订的外商直接投资法规定，政府不干涉外资企业事务，允许外资企业汇出所获利润；外商可在老挝建独资、合资企业，享五年免税优惠。2004年，老挝继续补充和完善外商投资法，放宽矿产业投资政策。GDP（2020年）总计为224亿美元。

2016年，中国与老挝签署了《中华人民共和国和老挝人民民主共和国关于编制共同推进"一带一路"建设合作规划纲要的谅解备忘录》。此备忘录是中国—中南半岛经济走廊沿线国家签署的首个政府间共建"一带一路"合作文件，具有标志性意义。

（6）柬埔寨。

柬埔寨国土面积约为18万平方千米，约1625万人口（2021年）。柬埔寨是传统农业国，工业基础薄弱，依赖外商直接投资，贫困人口占总人口28%。柬埔寨实行对外开放的自由市场经济，推行经济私有化和贸易自由化，把发展经济、消除贫困作为首要任务。2003年9月，柬埔寨加入世界贸易组织。柬埔寨主要进口产品为燃油、建材、手机、机械、食品、饮料、药品和化妆品等。GDP（2020年）总计为289亿美元。其同中国签署政府间共建"一带一路"合作文件。

（7）越南。

越南国土面积32.9556万平方千米，约9649万人口（2021年），北与中国接壤。2006年，越南正式加入WTO，基本形成了以国有经济为主导、多种经济成分共同发展的格局。越南矿产资源丰富，种类多样，主要进口商品有：

摩托车、机械设备及零件、纺织原料、成品油、钢材、皮革。GDP（2020年）总计为2778亿美元。外商直接投资引入方面，越南的外资企业可以在国民经济的各领域进行投资，尤其鼓励外资企业对新能源、新材料、生物技术以及高科技产品生产等领域的投资。

由于产业环境结构和越南现实经济条件等原因，中国不是越南主要投资国，中国对越南直接投资流量规模和波动较小，几乎没有增长，一直维持在500亿美元左右。由于部分政治原因，中国对越南的直接投资在2016年至2018年三年间增长乏力，2017年在河内中越两国签署共建"一带一路"和"两廊一圈"合作备忘录，为之后中越进一步发展合作，优势互补提供了新的参考方向。

（8）文莱。

文莱国土总面积为5765平方千米，约43万人口（2021年）。文莱工业和农业基础薄弱，经济结构单一，主要以石油和天然气开采与生产为主文莱主要进口机器和运输设备、工业品、食品、化学品等。GDP（2020年）总计为138亿美元。文莱禁止外资企业对武器、毒品以及一切和伊斯兰教教义相违悖的行业进行投资，限制外资企业对林业投资，鼓励外资企业对制药、金融业、化工业以及建筑业进行投资。

中国对文莱投资较少，2015年前中国对文莱直接投资增长几乎是停滞的状态。2016年有了迅猛发展，中国对文莱直接投资当年流量达142亿美元，甚至超过前年的存量，2017年继续保持良好增长态势，存量达到220.67亿美元，但与中国其他对外直接投资相比，仍然较少。2017年，中国和文莱两国签署"一带一路"等双边合作文件后，中国对文莱的直接投资并没有出现一个大幅度的增长，相反有了较小的降低，两国需要进一步探索新的合作方式。

（9）菲律宾。

菲律宾国土总面积约为30万平方千米，共有大小岛屿7000多个，约1.07亿人口（2021年）。菲律宾实行出口导向型经济模式，对外国市场依赖以来较大，第三产业在国民经济中地位突出，农业和制造业也占相当比重。GDP（2020年）总计为4420亿美元。

2010—2014年中国对菲律宾直接投资迅速增长，2011年当年直接投资流量达到峰值267.19亿美元，因为政治原因，2012年锐减到74.90亿美元，2014年投资流量回升至224.95亿美元，但2015年由于政治关系下降原因，当年锐减87%，流量出现负数。随后两年的外商直接投资也不容乐观，原因是政治领域外溢到经济领域，两国外交关系波动起伏，对投资领域影响巨大。截至2018年，中国对菲律宾直接投资存量仅为830.02亿美元。至2020年4月，双方并未签署"一带一路"合作相关文件。

以上9国的外商直接投资流入水平较为相似，在"一带一路"倡议提出前后均无太大变化，分布在平均水平上下，波动十分微小，几乎无增无减。东盟虽然长期实行对外开放与招商引资的政策并积累了一定的优势，但是当前仍存在一定劣势制约着东盟国家的外商直接投资利用，主要表现为金融环境尚不完善，社会稳定状况有待改善，东盟国家部分地方政府的办公效率低下，在东盟的某些地区仍然存在较为明显的排外现象，这些都是有待改善的地方。

（三）南亚8国

南亚8国包括印度、巴基斯坦、阿富汗、孟加拉国、斯里兰卡、马尔代夫、尼泊尔、不丹。南亚地区位于亚洲南端，是连接亚洲、非洲、大洋洲和印度洋、太平洋的重要交通要道，有牵连东西、带动南北、沟通海陆的区位优势，是"一带一路"各国发展对外贸易的重要海上通道，地理位置十分重要。但由于南亚各国之间民族矛盾和文化分歧较多，在区域联动和区域合作方面远远不如东南亚各国，南亚8国正面临经济结构的转型问题。

南亚加入"一带一路"倡议的国家普遍经济不发达，国内面临经济结构的转型。但其地理位置优越，扼守中国陆地通往印度洋的通道，且位于中东石油等航线去往太平洋的必经之路上，战略意义十分重要。从2017年中国对南亚8国总体数据来看，巴基斯坦在历史上有着跟中国极为密切的友好关系，中国对其直接投资存量截至2017年在南亚8国中排名第一，政治关系的密切程度与经济投资息息相关。印度因为经济的飞速发展，在经济方面与中国也有着多种合作。中国对其他国家的投资相差不多，马尔代夫由于国土面积狭小、资源不足等问题，中国对其投资甚少。

根据图3-5所示，2013年以前，南亚八国外商直接投资流入的波动较大。2013年后，在共建"一带一路"的框架下，中国与南亚的合作领域不断拓展，互联互通不断深化，区位优势愈加显现。并且，近年来，南亚国家政治社会稳定，投资和营商环境不断改善，政府鼓励和支持外商直接投资进入新兴产业发展。这些使得该地区的外商直接投资流入整体呈上升态势，波动幅度较之前略为平缓。

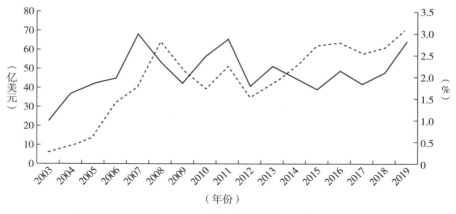

图 3 - 5 2003—2019 年南亚 8 国外国直接投资流量
资料来源：世界银行。

将南亚各国 2003—2019 年外商直接投资流入趋势进行对，可以看出每个国家各自水平以及在该区域中所处的位置。

从图 3 - 6 可以看出，南亚 8 国中，印度的外商直接投资流入远远高于其他 7 国。其余国家水平差距不大，且在 2008 年以后，均低于平均水平。于是将印度单独作为一类进行具体介绍，其他国家放到一起一并分析。

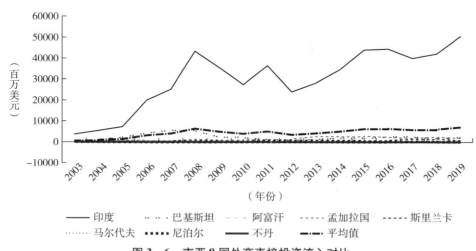

图 3 - 6 南亚 8 国外商直接投资流入对比
资料来源：世界银行。

1. 印度

印度面积为 298 万平方千米，有 13.54 亿人口（2021 年）。印度是世界上发展最快的国家之一，经济增长速度引人瞩目。社会财富在印度这样一个发展中国家极度不平衡，全国 10% 的人口掌控全国 33% 的收入。1991 年以前，受社会主义计划经济影响，经济政策推行贸易保护主义，印度政府过分干预劳工及金融市场并监管商业活动，由于 1991 年印度经济危机，加上苏联解体，新国大党政府开始实行经济自由化改革，借对外贸易及直接投资，逐步转型为自由市场，印度的经济规模获得了较快速度的增长。印度主要进口商品为：石油产品、电子产品、金银、机械、化工产品。GDP（2020 年）总计为 32249 亿美元。

印度现已成为极具吸引力的外商投资目的地，其外商直接投资政策有了新的发展，连最保守的国防和铁路基础设施等行业都可接受 100% 外商投资。印度的外商直接投资流入自 2003 年以来一直处于高速增长的阶段，于 2008 年达到最高之后开始下降，2012 年至低谷。2013 后，其外商直接投资流入水平除 2017 年左右出现下降外，又开始处于持续上升趋势。在外商直接投资流入占 GDP 比值方面，除了 2008—2009 年，印度均低于南亚 8 国的平均值，表明印度在 8 国当中经济发展对外商直接投资的依赖程度较低。详见图 3-7。

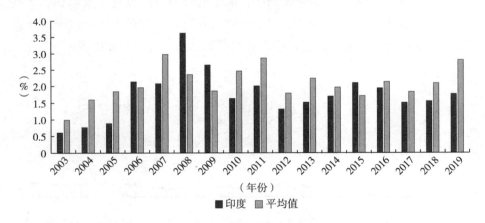

图 3-7　2003—2019 年外商直接投资流入占 GDP 比重
资料来源：世界银行。

中国与印度的往来多是经济贸易，相较下，投资流量增长较为平缓，2017 年中国对印度直接投资存量达到 4747.33 亿美元，2018 年出现下降，为 4662.80 亿美元。2016 年洞朗事件的发生，使得中国对印度直接投资大幅减少，当年投资流量仅相当于 2008 年的水平。政治关系对中印投资环境影响较大。

2. 南亚其他七国

南亚其他 7 国经济体量小且发展水平较低，对于外商直接投资的吸引能力较弱，都位于平均水平之下。"一带一路"倡议提出之后，其外商直接投资流入的变动幅度也并没有明显增减。下文将对各国进行简要介绍。

（1）巴基斯坦。

巴基斯坦国土总面积为 88.0254 万平方千米（包括巴控克什米尔地区），约 2 亿人口（2021 年），是世界第六人口大国。巴基斯坦的主要矿藏储备有天然气、石油、煤、铁、铝土，还有大量的铬矿、大理石和宝石。巴基斯坦最大的工业部门是棉纺织业，其他还有毛纺织、制糖、造纸、烟草、制革、机器制造、化肥、水泥、电力、天然气、石油等。政府一直努力加速工业化，扩大出口，缩小外贸逆差。主要进口石油及石油制品、机械和交通设备、钢铁产品、化肥和电器产品等。

作为与中国关系极为友好、密切的国家，中国与巴基斯坦经济往来密切，有中巴经济走廊作为重要平台。中国对巴基斯坦的投资增速平稳，2017 年中国与巴基斯坦签署政府间"一带一路"合作谅解备忘录，当年对巴直接投资存量达到 5715.84 亿美元，位于南亚 8 国之首。

（2）孟加拉国。

孟加拉国土总面积约为 15 万平方千米，总人口约 1.67 亿人（2021 年）。孟加拉国是世界上最不发达的国家之一，经济基础薄弱，国民经济主要依靠农业。孟加拉国政府积极推行私有化改革、改善投资环境、吸引外国投资、创建出口加工区。孟加拉国是仅次于印度的世界第二大黄麻生产国，同时也是世界第一大黄麻出口国。GDP（2020 年）为 3264 亿美元。

中孟之间经济互补性较强，合作空间较大，2016 年两国领导人见证了共建"一带一路"、产能合作、信息通信、能源电力、外交、海洋、防灾减灾、气候变化等多项双边合作文件的签署。中对孟直接投资 2003—2016 年增长都较为平缓，合作文件签署后一年 2017 年中国对孟加拉国的直接投资流量翻了一倍，达到了 99.03 亿美元，政策助推力在两国投资往来起了很大的作用。其同中国签署了《关于编制共同推进"一带一路"建设合作规划纲要的谅解备忘录》。

2015 年，孟政府出台"七五计划"，为此，孟加拉国政府通过工业政策、进出口政策、出口加工区管理局条例等多种渠道制定了一系列税收减免优惠政策，包括：享受减免税期；对 100% 出口导向企业，其资本设备和 10% 以内的零部件可以免税进口；外国贷款利息免税，特许权使用费、技术转让费和技术服务费等免税；外国人持有的股份向孟加拉国银行外汇管理局完税后，可向本地股份持有者或投资者转让，其资本收入免税等。

（3）阿富汗。

阿富汗国土总面积约为 65 万平方千米，人口约 3637 万人（2021 年）。阿富汗同 60 多个国家和地区有贸易往来。阿富汗是最落后国家之一。历经三十多年战乱，经济破坏殆尽，交通、通讯、工业、教育和农业基础设施遭到的破坏最为严重，生产生活物资短缺，曾有 600 多万人沦为难民。主要进口商品有各种食品、机动车辆、石油产品和纺织品等。GDP（2020 年）总计为 255 亿美元。

2008 年和 2011 年是中国对阿富汗投资的两个高峰期，2008 年中国对阿富汗直接投资流量从 2007 年的 0.1 亿美元猛增至 113.91 亿美元，近乎 1000 倍，2011 年在原有基础上该年流量是 2008 年的近 3 倍。但好景不长，由于长时间的动乱，近年来中国对阿富汗的直接投资形势每况愈下，2017 年，中国与阿富汗共同发布《中华人民共和国和阿富汗伊斯兰共和国联合声明》，一定程度上推动了两国的经济合作，当年中国对阿富汗直接投资流量增加至 5.43 亿美元。

（4）斯里兰卡。

斯里兰卡国土面积为 6.5610 万平方千米，人口总数为 2095 万人（2021 年）。斯里兰卡的经济以农业为主，而该国最重要的出口产品是锡兰红茶。斯里兰卡最大优势在于矿业和地理位置，它是一个宝石富集的岛屿，世界前五名的宝石生产大国，被誉为"宝石岛"。实行自由外贸政策，除政府控制石油外，其他商品均可自由进口。GDP（2020 年）总计为 1016 亿美元。

2009 年，斯里兰卡结束了长达 26 年的国内武装冲突，正式进入和平发展时期，政府改善投资环境，大力引进外商直接投资来促进本国经济发展。中国对斯里兰卡的直接投资流量也是从 2010 年开始迅速增长的。早在 2014 年，中国商务部就和斯里兰卡财政计划部签署有关共建"21 世纪海上丝绸之路""马欣达愿景"建设的备忘录。据中国商务部数据，2016 年中国首次成为斯里兰卡最大贸易伙伴和进口来源国。虽然中国对斯里兰卡的直接投资从 2016 年以来有所下降，但双方贸易往来密切。截至 2017 年末，中国对斯里兰卡的直接投资存量总额达到 728.35 亿美元。

（5）马尔代夫。

马尔代夫国土总面积为 9 万平方千米（含领海面积），陆地面积 0.0298

万平方千米,人口约44.4万人(2021年)。旅游业、船运业和渔业是马尔代夫经济的三大支柱。马尔代夫实行小规模开放型经济政策,坚持在保护环境的基础上,发挥自身资源优势,积极吸收国外资金与援助。马尔代夫主要进口商品为食品、石油产品、纺织品和生活用品。GDP总计为55亿美元(2020年)。

中国对马尔代夫的投资极少,截至2018年年末,中国对马尔代夫直接投资存量仅为74.77美元。这与其国情有着直接关系,马尔代夫是国土面积较小的岛国,自然资源不充足,一定程度上吸引外商直接投资的能力差,旅游业、船运业和渔业是其经济的三大支柱。2017年年末,中国同马尔代夫签署政府间共同推进"一带一路"建设谅解备忘录,为中马合作增添了新动力。

(6)尼泊尔。

尼泊尔国土总面积为14.7181万平方千米,人口总数为2962万人(2021年)。尼泊尔属于农业国,80%国民从事农业生产,农业总产值约占GDP的40%。20世纪90年代起,尼泊尔开始实行以市场为导向的自由经济政策,但因政局多变和基础设施薄弱,收效不明显。尼泊尔经济严重依赖外援,预算支出的三分之一来自外国捐赠和贷款。主要进口商品是煤、石油制品、羊毛、药品、机械、电器、化肥等。GDP(2020年)总计为299亿美元。

尼泊尔在众多领域对外商直接投资开放,政府颁布了多项进支持性政策。为引进外国投资发展国家重点项目,尼泊尔通过了《外国在尼泊尔投资程序》,吸引更多外商进入,开展各行业投资业务。

中国对尼泊尔的直接投资规模较小,2013年中国对尼泊尔直接投资流量有了迅速增加,但由于2015年尼泊尔发生强震,中国为了国民安全,开展撤侨活动,在一定程度上造成了2016年中国对尼泊尔直接投资流量的大幅减少。2017年,在"一带一路"国际高峰论坛上,中国同尼泊尔等国签署政府间"一带一路"合作谅解备忘录,在一定程度上促进了中国对尼泊尔的直接投资,当年中国对尼泊尔的直接投资流量转负为正,为7.55亿美元,净增长近30亿美元,截至2018年,中国对尼泊尔的直接投资总存量为379.19亿美元。

(7)不丹。

不丹国土面积约4万平方千米,人口总数约81.7万人(2021年)。中国大陆与不丹未建交(中国台湾地区也未与不丹建立官方交往),但中不关系一直友好(在所有邻国中,不丹是唯一一个未与中国建交的国家)。不丹是最不发达国家之一, 主要进口产品为燃料、谷物、汽车、机械、金属、塑料等。GDP (2020 年) 总计为 34 亿美元。

(四) 中亚 5 国

中亚 5 国包括哈萨克斯坦、乌兹别克斯坦、土库曼斯坦、塔吉克斯坦和吉尔吉斯斯坦。中亚 5 国深处欧亚大陆腹地, 是连接欧亚两大洲的桥梁, 东西方文化的交融地, 丝绸之路必经之地。重要的陆上交通位置是其优势, 但深处内陆也是其不能进行更大宗贸易的劣势之一。中亚 5 国均为资源型国家, 经济发展对资源的开发依赖程度大。开发程度的不同, 使得各国的经济发展水平有着较大的差异, 哈萨克斯坦和乌兹别克斯坦为中高等收人国家, 而其余三国为中低等收入国家。

中亚 5 国经济发展水平不一, 政策法律体系不健全, 国内投资环境也存在诸多问题。通过图 3 - 8 可知, 中亚 5 国的外商直接投资流入水平自 2003 年起变化幅度较大, 2005 年开始迅速上涨, 但至 2008 年受全球金融危机影响开始衰退, 并于 2008 年降至最低。2011 年后略有增加, 但一直到 2015 年都是缓慢下降态势。2015—2016 年外商直接投资流入上升到最高水平, 但随后开始剧烈下降, 并于 2018 年左右降至最低。

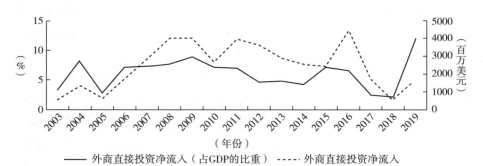

图 3 - 8　2003—2019 年中亚 5 国外国直接投资流量
资料来源: 世界银行。

中亚 5 国的地理位置和战略位置十分重要, 位于欧亚大陆腹地, 贯穿东西, 连接欧亚, 是丝绸之路经济带的核心区域, 也是中国开展 "一带一路" 倡议相关经贸合作的 "咽喉" 地区。中亚 5 国的局势与中国西部边疆的稳定与发展密切相关。2013 年 "丝绸之路经济带" 倡议的提出也与中国对中亚的战略安排有着紧密的联系。中亚国家目前均处于大量产业升级和基础设施建

设时期，是中国产能输出的重点区域，双方经贸合作升级有利于促进资源的
充分利用。截至2017年年末，中国对哈萨克斯坦的直接投资位居中亚5国之
首，比其他4国的总和还多，这既有哈萨克斯坦本身经济较其他4国发达的
原因，还有中哈友好关系的加成因素存在。

将中亚5国2003—2019年外商直接投资流入趋势进行对，可以看出每个
国家各自水平以及在该区域中所处的位置，详见图3-9。

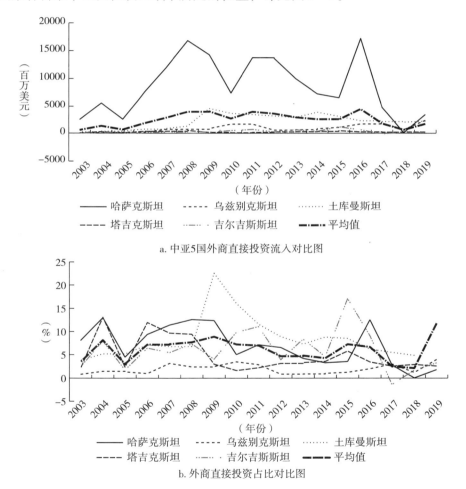

a. 中亚5国外商直接投资流入对比图

b. 外商直接投资占比对比图

图3-9　中亚5国外商直接投资流入对比图

资料来源：世界银行。

上文提到，哈萨克斯坦和乌兹别克斯坦为中高等收入国家，而其余3国
为中低等收入国家。但就对比图而言，哈萨克斯坦的外商直接投资流入远高

于其他四国，而乌兹别克斯坦的外商直接投资流入则低于平均水平。通过占比图可得知，乌兹别克斯坦的外商直接投资占比水平在其他4国之下，说明其对外商直接投资的依赖程度较低。

下面将对中亚5国进行逐国介绍。

（1）哈萨克斯坦。

哈萨克斯坦是世界上最大的内陆国。国土面积为273万平方千米，人口约为1840万人（2021年）。哈萨克的自然资源比较丰富，已探明的矿藏有90多种，煤、铁、铜、铅、锌产量丰富，被称为"铀库"，此外里海地区的油气资源也十分丰富。哈萨克斯坦经济以石油、天然气、采矿、煤炭和农牧业为主，加工工业和轻工业相对落后。大部分日用消费品依靠进口，主要进口商品有机械、设备、交通工具、仪器和仪表，化工产品（包括橡胶和塑料），矿产品，金属及其制品，动植物产品和成品粮。GDP（2020年）总计为2002亿美元。

中国对哈萨克斯坦的直接投资规模较大，早在2014年，中国就与哈萨卡斯坦签署了《中华人民共和国国家发展和改革委员会与哈萨克斯坦共和国国民经济部关于共同推进丝绸之路经济带建设的谅解备忘录》，中哈贸易来往频繁，未来投资形势良好，但由于2015年受世界经济增长缓慢和乌克兰危机带来的西方和俄罗斯相互制裁的影响，哈萨克斯坦国内经济遭遇"寒冬"，货币严重贬值，中国对哈萨克斯坦直接投资大幅下降，后由于哈政府采取一系列措施促进经济回暖等原因，2016年中国对哈萨克斯坦的投资流量回升，截至2018年年末，中国对哈萨克斯坦直接投资存量达7341.08亿美元。

（2）乌兹别克斯坦。

乌兹别克斯坦国土面积为45万平方千米，人口约3236万人（2021年）。乌兹别克斯坦自然资源丰富，是独联体中经济实力较强的国家，经济实力次于俄罗斯、乌克兰、哈萨克斯坦。国民经济支柱产业是"四金"：黄金、"白金"（棉花）、"黑金"（石油）、"蓝金"（天然气）。但经济结构单一，加工工业较为落后。农业、畜牧业和采矿业发达，轻工业不发达，62%的日用品依靠其他共和国提供。矿产资源丰富，矿产资源储量总价值约3.5万亿美元。进口产品主要有油类、电力、机器及设备、食品、化学制品、黑色金属和有色金属。GDP（2020年）总计为767亿美元。乌兹别克斯坦政府规定，对于外国投资者在原料深加工领域、高新技术、节能、通信、交通、能源、公共基础设施等领域的投资，国家给予免缴法人利润税、财产税、公共事业和社会基础设施发展税、共和国道路基金强制扣款及统一税（针对小企业）等优惠政策，但其吸引外商直接投资能力仍较低，并在近 15 年的波动幅度不大。

中国对乌兹别克斯坦的投资规模较小，2015 年，中国与乌兹别克斯坦签署《关于在落实建设"丝绸之路经济带"倡议框架下扩大互利经贸合作的议定书》，随后 2016 年中国对乌兹别克斯坦的直接投资存量达到峰值，超过 1000 亿美元，2017 年出现小幅下降，为 946.07 亿美元。

（3）土库曼斯坦。

土库曼斯坦国土面积为 49 万平方千米，人口 585 万人（2021 年）。土库曼斯坦经济结构单一，长期以来一直是苏联的原料供应地，以种植业和畜牧业为主。主要进口产品有：粮食、肉类、轻工业品。GDP（2020 年）总计为 572 亿美元。土库曼斯坦鼓励外商直接投资向矿产资源开采和加工行业、纺织行业、基础设施建设、旅游业等投资。

中国对土库曼斯坦的直接投资规模较小。2011 年和 2015 年中国对土库曼斯坦的直接投资流量大幅度下降的原因是外部局势和世界能源价格走低导致经济不景气，投资的信心下降等。中国对土库曼斯坦的直接投资流量和存量峰值均出现在 2010 年，当年投资流量为 450.51 亿美元，存量为 658.48 亿美元，后续波动较大，截至 2018 年，中国对土库曼斯坦直接投资存量为 311.93 亿美元，较 2017 年出现下降。

（4）塔吉克斯坦。

塔吉克斯坦国土面积为 14.3 万平方千米，全国总人口 960 万人（2021 年）。该国经济基础薄弱，结构单一，进口以交通工具机械设备、矿产品及化工产品为主。GDP（2020 年）总计为 81 亿美元。塔吉克斯坦致力于发展能源、交通、加工工业和农业等领域和产业，并优化金融环境和投资环境以吸引外商直接投资进入。塔吉克斯坦鼓励外商向水利水电、煤炭和石油天然气的勘探开发、交通运输、农业和铝锭加工等行业和领域投资。

塔吉克斯坦自然资源丰富但由于多年内战等原因，经济实力差，贫困人口多。近年来由于局势趋向稳定和经济政策的调整，经济形势转好，但由于原有基础较薄弱，对外商直接投资的吸引力不强，因而参与"一带一路"建设发展对其是一个非常具有吸引力的机会。2015 年中国与塔吉克斯坦两国政府签署《关于编制中塔合作规划纲要的谅解备忘录》，双方将以共建丝绸之路经济带为契机，继续扩大和深化投资、贸易、产业、人文等各领域务实合作，共同推进中国—中亚—西亚经济走廊建设。中国对塔吉克斯坦的直接投资规模小,但保持平稳增长,截至 2018 年,中国对塔吉克斯坦的直接投资存量为 1944.83 亿美元。

(5) 吉尔吉斯斯坦。

吉尔吉斯斯坦国土面积约为 20 万平方千米,总人口为 613 万人(2021 年)。国民经济以多种所有制为基础,农牧业为主,工业基础薄弱,主要生产原材料。自独立之初,该国就主张对外贸易自由化,任何个人、企业和组织都有权从事进出口贸易业务。该国主要进口石油产品、二手汽车、服装、化工产品、天然气等。GDP(2020 年)总计为 82 亿美元。吉尔吉斯斯坦鼓励外商直接投资领域包括环境保护、交通运输、燃料能源开发和社会领域。

中国对吉尔吉斯斯坦直接投资与中国对独联体其他国家的投资规模相较较小。截至 2018 年,中国对吉尔吉斯斯坦直接投资存量为 1393.08 亿美元,中国对吉尔吉斯斯坦直接投资占吉尔吉斯斯坦外商直接投资总量的比重较大,位于十大外商投资国之列。其与中国已经签署有《中华人民共和国和吉尔吉斯共和国关于建立全面战略伙伴关系联合声明》。

(五)独联体 7 国

独联体 7 国包括俄罗斯、乌克兰、白俄罗斯、格鲁吉亚、阿塞拜疆、亚美尼亚和摩尔多瓦。历史上大多与苏联有着密切联系,作为苏联加盟共和国在经济上采用社会主义的计划经济体制并由共产党执政。相比于拥有漫长航海线的西欧和北欧,东欧的经济发展一直处于欧洲的中下游位置,其海岸线有限且不适宜远洋,以白俄罗斯、乌克兰为代表的国家自东欧剧变以来经济发展较为缓慢。

独联体地区是"丝绸之路经济带"建设的重点地区,"丝绸之路经济带"设想的 6 大经济走廊有 5 条要经过独联体成员国。加快"一带一路"建设,有利于促进沿线各国经济繁荣与区域经济合作,实现"双赢"。

从图 3 - 10 可以看出,独联体 7 国的外商直接投资直接投资净流入变动起伏较大,2008 年左右受到全球金融危机影响有所下降,此后有回升。但在 2013 年之后,其外商直接投资流入一路下降,至 2015 年左右才开始出现回升,但仍较低。并且,独联体 7 国平均外商直接投资占 GDP 的比重也呈下降态势,说明以上 7 国对外商直接投资依赖的程度在逐渐减弱。将独联体各国 2003—2019 年外商直接投资流入趋势进行对,可以看出每个国家各自水平以及在该区域中所处的位置。

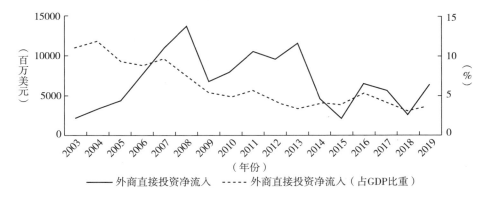

图 3 - 10　2003—2019 年独联体 7 国外国直接投资流量
资料来源：世界银行。

从图 3 - 11 可以看出，俄罗斯的外商直接投资引入远远高于独联体其他各国，以下将进行具体分析。

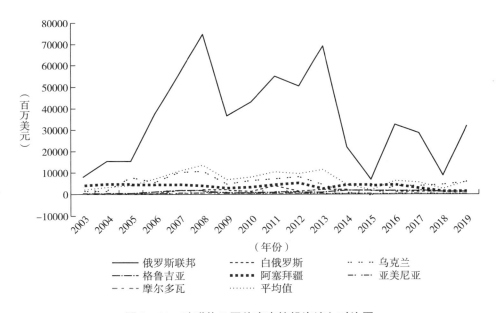

图 3 - 11　独联体 7 国外商直接投资流入对比图
资料来源：世界银行。

1. 俄罗斯

俄罗斯国土面积为 1710 万平方千米，总人口 1.44 亿人（2021 年）。该国主要工业部门有机械、冶金、石油、天然气、煤炭及化工等，轻纺、食品、木材加工业较落后，航空航天、核工业具有世界先进水平。财政金融总体趋好。俄罗斯主要进口商品包括：机械设备和交通工具、食品和农业原料产品、化工品及橡胶、金属及其制品、纺织服装类商品等。GDP（2020年）总计为16527亿美元。中俄两国政府签署了《中华人民共和国与俄罗斯联邦关于丝绸之路经济带建设和欧亚经济联盟建设对接合作的联合声明》。

俄罗斯的外商直接投资流入在2013年左右出现剧烈下降，该情况与其面临的国际政治环境紧密相关。但如图3-12所示，俄罗斯对于外商直接投资的依赖程度极小。

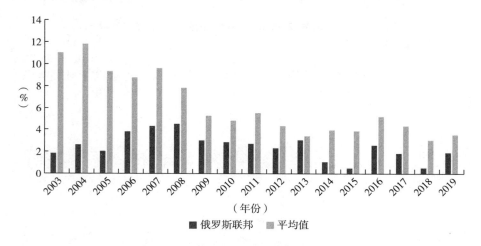

图3-12　2003—2019年俄罗斯外商直接投资流入占GDP比重
资料来源：世界银行。

俄罗斯是中国十分重要的贸易伙伴之一，中俄合作在"一带一路"建设中具有举足轻重的地位。经济一直处在复苏阶段，速度较为缓慢，在吸引外商直接投资方面，俄罗斯的基本原则即"让外商直接投资企业与本国企业享受同等待遇"，吸引了较多的外商投资。中国对俄罗斯的直接投资增加较为平稳，2015年当年有了较大增长，当年直接投资流量突破3000亿美元，截至2018年年底，中国对俄罗斯的直接投资存量为14208.22亿美元。这一方面是由于俄罗斯有着丰富的资源和较好的投资环境，另一方面则是中俄友好关系的加成。2019年6月5日，中俄两国关系提升为新时代全面战略协作伙伴关系。

2. 独联体其他各国

独联体其他6国基本上处于平均水平之下，变化幅度小，整体经济中外商直接投资占比也并不高。下面将对以上 6 国进行简单说明。

（1）乌克兰。

国土面积约为 60 万平方千米，人口为 4401 万人（2021 年）。乌克兰主要进口产品有天然气、石油、地面交通设备、纸张、塑料制品、药品、粮食和车床等。GDP（2020 年）总计为 1283 亿美元。

乌克兰的外商直接投资主要来自欧洲国家，中国对乌克兰直接投资规模较小，2013 年当年增加迅速，流量接近 10 亿美元。2015 年中乌签署"一带一路"框架下合作协议。截至 2018 年底，中国对乌克兰直接投资存量为90.48 亿美元。

（2）白俄罗斯。

白俄罗斯国土总面积约为 21 万平方千米，人口为 945 万人（2021 年）。白俄罗斯工业基础较好，机械制造业、冶金加工业、机床、电子及激光技术、农业和畜牧业较发达，马铃薯、甜菜和亚麻等产量在独联体国家中居于前列。该国奉行以俄罗斯为重点的多方位外交政策。全面发展同独联体和周边国家关系，积极参与独联体地区一体化进程。发展同俄罗斯战略联盟关系，积极参与俄罗斯主导的欧亚经济联盟建设。重视和发展同中国、独联体国家、亚非和拉美国家等的友好合作关系。GDP（2020 年）总计为 589 亿美元。

白俄罗斯是最早响应"一带一路"倡议的国家之一，也是积极参与"一带一路"建设的重要国家。双方的友好密切合作关系在中国对白俄罗斯的直接投资上也有鲜明的体现：中国对白俄罗斯的直接投资规模较大，2015—2017 年有了稳步增长，尤其是 2016 年，突破 170 亿美元，截至 2018 年年底中国对白俄罗斯的直接投资存量为 507.38 亿美元。

（3）格鲁吉亚。

格鲁吉亚国土面积为 6.97 万平方千米，人口总数为 391 万人（2021 年）。格鲁吉亚地处欧亚交界处，自然资源较为丰富，如森林、水力资源及矿产资源等等，尤其有着"齐阿土拉"锰矿区，且是世界上单位面积水能资源最丰富的国家之一。格鲁吉亚致力于建立自由市场经济，接受国际货币基金组织、世界银行和欧美国家指导和援助，大力推进经济改革，进一步降低各种税率及关税，加快结构调整和私有化步伐，改善基础设施和投资环境，提高吸引外商直接投资的力度。GDP（2020 年）总计为 195 亿美元。

中国对格鲁吉亚的直接投资规模较大，2010 年有了小幅度的增加，突破100 亿美元，随后一直保持稳健增长，截至 2017 年年底，中国对格鲁尼亚的直接投资总存量突破 500 亿元。中国与格鲁吉亚启动自贸区可行性研究并签署共建"丝绸之路经济带"合作文件。

（4）阿塞拜疆。

阿塞拜疆国土面积为 8.66 万平方千米，全国总人口为 992 万人（2021年）。该国积极实施经济发展多元化战略，大力扶持非石油领域经济发展，促进各领域均衡发展，实施以大规模基础设施和电讯业建设拉动经济的政策。阿塞拜疆主要进口产品有机械设备、食品、交通工具及配件、黑色金属及制品、木材、药品、家具和日用品等。GDP（2020 年）总计为 498 亿美元。

阿塞拜疆是高加索地区三国之一，有丰富的石油资源，基于其优越的地缘战略位置，倡导"大丝绸之路"计划，努力打造欧亚大陆的能源、交通和信息枢纽。阿塞拜疆的投资吸引力主要来自其稳定的政局、丰富的油气资源、快速增长的经济、不断改善的投资环境、持续的市场需求以及地理和交通设施等。中国对阿塞拜疆的直接投资在其利用外商直接投资中所占比例较小，但 2011 年中国对阿塞拜疆直接投资流量出现大幅度增加，突破 30 亿美元，2013 年出现小幅下降，2014 年出现大幅增加，突破 50 亿美元，2015 年年底中阿两国政府签署《中阿关于进一步发展和深化友好合作关系的联合声明》，增强了投资进入的信心，当年投资存量突破 60 亿美元。2016 年受经济大环境等问题影响出现大幅下降，使得 2016 年和 2017 年的中国对阿塞拜疆直接投资存量甚至不及 2011 年的存量情况，不足 30 亿美元。

（5）亚美尼亚。

亚美尼亚国土面积为 2.97 万平方千米，人口为 293 万人（2021 年）。亚美尼亚地处欧亚大陆腹地，是连接欧洲和亚洲、里海和黑海、东欧和中亚交通的极其重要的运输走廊和重要战略通道。亚美尼亚资源丰富，油气储量大，但由于受到地方分离主义、领土问题争端的影响，地区形势复杂，对于外商直接投资的吸引力大打折扣。为了弥补这一劣势，亚美尼亚政府实施投资优惠政策吸引外商直接投资。该国主要进口产品为矿产品、食品、化工产品等。主要贸易伙伴为俄罗斯、中国、德国、保加利亚、乌克兰等。GDP（2020 年）总计为 127 亿美元。

总体来看，中国对亚美尼亚的直接投资规模较小，分别于 2013 年和 2017年出现大幅增加，突破 7 亿美元和 30 亿美元。双方于 2015 年底签署《中华人民共和国和亚美尼亚共和国关于进一步发展和深化友好合作关系的联合声明》，为双方进一步密切合作保驾护航。

（6）摩尔多瓦。

摩尔多瓦国土面积约为3万平方千米，人口为404万人（2021年）。摩尔多瓦是传统农业国家，葡萄种植和葡萄酒酿造业发达。国土面积的80%是黑土高产田，适宜农作物生长，盛产葡萄、食糖、食油和烟草等，曾是苏联水果和浆果、玉米、向日葵和蔬菜等农作物的生产基地之一。摩尔多瓦的工业基础薄弱。GDP（2020年）总计为98亿美元。摩尔多瓦同中国已经签署"一带一路"合作文件。

（六）西亚、北非等地区18国

西亚、北非等地区18国包括伊朗、伊拉克、土耳其、叙利亚、约旦、黎巴嫩、以色列、巴勒斯坦、沙特阿拉伯、也门、阿曼、阿联酋、卡塔尔、科威特、巴林、希腊、塞浦路斯和埃及。西亚北非处于亚洲、欧洲、非洲、大西洋、印度洋的交通要塞地区，石油资源尤其丰富，居民以阿拉伯人为主，主要信奉伊斯兰教。该地区的国家主要为外向型经济的石油输出国，经济经常受到世界金融市场和能源市场波动的影响。总体来说，西亚北非人均GDP水平显著高于"一带一路"国家均值，属于中等偏上收入地区。从图3-13可以看出，2011年以前，该地区的的外商直接投资流入基本呈上升趋势，2008年受金融危机影响有所下降。自2011年后，外商直接投资流入开始减少，2013年随经济恢复有所回升，但整体仍处于向下趋势。

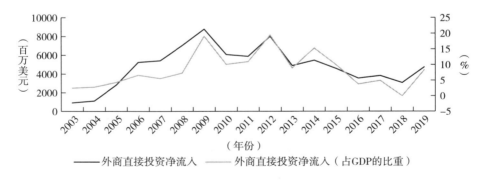

图3-13　2003—2019年西亚北非18国外国直接投资流量
资料来源：世界银行。

中国对西亚北非18国直接投资规模较小，2018年最高的投资存量是阿拉伯联合酋长国（下文简称阿联酋），总额为6436.06亿美元，最低的则是对黎巴嫩，总额为2.22亿美元。

将区域内各国 2003—2019 年外商直接投资流入趋势进行对比，可以看出每个国家各自水平以及在该区域中所处的位置。详见图 3 - 14。

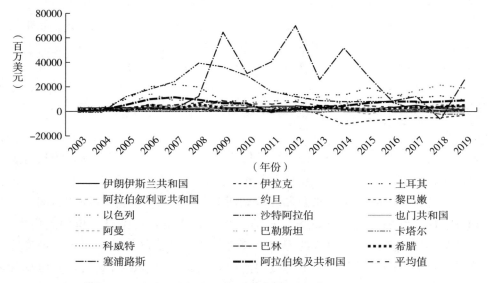

图 3 - 14   2003—2019 年西亚北非 18 国外商直接投资流入对比
资料来源：世界银行。

从图 3 - 14 中可以看出，塞浦路斯、沙特阿拉伯、土耳其、以色列四国的外商直接投资流入水平显著大于该区域的其他国家。整体而言，该区域的外商直接投资流入变动幅度较大，两级差距较为明显。2007 年左右，该区域外商直接投资流入得到快速增长，但随着金融危机的冲击，增长势头有所减缓。2013 年"一带一路"倡议提出以后，该地区部分国家外商直接投资流入有所提升，但增长幅度不大。下面对该地区各国进行简要介绍。

（1）伊朗。

伊朗国土总面积约为 165 万平方千米，约 8201 万人（2021 年）。伊朗是亚洲主要经济体之一，经济实力居亚洲第七位。以石油开采业为主，另外还有炼油、钢铁、电力、纺织、汽车制造、机械制造、食品加工、建材、地毯、家用电器、化工、冶金、造纸、水泥和制糖等，但基础相对薄弱，大部分工业原材料和零配件依赖进口，主要进口产品有粮油食品、药品、运输工具、机械设备、牲畜、化工原料、饮料及烟草等。GDP（2020 年）总计为 4556 亿美元。伊朗的外商直接投资流入较少，与其经济深受制裁有关。

中国是伊朗在亚洲的第一大贸易伙伴，从中国对伊朗的直接投资呈现平稳增长的态势，但受当地动荡局势影响，经济波动性太强，投资环境较差，2015、2017 年均出现负增长，导致 2017 年投资存量仅跟 2014 年存量相差无几，为 3623.5 亿美元。2016 年，国和伊朗两国政府在德黑兰发表《中华人民共和国和伊朗伊斯兰共和国关于建立全面战略伙伴关系的联合声明》，双方友好关系的建立使得当年中国对伊朗的直接投资流量转负为正。

（2）伊拉克。

伊拉克国土面积约 44 万平方千米，人口约 3834 万人（2021 年）。伊拉克地理条件得天独厚，石油、天然气资源十分丰富，能源产业占主导产业。主要进口各种生产资料、粮食等生活必需品。GDP（2020 年）总计为 2248 亿美元。

2015 年，在伊拉克总理访华期间，中伊双方发表《中华人民共和国和伊拉克共和国关于建立战略伙伴关系的联合声明》，为两国经济关系的提供了新的保障，截至 2018 年，中国对伊拉克的直接投资存量达 595.84 亿美元。

（3）土耳其。

土耳其国土面积约 79 万平方千米，人口约 8192 万人（2021 年）。土耳其是北约成员国，又为经济合作与发展组织创始会员国及二十国集团的成员。拥有雄厚的工业基础，为发展中的新兴经济体，亦是全球发展最快的国家之一。土耳其矿物资源丰富。主要有硼、铬、铁、铜、铝矾土及煤等。三氧化二硼和铬矿储量均居世界前列。在生产农产品、纺织品、汽车、船只及其他运输工具、建筑材料和家用电子产品皆居领导地位。农产品和工业产品在主要出口商品中大致各占一半，主要进口机械、石油、化学制品、半成品、燃料、运输设备。GDP（2020 年）总计为 10189 亿美元。

土耳其优越的地理位置加之政府鼓励的政策和中土两国政治关系的升温，中国对土耳其投资的热情上升——2009 年开始，中国对土耳其直接投资的流量和存量都有了明显增加，2015 年，双方签署"一带一路"谅解备忘录，除 2016 年因为政治因素流量为负外，其他年份都有较多的流量。截至 2018 年，中国对土耳其直接投资存量达到 1733.68 亿美元。

（4）叙利亚。

叙利亚国土总面积为 18.518 万平方千米，人口约 1828 万人（2021 年）。从 2011 年 3 月起，该国局势发生动荡并持续升级，境内武装暴力冲突不断。经济来源主要是农业、石油、加工业和旅游业，石油正面临枯竭的境况。

叙利亚持续严重动荡的局势使得投资环境极度恶化。从 2007 年开始，中国对叙利亚的直接投资基本为负，2014 年局势的明朗带来回升，但 2015 年又重归负增长。形势不容乐观，2017 年直接投资存量还不到 2006 年的投资存量的 2/3。与其他国家相比，对叙利亚的投资数量仅为 8700 万美元（2018 年存量），且由于受到当地局势的影响，中国对叙利亚投资的增长空间受约束较多。

（5）约旦。

约旦国土面积为 8.9342 万平方千米，人口约 990 万人（2021 年）。约旦地理位置较为优越，但自然资源不丰富，一定程度上限制了该国的发展，对外商直接投资的吸引力也较小。同时因为处在巴勒斯坦等地区动荡较为频繁的附近，经济发展受外界影响的波动大，政府因而针对外商直接投资实施优惠政策，带来了较为稳定的外商直接投资投入流入。其国民经济主要支柱为侨汇、外援和旅游。主要进口原油、机械设备、电子电器、钢材、化学制品、粮食、成衣等。约旦政府致力于改善投资环境，不断制定和完善投资法规，积极吸引外商直接投资，尤其鼓励外商在约旦工业区投资办厂。GDP（2020年）总计为 472 亿美元。

从数据上来看，中国对约旦直接投资流量少，存量规模小，2017 年流量突破 10 亿美元，存量达到 64.4 亿美元。截至 2017 年年末，未签署"一带一路"相关合作文件。

（6）黎巴嫩。

黎巴嫩国土面积为 1.0452 万平方千米，人口约 603 万人（2021 年）。该国工业基础相对薄弱，矿产资源少且开采不多，主要行业有非金属制造、金属制造、家具、服装、木材加工、纺织等，农业欠发达。外贸在黎国民经济中占有重要地位，政府实行对外开放与保护民族经济相协调的外贸政策，制定配套措施开展经济外交，引进资金。GDP（2020 年）总计为 599 亿美元。

黎巴嫩位于地中海东岸，亚欧两大洲边界的腹地，是古丝绸之路的重要途径之地，加之奉行自由贸易政策，关税水平低，可以说一定程度上具备吸引外商直接投资的条件，但与叙利亚接壤，近年频繁的战争也对黎巴嫩产生了较大的冲击。与其他国家地区相比，中国对黎巴嫩的投资规模小，基本可以忽略不计。截至 2018 年，中国对黎巴嫩的直接投资存量也仅为 2.22 亿美元。中黎两国签署了共建"一带一路"合作文件。

（7）以色列。

以色列实际控制面积约为 3 万平方千米，人口约 845 万人（2021 年）。以色列是中东地区最为工业化、经济发展程度最高的国家，属于发达国家。以色列有着发展成熟的市场经济，工业化程度较高，以知识密集型产业为主，高附加值农业、生化、电子、军工等部门技术水平较高。GDP（2020年）总计为3893亿美元。

以色列有"第二硅谷"之称，对外商直接投资吸引力巨大。2015年之前，中国对以色列的投资可以忽略不计，2015年中国对以色列的直接投资流量从原来的不足10亿美元猛增至229.74亿美元，2016年高达1841.3亿美元流量，2017年回落至143.73亿美元，因为这三年的迅猛增长，中国对以色列直接投资流量由2014年的86.65亿美元增至2018年的4619.98亿美元，可以说双方进一步合作发展空间巨大。中国与以色列在可再生资源、生物技术、信息通信、水资源利用等产业领域有着高匹配度，合作空间广泛。

（8）巴勒斯坦。

巴勒斯坦实际控制区面积约0.25万平方千米，人口约505万人（2021年）。该国工业水平很低，规模较小，主要是加工业，如制革、塑料、橡胶、化工、食品、石材、大理石和人造石板、制药、造纸、印刷、建筑、纺织、制衣和家具等。农业是其经济支柱。

由于巴勒斯坦存在资源匮乏和动荡的环境，外商投资对GDP的贡献微乎其微，中国在巴勒斯坦的直接投资甚少。

（9）沙特阿拉伯。

沙特阿拉伯国土面积为225万平方千米，人口约3355万人（2021年）。沙特阿拉伯是世界上最大的大麦进口国，年均进口约600万吨。该国主要农产品有：小麦、玉米、椰枣、柑橘、葡萄、石榴等。沙特阿拉伯的金融体系比较发达。沙特政府鼓励私有经济的发展，以减少国家经济对石油出口的依赖。该国经济发展以工业为重点，石油和石化工业是国民经济的命脉，是主要的经济来源。GDP（2020年）总计为7610亿美元。

2016年中国与沙特阿拉伯签署发表《中华人民共和国和沙特阿拉伯王国关于建立全面战略伙伴关系的联合声明》，友好关系的发展在经济上表现的尤为突出，2016年是中国对沙特阿拉伯直接投资存量累计最高的一年，达到了2607.29亿美元，随后出现小幅滑落，截至2018年，中国对沙特阿拉伯的直接投资存量为2594.56亿美元。

（10）也门。

也门国土面积为53万平方千米，人口约2891.5万人（2021年）。也门是世界上经济最不发达的国家之一，经济发展主要依赖石油出口收入。已探明的石油可采储量约 60 亿桶，天然气可采储量约 5000 亿立方米。也门未参加任何石油组织，因而不受国际石油组织配额限制，在生产上较具自主性。GDP（2020 年）总计为 301 亿美元。

外交关系波动在中国对也门的直接投资中影响较大，从 2013 年投资的迅速增加到 2015 年、2016 年的迅速下降都可以看出这一点。总的来说，由于也门经济的不发达和投资环境的恶劣，中国对也门的直接投资后续形势不容乐观。该国已经与中国签署共建"一带一路"谅解备忘录。

（11）阿曼。

阿曼国土面积约 1 万平方千米，人口为 483 万人（2021 年）。石油、天然气产业是阿曼的支柱产业，油气收入占国家财政收入的 75%，占国内生产总值的 41%。工业以石油开采为主，实行自由和开放的经济政策，利用石油收入大力发展国民经济，努力吸引外商直接投资。主要进口机械、运输工具、食品及工业制成品等。GDP（2020 年）总计为 841 亿美元。

（12）阿联酋。

阿联酋国土总面积为 8.36 万平方千米，人口约 954 万人（2021 年）。阿拉伯联合酋长国的石油和天然气资源非常丰富，以石油生产和石油化工工业为主。政府在发展石化工业的同时，把发展多样化经济、扩大贸易和增加非石油收入在国内生产总值中的比重作为首要任务，努力发展水泥、炼铝、塑料制品、建筑材料、服装、食品加工等工业。1995 年，阿拉伯联合酋长国加入世界贸易组织。阿联合酋长国与 179 个国家和地区有贸易关系，外贸在经济中占有重要位置，主要进口粮食、机械和消费品。GDP（2020 年）总计为 3606 亿美元。

阿联酋具有优越的外商投资经济环境，但受周边动荡局势影响波动较大，中国对阿联酋直接投资较少，2015 年流量达到峰值为 1268.68 亿美元，随后 2016 年出现负增长，2018 年，中国对阿联酋的直接投资存量达到 6436.06 亿美元。其同中国签署共建"一带一路"谅解备忘录。

（13）卡塔尔。

卡塔尔国土总面积 1.1521 万平方千米，人口约 269 万人（2021 年）。卡塔尔拥有丰富的石油和天然气资源，天然气总储量为全世界第三名。石油、天然气是该国经济支柱。此外，还将发展非石油、天然气工业作为实现国民收入多元化和摆脱对石油依赖的主要途径，注重吸引外商直接投资和技术。

卡塔尔主要进口产品是机械和运输设备、食品、工业原材料及轻工产品、药品等。GDP（2020 年）总计为 2045 亿美元。

虽然卡塔尔在外商直接投资方面具有较强的竞争力，经济高度外向，有着丰富的外汇储备，但中国对卡塔尔投资较少，2014 年双方签署了"一带一路"、金融、教育、文化等领域合作文件后，中国对卡塔尔的直接投资有所增长，但规模较小，2018 年中国对卡特尔直接投资存量为 435.98 亿美元。

（14）科威特。

科威特国土面积为 1.7818 万平方千米，人口为 420 万人（2021 年）。对外贸易在科威特经济中占有重要地位。该国进口商品有机械、运输设备、工业制品、粮食和食品等。GDP（2020 年）总计为 1431 亿美元。

科威特是最早同中国签署共建"一带一路"合作文件的国家，政治上的友好关系也为双方经济往来增添了动力。从 2014 年开始，中国对科威特的直接投资流量大幅上升，投资存量由 2013 年的 89.39 亿美元增长到 345.91 亿美元，之后一直保持良好增长态势，2018 年末的投资存量已超过 1000 亿美元，也可以大胆预测未来仍存在一定的发展空间。

（15）巴林。

国土面积为 0.0767 万平方千米，人口为 157 万人（2021 年）。巴林是海湾地区最早开采石油的国家。2010 年该国开始向多元化经济发展，建立了炼油、石化及铝制品工业，大力发展金融业，成为海湾地区银行和金融中心。粮食主要靠进口，本地农产品的供给量仅占该国食品需求总量的 6%。GDP（2020 年）总计为 380 亿美元。

中国对巴林的直接投资规模小，2016 年之前，流量基本在 0 上下浮动，存量在 3 亿美元浮动，2016、2017 年流量从 0 到 36 亿美元左右。中国对巴林直接投资存量由 2003 年的 1500 万美元增长到 2018 年的 71.96 亿美元，虽然规模小，但具备较大的发展空间。其同中国签署共同推进"一带一路"建设的谅解备忘录。

（16）希腊。

希腊国土总面积为 13.1957 万平方千米，人口为 1114 万人（2021 年）。希腊经济基础比较薄弱，工业制造业较落后，但海运业发达，与旅游、侨汇并列为希外汇收入三大支柱。希腊同 100 多个国家建立贸易关系，德国、意大利、英国、保加利、俄罗斯和中国为其主要贸易伙伴。主要进口商品为原材料、石油及石油产品、天然气、日用品和交通运输设备等。GDP

（2020 年）为 2385 亿美元。其同中国签署政府间"一带一路"合作谅解备忘录。

（17）塞浦路斯。

塞浦路斯国土面积为 0.9251 万平方千米，人口约 119 万人（2021 年）。塞浦路斯的法律制度以英国法制为基础，立法程序与欧盟的规范接轨。该国移除对外国直接投资的限制，在许多情况下容许外商持有 100% 股权。塞浦路斯证券交易所开放外国证券投资。主要进口矿产品、机械、运输设备、贱金属及其制品、化学工业及相关工业产品等。GDP 总计（2020 年）为 248 亿美元。其同中国签署共建"一带一路"合作文件。

值得注意的是，塞浦路斯的外商直接投资流入变化幅度很大。为了吸引外商投资，塞浦路斯政府对欧盟和非欧盟国家都执行开放的外商直接投资政策。行政手续已经简化，大部分行业都不再限制最小投资额以及外商直接投资比例。外商直接投资企业在该国投资、从事商务活动同本地投资者享有同等待遇。在绝大部分领域，外国投资者都可最高以 100% 份额参与任何塞浦路斯企业的经营，没有最小投资限额。外国投资者可以直接到公司注册局进行注册。并且，塞浦路斯没有外汇管制。因此，当地居民和非当地居民可以使用任何外币持有、处置资产，处理债务，可以通过岛上的银行进行自由兑换和转移。从图 3－15 可以看出，外商直接投资在其 GDP 的占比很高，对其经济发展具有重要影响。

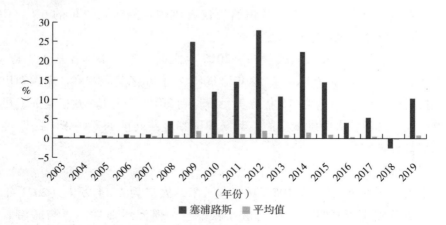

图 3－15　2003—2019 年塞浦路斯外商直接投资流入占 GDP 比重
资料来源：世界银行。

（18）埃及。

埃及国土面积约为 100 万平方千米，跨亚、非两大洲，人口约 9938 万人（2021 年）。该国拥有相对完整的工业、农业和服务业体系。服务业约占国内生产总值 50%。工业以纺织、食品加工等轻工业为主。石油天然气、旅游、侨汇和苏伊士运河是四大外汇收入来源。GDP（2020 年）总计约 3618 亿美元。

中国对埃及直接投资规模较小，但总体上呈平稳增长态势。在直接投资流量方面，2010 年、2011 年和 2013 年均出现较大幅度的下降，原因是埃及动荡的局势影响了投资环境，中国也相应减少了投资；2014 年以来，因为埃及局势趋于稳定，中国对埃及的直接投资规模有所回升。2016 年，中埃签署共建"一带一路"合作文件，为中埃两国经济密切合作注入了新的活力。

（七）中东欧 16 国（各国全部与中国政府签署"一带一路"相关合作文件）

中东欧 16 国包括波兰、立陶宛、爱沙尼亚、拉脱维亚、捷克、斯洛伐克、匈牙利、斯洛文尼亚、克罗地亚、波黑、黑山、塞尔维亚、阿尔巴尼亚、罗马尼亚、保加利亚和马其顿。东欧剧变后，东欧西部尤其是波兰、匈牙利、捷克较早完成了计划经济向市场经济的转型。该地区地理位置优越——中东欧地区是连接亚欧大陆的重要纽带，是中国通过海路和陆路进入欧洲腹地的必经之路，向西可辐射欧洲，是打通"丝绸之路经济带"西进欧洲的重要桥梁。从图 3-16 可以看出，该地区在全球金融危机之后外商直接投资流入方面开始下降，2009 年至低谷，2013 年"一带一路"倡议提出后略有回升，2016 年左右随着经济复苏，外商直接投资引入快速增长，2018 年前后外商直接投资流入水平达到最低并为负值，随后 2019 年又开始快速增长。

将各国 2003—2019 年外商直接投资流入趋势进行对比，可以看出每个国家各自水平以及在该区域中所处的位置。

根据图 3-17，在该地区中，除了匈牙利、波兰外，其余国家的外商直接投资流入水平均位于平均水平上下。匈牙利的外商直接投资流入水平最高，其波动也最大；波兰的整体趋势较缓，略高于区域的整体水平。该区域外商直接投资流入水平整体波动不大，2013 年"一带一路"倡议提出后，其趋势出现小转折点，出现小幅度上升，随后该区域各国基本处于稳定的态势。以下对各国进行简要介绍。

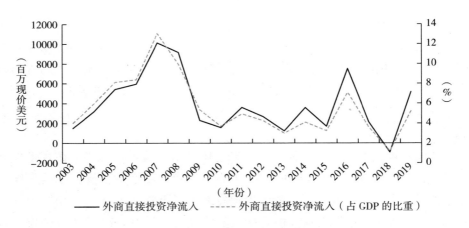

外商直接投资净流入　　　外商直接投资净流入（占 GDP 的比重）

图 3 - 16　2003—2019 年中东欧 16 国外国直接投资流量

资料来源：世界银行。

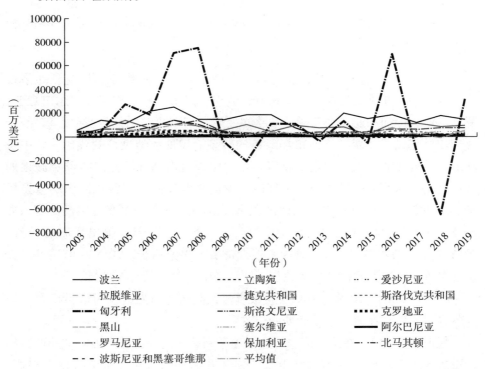

—— 波兰	⋯⋯ 立陶宛	⋯· 爱沙尼亚
--- 拉脱维亚	—— 捷克共和国	--- 斯洛伐克共和国
-·- 匈牙利	-·- 斯洛文尼亚	⋯ 克罗地亚
--- 黑山	⋯⋯ 塞尔维亚	—— 阿尔巴尼亚
-·- 罗马尼亚	—— 保加利亚	-·- 北马其顿
- - 波斯尼亚和黑塞哥维那	—— 平均值	

图 3 - 17　16 国外商直接投资流入对比图

资料来源：世界银行。

（1）匈牙利。

匈牙利国土面积为 9.303 万平方千米，人口有 967 万人（2021 年）。该国主要矿产资源是铝矾土，其蕴藏量居欧洲第三位，此外有少量褐煤、石油、天然气、铀、铁、锰等。匈牙利已进入发达国家行列，工业基础较好。匈牙利采取各种措施优化投资环境，是中东欧地区人均吸引外商直接投资最多的国家之一。农业基础较好，在国民经济中占重要地位，主要农产品有小麦、玉米、甜菜、马铃薯等。匈牙利进口的主要产品有：石油、天然气、汽车零部件、计算机设备、汽轮机、测量仪器。GDP（2020 年）总计为 1573 亿美元。

匈牙利的外商直接投资流入是该区域最高的，波动幅度也最大。由图 3 – 18 可以看出，匈牙利的外商直接投资占 GDP 的比重远远高于其他国家，说明该国经济对外商直接投资依赖程度较大。

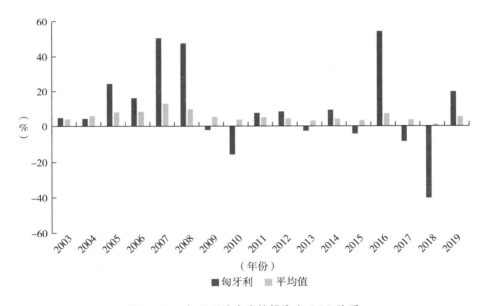

图 3 – 18　匈牙利外商直接投资占 GDP 比重

资料来源：世界银行。

中国对匈牙利的投资规模较大，2010 年中国对匈牙利当年直接投资流量突破 350 亿美元，随后出现大幅度下降，截至 2018 年年底，中国对匈牙利的直接投资存量为 300 亿美元。中国与匈牙利两国政府签署了《关于共同推进丝绸之路经济带和 21 世纪海上丝绸之路建设的谅解备忘录》。

（2）波兰。

波兰全国面积约为 3 万平方千米，人口为 3810 万人（2021 年）。波兰工业发达，煤炭储量居欧洲前列，主要矿产有煤、硫磺、铜、锌、铅、铝、银等。琥珀储量丰富，价值近千亿美元，是世界琥珀生产大国。欧盟是波兰的最大贸易伙伴，2003 年，波兰与欧盟的贸易额占其外贸总额的 64.5%。德国、法国、意大利、荷兰、英国、俄罗斯、中国、捷克、瑞典和比利时是波兰的主要贸易伙伴。GDP（2020 年）总计为 6328 亿美元。

长期以来，波兰都是东欧地区吸引外商直接投资最多的国家，同时波兰是这一地区中国直接投资存量最多的国家，从 2009 年起，中国对波兰的直接投资流量除 2016 年以外，均保持稳定增长，截至 2018 年年底，中国对波兰的直接投资存量为 523.73 亿美元。中波两国政府签署了《关于共同推进"一带一路"建设的谅解备忘录》。

（3）立陶宛。

立陶宛国土面积为 7 万平方千米，人口约 288 万人（2021 年）。工业是立陶宛的支柱产业，主要由矿业及采石业、加工制造业以及能源工业三大部门组成。工业门类比较齐全，以食品、木材加工、纺织、化工等为主，机械制造、化工、石油化工、电子工业、金属加工工业等发展迅速，生产的高精度机床、仪表、电子计算机等产品行销全世界 80 多个国家和地区。该国主要进口商品是矿产品和机电产品。GDP（2020 年）总计为 576 亿美元。

立陶宛属于波罗的海三国之一，近年来吸纳中国直接投资较多，其克莱佩达港是波罗的海最大的海港，由此可以建立东西方海运联系，是"一带一路"重要战略要地。中国对立陶宛的投资增加平稳，2013 年有着较大增加，当年直接投资流量突破 5 亿美元，随后投资增速放缓，甚至有停滞的势头，截至 2018 年年底，中国对立陶宛直接投资存量出现下降，为 12.89 亿美元。其同中国签署"一带一路"合作文件。

（4）爱沙尼亚。

爱沙尼亚国土面积为 4.5339 万平方千米，人口有 131 万人（2021 年）。世界银行将爱沙尼亚列为高收入国家。由于其高速增长的经济，爱沙尼亚经常被称作"波罗的海之虎"。主要进口商品类别依次为：机械设备、电子产品及其零部件，矿产品，车辆、航空及船舶，五金及其制品，化工或相关产业产品等。GDP（2020 年）总计为 325 亿美元。

中国对爱沙尼亚整体投资起伏较大，2008 年中国对爱沙尼亚直接投资存量刚超过 1 亿美元，但 2009 年即飙升到 7 亿多美元，然而 2012 年之后接近平稳，并且 2012—2018 年增长几乎可以忽略不计，这与该国自身的经济发展水平有关。中爱两国政府已经签署"一带一路"合作文件。

（5）拉脱维亚。

拉脱维亚国土面积为 6.4589 万平方千米，人口为 193 万人（2021 年）。拉脱维亚的工业在波罗的海三国居首位，农业居第二位。拉脱维亚主要工业门类有：电子产品、机器制造、食品、轻工、纺织、建材、化工、木材加工等。支柱产业有采矿、加工制造及水电气供应等。GDP（2020 年）总计为 379 亿美元。

中国对拉脱维亚直接投资规模较小，2003—2007 年间起伏较大，截至 2018 年年底，中国对拉脱维亚共和国的直接投资存量为 11.7 亿美元。中拉两国已经签署共建"一带一路"政府间谅解备忘录。

（6）捷克。

捷克国土面积为 7.8866 万平方千米，人口有 1063 万人（2021 年）。捷克主要有机械制造、化工、冶金、纺织、制鞋、木材加工、玻璃制造和啤酒酿造等工业部门。该国实行贸易自由化政策，取消了外贸的国有垄断，放开外贸经营权，取消进出口商品限制。外贸在捷克经济中占有重要位置，国内生产总值 80% 依靠出口实现。GDP（2020 年）总计为 2665 亿美元。

中国与捷克的贸易关系近年一直不断增进之中，2012 年中国对捷克直接投资突破 200 亿美元，截至 2018 年，中国对捷克直接投资存量为 279.23 亿美元。其同中国签署政府间共同推进"一带一路"建设谅解备忘录。

（7）斯洛伐克。

斯洛伐克国土面积为 4.9037 万平方千米，人口有 545 万人（2021 年）。主要工业部门有钢铁、食品、烟草加工、石化、机械、汽车等。该国畜牧业比较发达，主要农作物有大麦、小麦、玉米、油料作物、马铃薯、甜菜等。GDP（2020 年）总计为 1162 亿美元。该国与中国已经签署政府间共同推进"一带一路"建设谅解备忘录。

（8）斯洛文尼亚。

斯洛文尼亚国土面积为 2.0273 万平方千米，共有 208 万人（2021 年）。斯洛文尼亚属高等发达国家，有着非常好的工业、科技基础。出口在国民经济中占有重要地位，出口产值占国民生产总值的一半以上。主要贸易对象是欧盟国家，其次为原南地区和中欧自由贸易协定国。主要进口石油制品、生活用品、食品、钢铁、纺织品等。GDP（2020 年）总计为 569 亿美元。

与其他欧洲国家相比，中国对斯洛文尼亚直接投资较少，2016 年中国对斯洛文尼亚直接投资流量的大提升，背后是双方不断密切的经济合作，作为中东欧16国之一，斯洛文尼亚与中国已签署"一带一路"合作文件。

（9）克罗地亚。

克罗地亚国土面积为5.6594万平方千米，人口有416万人（2021年）。该国为高收入市场经济体，以第三产业为主，旅游业是国家经济的重要组成部分。克罗地亚工业以造船、食品加工、制药、资讯科技、生化、木材加工为主。GDP（2020年）总计为629亿美元。

2005年，中克两国确立了全面合作伙伴关系，中国对克罗地亚的投资于2007—2016年增长平缓，维持在10亿美元左右。2017年5月14日至15日，中国在北京主办"一带一路"国际合作高峰论坛，与克罗地亚国家政府签署政府间"一带一路"合作谅解备忘录。因而中国对克罗地亚直接投资2017年有了大幅度的增加，仅当年流量就超过前10年存量总和，超过30亿美元，中国对克罗地亚直接投资存量总量接近40亿美元。

（10）波斯尼亚和黑塞哥维那（以下简称"波黑"）。

波黑国土总面积约为5万平方千米，人口350万人（2021年）。波黑在南斯拉夫时期便是联邦内较贫穷的地区之一，独立后又发生了内战，经济受到严重损害。战争结束后至今，波黑经济正在渐渐复苏，同时还要从计划经济向市场经济的转型。该国主要进口商品有机械、食品、石油、化工、交通工具等。GDP（2020年）总量为204亿美元。其同中国签署政府间"一带一路"合作谅解备忘录。

（11）黑山。

黑山国土面积约为1万平方千米，人口有63万人（2021年）。黑山制造业薄弱，大量的工业产品、农产品、能源及日用消费品依赖进口。其物价水平偏高，常用物品供应正常，但蔬菜品种较少。黑山进口货品主要是粮食、石油和电能。其同中国签署政府间"一带一路"合作谅解备忘录。GDP（2020年）总量为47.8亿美元。

（12）塞尔维亚。

塞尔维亚国土面积为8.8361万平方千米，有876万人口（2021年）。塞尔维亚的经济以服务业为主，其产值约占GDP的63%。2003年以来，塞对外经贸活动日渐活跃，外贸额稳步上升。主要进口产品为石油及其制成品、汽车、普通机床、天然气和钢铁等。其同中国签署政府间"一带一路"合作谅解备忘录。GDP（2020年）总量为529.6亿美元。

（13）阿尔巴尼亚。

阿尔巴尼亚国土面积约为 3 万平方千米，人口约 283 万人（2021 年）。阿尔巴尼亚地处巴尔干半岛西侧，北东南三面环陆，西隔亚德里亚海，与意大利相望。该国邻近西欧发达国家市场，产品销往欧盟市场具有物流成本优势。劳动力资源丰富，劳动力成本较低。阿尔巴尼亚基础设施发展比较落后，国家财政资金紧张，吸引外商直接投资铁路、海运、电力等基础设施建设的需求强烈。进口商品主要为机械产品及零配件，食品、饮料和烟草，化工产品和塑料制品，纺织品和鞋类，建筑材料及金属等。GDP（2020 年）总计为 158 亿美元。

中国对阿尔巴尼亚的累计直接投资总额由 2005 年的忽略不计增至 2016 年的超 7 亿美元，2017 年出现下降。2017 年"一带一路"国际合作高峰论坛上，中国政府与阿尔巴尼亚政府签署政府间"一带一路"合作谅解备忘录。

（14）罗马尼亚。

罗马尼亚面积为 23.8391 万平方千米，有 1958 万人口（2021 年）。经济以工业为主，机械制造、石油化工、石油提炼、电力、钢铁等产业较发达，计算机产业尤为发达。该国主要进口机器设备和铁矿石、天然橡胶、焦炭、有色金属等工业原料。GDP（2020 年）总计为 2487.2 亿美元。

中国对保加利亚的直接投资从 2011 年开始有了质的增长，但于 2016 年出现大幅下降，而 2015 年底中国刚与保加利亚签订了"一带一路"政府间谅解备忘录，背后的原因则是受欧洲经济不稳定的影响。

（15）保加利亚。

保加利亚国土面积为 11.0372 万平方千米，有 704 万人口（2021 年）。保加利亚传统上是一个农业国，玫瑰、酸奶和葡萄酒历来在国际市场上享有盛名。工业以食品加工业和纺织业为主。外贸在该国经济中占有重要地位，主要进口产品包括能源、化工、电子等产品。GDP（2020 年）总计为 674 亿美元。保加利亚同中国已经签署政府间"一带一路"合作谅解备忘录。

（16）北马其顿。

北马其顿国土面积为 2.5713 万平方千米，有 209 万人口（2021 年）。作为非欧盟成员国和制度体系发展相对完善的欧洲国家，对外国投资者具有一定的吸引力。外贸占 GDP 的 60.9%。主要进口产品是：肉类、原油、汽车、成衣等。中马签署《中华人民共和国商务部和马其顿共和国经济部关于在中马经贸混委会框架下推进共建丝绸之路经济带谅解备忘录》。GDP（2020 年）总计为 122.7 亿美元。

二、我国对"一带一路"国家投资的现状

(一) 中国对外直接投资综述

中国政府在1998年首次提出"走出去"战略。在2001年,"走出去"战略被写入《国民经济和社会发展第十个五年计划纲要》。随着中国加入WTO与经济持续增长,中国的"走出去"战略也稳步推进,对外投资额逐年增加,在2003—2005年,每年增速近100%,在2003—2013年,中国对外直接投资总额从28亿美元增长到1078亿美元,增长近40倍。2009年后,受全球金融危机影响,中国对外投资增速出现波动,直至2013年年底,中国提出"一带一路"倡议,对外直接投资增速开始稳步回升。2017年,中国对外直接投资额首次出现下降,除了受到全球经济的不景气,中美贸易摩擦后美国政府干预中国对美国企业收购行动的影响外,中国政府在同年加大对外商直接投资流出的限制,所以中国的对外投资净额有所下降。

截至2019年年底,中国2.75万家境内投资者在国(境)外共设立对外直接投资企业4.4万家,分布在全球188个国家(地区),年末境外企业资产总额7.2万亿美元。对外直接投资累计净额达21988.8亿美元,其中,股权投资12096.7亿美元,占55%;收益再投资6866.4亿美元,占31.2%;债务工具投资3025.7亿美元,占13.8%。

自2003年中国有关部门权威发布年度数据以来,中国已连续8年位列全球对外直接投资流量前三,对世界经济的贡献日益凸显。2019年流量是2002年的51倍,占全球比重连续4年超过一成,中国对外投资在全球外国直接投资中的影响力不断扩大。从双向投资流量看,中国对外直接投资规模低于吸引外资(1412.3亿美元)3.1个百分点。2002—2019年,中国对外投资的年均增长速度高达26%,2013—2019年累计流量达10110.3亿美元,占对外直接投资存量规模的46%。中国对外直接投资净额数据详见图3-19。

联合国贸发会议(UNCTAD)《2020世界投资报告》显示,2019年,全球外国直接投资流出流量1.31万亿美元,年末存量34.57万亿美元。以此为基数计算,2019年,中国对外直接投资分别占全球当年流量、存量的10.4%和6.4%,流量位列按全球国家(地区)排名的第2位,存量列第3位。中国对外直接投资流量详见图3-20。

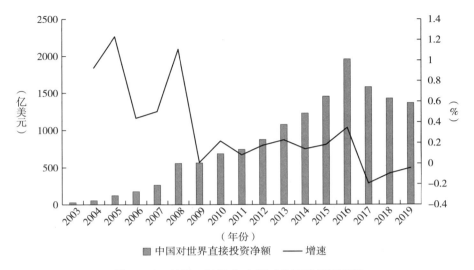

图3-19 2003—2019年中国对外直接投资净额

资料来源:《中国对外直接投资统计公报(2019)》。

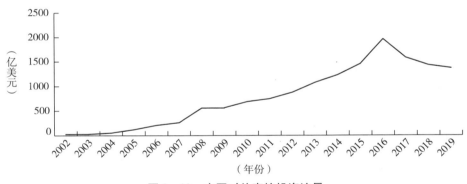

图3-20 中国对外直接投资流量

资料来源:《中国对外直接投资统计公报(2019)》。

(二) 中国对外直接投资地区流向

据图3-21,按洲际分区来看,中国的对外直接投资主要集中在亚洲地区,且对亚洲地区的投资额度保持上升趋势,2016年左右达到最高值后开始下降,近两年仍有上升趋势。2017年亚洲地区投资净额为1100.4亿美元,占69.5%;2018年为1055亿美元,占73.8%;2019年为1108.41亿美元,同比增长5.1%,占当年对外直接投资流量的80.9%。这一数据也侧面印证了目前全球经济发展已日益呈现出了"区域化"的特征。并且,从洲际内部来看,中国在对外投资的区位选择时,具有一定的集中性。其中,2019年,对中国香港投资 905.5 亿美元, 同比增长 4.2%, 占对亚洲投资的 81.7%; 对东盟 10 国投资 130.2 亿美元, 同比下降 4.9%, 占对亚洲投资的 11.8%。

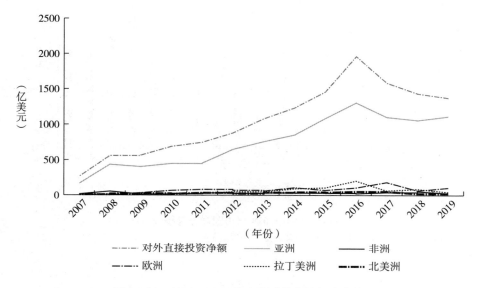

图 3 - 21　2007—2019 年中国对外直接投资净额
资料来源:《中国对外直接投资统计公报 (2019)》。

　　而此外, 中国对外直接投资流向欧洲、非洲、拉丁美洲与北美洲较亚洲相差略大, 且趋势较为稳定。其中, 2016 年投向拉丁美洲的资金达到 204 亿美元, 2017 年投向欧洲的资金达到 185 亿美元。而平均来看, 投向北美洲的资金最少。从洲际来看, 中国对欧洲的对外直接投资主要流向荷兰、瑞典、德国、英国、卢森堡、瑞上、意大利等国家; 对拉丁美洲的对外直接投资主要流向英属维尔京群岛、巴西、智利、阿根廷、秘鲁、墨西哥等国; 对非洲的对外直接投资主要流向刚果 (金)、安哥拉、埃俄比亚、南非、毛里求斯、尼日尔、赞比亚、乌干达、尼日利亚等同家; 对大洋洲的对外直接投资主要流向澳大利亚、新西兰、马绍尔群岛、瓦努阿图等国家。此外, 对非洲、大洋洲、北美洲的对外直接投资均呈下降状态。

　　且自 2013 年"一带一路"倡议提出后, 中国对"一带一路"国家投资呈稳步增长趋势。2019 年末, 中国境内投资者在 63 个"一带一路"国家设立境外企业近 1.1 万家, 涉及国民经济 18 个行业大类, 当年实现直接投资 186.9 亿美元, 同比增长 4.5%, 占同期中国对外直接投资流量的 13.7%。从同别构成看, 主要流向新加坡、印度尼西亚、越南、泰同、阿拉伯联合西长国、老挝、马来西亚、哈萨克斯坦、柬埔寨等国家。2013—2019 年,中国对"一带一路"国家累计直接投资 1173.1 亿美元。详见图 3 – 22。

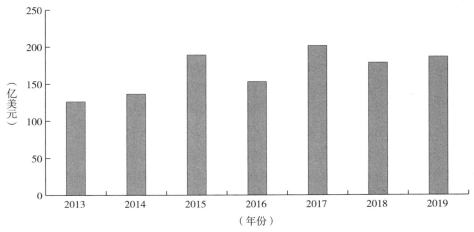

图 3 – 22 中国对"一带一路"国家投资流量

资料来源:《中国对外直接投资统计公报(2019)》。

主要参考文献

[1] 中国对外直接投资统计公报(2019).

[2] 中国对外投资合作发展报告(2020).

[3] 奥娜(Zorigt Onon)."一带一路"背景下蒙古国吸引外商直接投资的影响因素研究 [D]. 东北财经大学,2018.

[4] 万纳赛. 东盟国家利用外资环境分析 [J]. 产业与科技论坛,2019,18(1):93 – 94.

[5] 赖涯桥. 新加坡引进外资的实践与成功经验 [J]. 中国外资,2016(1):26 – 29.

[6] 李晓,李俊久."一带一路"与中国地缘政治经济战略的重构 [J]. 世界经济与政治,2015(10):30 – 59,156 – 157.

[7] 郑蕾,刘志高. 中国对"一带一路"沿线直接投资空间格局 [J]. 地理科学进展,2015,34(5):563 – 570.

[8] 申现杰,肖金成. 国际区域经济合作新形势与我国"一带一路"合作战略 [J]. 宏观经济研究,2014(11):30 – 38.

[9] 刘北辰. 新加坡的引进和利用外资 [J]. 开放导报,1995(4):69.

附　录

表 1　2003—2012 年东南亚 10 国外商直接投资流入值

单位：亿美元

年份 流入值 国家	2003	2004	2005	2006	2007	2008	2009	2010	2011	2012
新加坡	170.514	243.903	193.161	391.293	473.379	135.983	234.361	553.224	491.557	553.108
马来西亚	32.189	43.761	39.248	76.907	90.714	75.725	1.147	108.858	151.194	88.958
印度尼西亚	-5.969	18.961	83.363	49.142	69.285	93.185	48.774	152.920	205.649	212.008
缅甸	2.489	2.114	2.349	2.758	7.099	8.639	10.790	9.011	25.198	13.339
泰国	52.323	58.603	82.156	89.175	86.339	85.616	64.115	147.467	24.737	128.990
老挝	0.195	0.169	0.277	1.873	3.235	2.278	3.186	2.788	3.007	6.178
柬埔寨	0.816	1.314	3.792	4.832	8.673	8.152	9.284	14.043	15.389	19.881
越南	14.500	16.100	19.540	24.000	67.000	95.790	76.000	80.000	74.300	83.680
文莱达鲁萨兰国	1.238	1.132	1.751	0.878	2.576	2.222	3.256	4.807	6.912	8.649
菲律宾	4.920	5.920	16.640	27.074	29.187	13.400	20.646	10.704	20.072	32.154
10 国平均值	27.321	39.198	44.228	66.793	83.749	52.099	47.156	108.382	101.801	114.694

单位：亿美元

表 2 2013—2019 年东南亚 10 国外商直接投资流入值

流入值\国家\年份	2013	2014	2015	2016	2017	2018	2019
新加坡	643.895	686.985	697.746	707.212	977.665	910.357	1054.656
马来西亚	112.963	106.194	98.572	134.701	93.685	83.045	91.011
印度尼西亚	232.817	251.207	197.791	45.417	205.103	189.098	245.155
缅甸	22.546	21.750	40.838	32.781	47.333	16.098	22.923
泰国	159.360	49.755	89.276	34.862	82.852	131.863	48.166
老挝	6.814	8.676	10.778	9.353	16.931	13.580	7.555
柬埔寨	20.685	18.535	18.228	24.759	27.881	32.126	36.630
越南	89.000	92.000	118.000	126.000	141.000	155.000	161.200
文莱达鲁萨兰国	7.756	5.679	1.713	-1.506	4.679	5.162	3.733
菲律宾	37.374	57.396	56.392	82.795	102.564	99.486	76.853
10 国平均值	133.321	129.818	132.933	119.637	169.969	163.582	174.788

表 3 2003—2012 年南亚 8 国外商直接投资流入值

单位：亿美元

年份 流入值 国家	2003	2004	2005	2006	2007	2008	2009	2010	2011	2012
印度	36.820	54.293	72.694	200.291	252.277	434.063	355.814	273.969	364.987	239.957
巴基斯坦	5.340	11.180	22.010	42.730	55.900	54.380	23.380	20.220	13.260	8.590
阿富汗	0.578	1.869	2.710	2.380	1.887	0.460	0.561	1.908	0.522	0.568
孟加拉国	2.683	4.489	8.133	4.565	6.510	13.284	9.013	12.323	12.647	15.844
斯里兰卡	2.287	2.328	2.724	4.797	6.030	7.522	4.040	4.776	9.559	9.411
马尔代夫	0.318	0.529	0.530	0.638	1.324	1.813	1.580	2.165	4.235	2.280
尼泊尔	0.148	-0.004	0.025	-0.066	0.057	0.010	0.383	0.877	0.940	0.920
不丹	0.034	0.089	0.062	0.061	0.739	0.031	0.183	0.753	0.311	0.244
8 国平均值	6.026	9.347	13.611	31.925	40.591	63.945	49.369	39.624	50.808	34.727

表 4 2013—2019 年南亚 8 国外商直接投资流入平均值

单位：亿美元

年份 流入值 国家	2013	2014	2015	2016	2017	2018	2019
印度	281.530	345.766	440.095	444.586	399.661	421.175	506.106
巴基斯坦	13.330	18.870	16.730	25.760	24.960	17.370	22.180

续表

流入值 年份 国家	2013	2014	2015	2016	2017	2018	2019
阿富汗	0.483	0.430	1.691	0.936	0.515	1.194	0.234
孟加拉国	26.030	25.392	28.312	23.327	18.104	24.216	19.080
斯里兰卡	9.326	8.936	6.797	8.970	13.727	16.140	7.582
马尔代夫	3.608	3.334	2.980	4.566	4.578	5.757	9.611
尼泊尔	0.742	0.304	0.519	1.060	1.963	0.682	1.856
不丹	0.204	0.235	0.065	0.119	-0.166	0.027	0.130
8国平均值	41.907	50.408	62.148	63.666	57.918	60.820	70.848

表5　2003—2012年中亚5国外商直接投资流入值

单位：亿美元

流入值 年份 国家	2003	2004	2005	2006	2007	2008	2009	2010	2011	2012
哈萨克斯坦	24.833	56.153	25.461	76.112	119.728	168.189	142.759	74.561	137.603	136.481
乌兹别克斯坦	0.826	1.766	1.916	1.738	7.052	7.113	8.420	16.364	16.351	5.630
土库曼斯坦	2.260	3.537	4.182	7.309	8.560	12.770	45.530	36.323	33.911	31.296
塔吉克斯坦	0.317	2.720	0.545	3.386	3.600	4.866	1.491	0.939	1.459	2.417
吉尔吉斯斯坦	0.455	1.755	0.426	1.820	2.079	3.770	1.894	4.728	6.858	2.609
5国平均值	5.738	13.186	6.506	18.073	28.204	39.342	40.019	26.583	39.236	35.687

表 6　2013—2019 年中亚 5 国外商直接投资流入值

单位：亿美元

流入值 国家 \ 年份	2013	2014	2015	2016	2017	2018	2019
哈萨克斯坦	100.113	73.081	65.778	172.210	47.126	0.834	100.113
乌兹别克斯坦	6.347	8.087	10.412	16.626	17.973	6.247	6.347
土库曼斯坦	28.614	38.301	30.430	22.432	20.859	19.851	28.614
塔吉克斯坦	2.831	3.266	4.540	2.416	1.858	2.209	2.831
吉尔吉斯斯坦	6.120	3.430	11.441	6.192	-1.072	1.442	6.120
5 国平均值	28.805	25.233	24.520	43.975	17.349	6.117	28.805

表 7　2003—2012 年独联体 7 国外商直接投资流入值

单位：亿美元

流入值 国家 \ 年份	2003	2004	2005	2006	2007	2008	2009	2010	2011	2012
俄罗斯联邦	79.286	154.030	155.081	375.948	558.737	747.829	365.831	431.678	550.836	505.876
白俄罗斯	1.718	1.638	3.066	3.571	18.073	21.879	18.765	13.934	40.024	14.636
乌克兰	14.240	17.150	78.080	56.040	101.930	107.000	47.690	64.510	72.070	81.750
格鲁吉亚	3.349	4.927	4.531	11.714	18.921	16.022	6.608	9.209	11.701	9.682
阿塞拜疆	40.073	47.191	44.764	44.860	45.942	39.868	29.000	33.530	44.851	52.933

续表

单位：亿美元

年份 流入值 国家	2003	2004	2005	2006	2007	2008	2009	2010	2011	2012
亚美尼亚	1.229	2.471	2.921	4.665	6.677	9.437	7.600	5.293	6.532	4.966
摩尔多瓦	0.738	1.510	1.907	2.587	5.360	7.266	2.598	2.902	3.590	2.508
7国平均值	20.090	32.703	41.478	71.341	107.949	135.615	68.299	80.151	104.229	96.050

表8 2013—2019年独联体7国外商直接投资流入值

单位：亿美元

年份 流入值 国家	2013	2014	2015	2016	2017	2018	2019
俄罗斯联邦	692.189	220.313	68.530	325.389	285.574	87.849	319.748
白俄罗斯	22.461	18.620	16.523	12.469	12.763	14.265	12.733
乌克兰	45.090	8.470	-3.690	39.670	39.180	45.760	58.330
格鲁吉亚	10.466	18.369	17.353	16.584	19.181	12.597	13.411
阿塞拜疆	26.194	44.305	40.476	44.997	28.675	14.030	15.039
亚美尼亚	3.461	4.066	1.841	3.337	2.509	2.541	2.541
摩尔多瓦	2.419	3.451	2.256	0.884	1.495	2.887	5.016
7国平均值	114.611	45.371	20.470	63.333	55.625	25.704	60.974

表9 2003—2012年西亚、北非等地区17国外商直接投资流入值

单位：亿美元

国家 \ 年份流入值	2003	2004	2005	2006	2007	2008	2009	2010	2011	2012
伊朗伊斯兰共和国	28.775	30.373	28.892	23.175	20.178	19.800	29.834	36.490	42.767	46.61
伊拉克	10.000	3.000	5.153	3.830	9.718	18.557	15.983	13.962	20.820	34
土耳其	17.020	27.850	100.310	201.850	220.470	198.510	85.850	90.990	161.820	137.44
阿拉伯叙利亚共和国	1.600	2.750	5.000	6.590	12.420	14.656	25.695	14.692	8.042	—
约旦	5.470	9.368	19.845	35.440	26.221	28.267	24.131	16.884	14.861	82.55
黎巴嫩	28.600	18.988	26.235	26.745	33.760	43.330	48.036	42.799	31.371	22.233
以色列	33.220	29.469	48.184	143.955	87.981	102.742	46.069	69.847	86.530	190.477
沙特阿拉伯	-5.865	-3.343	120.973	182.932	243.186	394.559	364.577	292.327	163.083	45.625
也门共和国	-0.891	1.436	-3.021	11.210	9.173	15.546	1.292	1.886	-5.178	-3.710
阿曼	0.250	1.111	15.384	15.961	33.321	29.519	14.858	12.427	16.291	34.198
巴勒斯坦	0.578	1.869	2.710	2.380	1.887	0.460	0.561	1.908	0.522	-28.126
卡塔尔	6.249	11.990	25.000	35.000	47.000	37.786	81.247	46.703	9.385	5.156
科威特	-0.671	0.238	2.339	1.213	1.115	-0.060	11.136	13.046	32.591	9.418
巴林	5.167	8.653	10.486	29.147	17.563	17.940	2.572	1.558	7.809	49.996
希腊	14.081	21.479	6.885	54.114	19.571	57.334	27.663	5.329	10.922	259.304
塞浦路斯	9.081	11.188	11.620	18.719	22.946	122.973	646.321	310.319	404.459	90.101
阿拉伯埃及共和国	2.374	12.533	53.756	100.428	115.781	94.946	67.116	63.856	-4.827	50.660

注：阿联酋数据缺失，故该国未列入。

单位：亿美元

表10 2013—2019年西亚、北非等地区17国外商直接投资流入值

流入值 国家	年份 2013	2014	2015	2016	2017	2018	2019
伊朗伊斯兰共和国	30.499	21.055	20.500	33.720	50.190	23.730	15.080
伊拉克	-23.353	-101.764	-75.742	-62.559	-50.324	-48.851	-30.756
土耳其	135.630	133.370	192.630	138.350	110.420	128.220	92.660
阿拉伯叙利亚共和国	-	-	-	-	-	-	-
约旦	19.466	21.785	16.003	15.530	20.297	9.549	8.255
黎巴嫩	26.611	28.625	21.593	25.685	25.224	26.539	22.233
以色列	118.422	60.489	113.362	119.880	168.925	215.145	190.471
沙特阿拉伯	88.647	80.118	81.410	74.525	14.188	42.471	45.626
也门共和国	-1.336	-2.331	-0.154	-5.610	-2.699	-2.821	-3.710
阿曼	16.124	12.863	-21.724	22.653	29.173	59.412	34.198
巴勒斯坦	0.483	0.430	1.691	0.936	0.515	1.194	0.234
卡塔尔	-8.404	10.404	10.709	7.739	9.860	-21.863	-28.126
科威特	14.336	4.858	2.846	2.920	1.130	-0.214	5.156
巴林	37.277	15.186	0.649	2.434	5.189	1.112	9.418
希腊	29.453	26.973	12.689	26.985	34.391	40.254	49.996
塞浦路斯	259.663	517.390	289.605	85.082	122.494	-63.548	259.304
阿拉伯埃及共和国	41.922	46.122	69.252	81.068	74.087	81.413	90.101

注：阿联酋数据缺失，故该国未列入。

表 11　2003—2011 年中东欧 16 国外商直接投资流入值

单位：亿美元

国家 \ 年份（流入值）	2003	2004	2005	2006	2007	2008	2009	2010	2011
波兰	53.710	138.680	110.410	214.730	250.310	145.740	140.250	183.95	185.34
立陶宛	2.174	8.795	12.926	22.594	26.015	17.273	-3.602	11.027	18.808
爱沙尼亚	10.382	10.869	30.576	17.582	30.331	19.773	18.663	25.923	11.191
拉脱维亚	3.167	5.916	8.099	17.057	27.134	14.343	-1.500	4.750	15.195
捷克共和国	20.213	64.235	137.302	71.320	138.157	88.154	52.716	101.678	41.887
斯洛伐克共和国	9.692	40.635	39.235	57.014	50.582	46.409	15.211	21.158	54.316
匈牙利	41.575	45.381	274.897	186.787	706.313	751.078	-27.921	-207.70	107.41
斯洛文尼亚	5.356	7.631	9.708	6.920	18.845	10.807	-3.470	3.191	8.759
克罗地亚	18.464	13.142	18.147	33.466	46.458	52.496	30.696	15.451	12.489
黑山	—	—	—	—	9.374	9.753	15.503	7.583	5.567
塞尔维亚	—	—	—	—	44.232	40.558	29.292	16.93	49.305
阿尔巴尼亚	1.780	3.413	2.625	3.251	6.523	12.472	13.454	10.899	10.487
罗马尼亚	18.440	64.430	64.987	110.066	101.031	136.678	46.377	32.137	23.701
保加利亚	20.968	30.726	40.981	78.745	138.753	102.967	38.967	18.429	21.038
北马其顿	1.190	3.091	1.453	4.274	7.335	6.117	2.595	3.014	5.079
波斯尼亚和黑塞哥维那	3.818	8.896	6.238	8.460	18.420	10.049	1.385	4.438	4.716
16 国平均值	15.066	31.846	54.113	59.448	101.238	91.542	23.039	15.804	35.956

注：—代表数据缺失。

单位：亿美元

表12 2012—2019年中东欧16国外商直接投资流入值

国家＼年份（流入值）	2012	2013	2014	2015	2016	2017	2018	2019
波兰	73.58	7.950	197.760	150.650	183.210	117.620	176.240	143.990
立陶宛	9.179	7.687	3.573	10.370	11.775	13.837	12.998	15.740
爱沙尼亚	17.873	10.979	17.816	-7.155	9.258	17.270	12.125	29.626
拉脱维亚	10.808	9.893	10.451	8.128	3.354	11.525	4.288	10.592
捷克共和国	73.576	73.576	80.887	16.999	108.506	112.347	83.247	93.329
斯洛伐克共和国	17.766	10.039	-3.629	15.204	47.429	42.256	22.509	23.127
匈牙利	108.16	-35.866	130.601	-52.664	696.812	-121.336	-648.321	320.500
斯洛文尼亚	0.335	1.040	10.194	17.301	14.463	11.962	15.381	17.100
克罗地亚	9.373	9.373	31.840	0.523	4.185	4.768	12.128	11.701
黑山	6.181	4.465	4.970	6.999	2.267	5.607	4.857	4.182
塞尔维亚	12.753	20.593	19.995	23.431	23.552	28.946	40.719	42.687
阿尔巴尼亚	9.180	12.542	11.499	9.896	10.444	10.228	12.044	12.010
罗马尼亚	30.476	38.548	38.692	43.177	62.520	59.529	73.436	73.654
保加利亚	17.881	19.890	10.936	21.795	14.765	20.203	18.058	16.439
北马其顿	3.379	4.025	0.609	2.966	5.494	3.807	6.487	5.495
波斯尼亚和黑塞哥维那	3.920	3.133	5.449	3.831	3.132	5.094	5.948	3.902
16国平均值	26.753	12.367	35.728	16.966	75.073	21.479	-9.241	51.505

单位：亿美元

表13 2007—2019年中国对外直接投资净额

年份 投资净额	2007	2008	2009	2010	2011	2012	2013	2014	2015	2016	2017	2018	2019
总净额	265.061	559.072	565.290	688.113	746.540	878.035	1078.437	1231.199	1456.672	1961.494	1582.883	1430.373	1369.076
对亚洲投资净额	165.932	435.475	404.076	448.905	454.945	647.849	756.043	849.880	1083.709	1302.677	1100.399	1055.049	1108.409
对非洲投资净额	15.743	54.906	14.389	21.120	31.731	25.167	33.706	32.019	29.779	23.987	41.050	53.891	27.044
对欧洲投资净额	15.404	8.758	33.527	67.602	82.511	70.351	59.485	108.379	71.184	106.932	184.632	65.884	105.199
对拉丁美洲投资净额	11.257	3.642	15.219	26.214	24.813	48.820	49.010	92.077	107.185	203.510	64.983	87.238	43.671
对北美洲投资净额	7.701	19.519	24.800	18.890	33.182	24.151	36.603	43.370	38.711	52.118	51.054	22.226	20.811

表 14 2007—2019 年中国对外直接投资结构

单位：%

结构＼占比＼年份	2007	2008	2009	2010	2011	2012	2013	2014	2015	2016	2017	2018	2019
总和	100	100	100	100	100	100	100	100	100	100	100	100	100
亚洲占比	63	78	71	65	61	74	70	69	74	66	70	74	81
非洲占比	6	10	3	3	4	3	3	3	2	1	3	4	2
欧洲占比	6	2	6	10	11	8	6	9	5	5	12	5	8
拉丁美洲占比	4	1	3	4	3	6	5	7	7	10	4	6	3
北美洲占比	3	3	4	3	4	3	3	4	3	3	3	2	2

第四章

政治关系与中国在"一带一路"国家投资

本部分将制度和政府引入了直接投资的研究领域，探究制度因素和政治关系因素对对外投资的影响。

改革开放以来，中国的投资环境不断改善。一方面，从世界各国流入中国的直接投资（FDI inflow）不断增长，使得中国成为全球最大的投资流入国。以 2008 年为例，外商直接投资流量为 108312.44 百万美元。另一方面，中国的对外直接投资虽然起步较晚，但近年来增速却十分迅猛。2016 年和 2017 年两年甚至反超 IFDI，实现对外投资净流出。详见图 4 - 1。

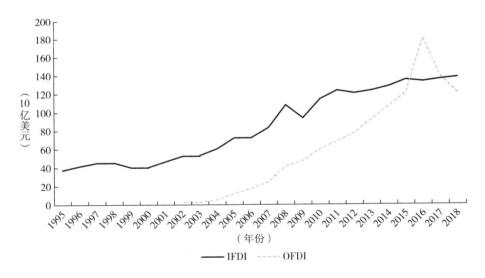

图 4 - 1　中国 IFDI 与 OFDI 发展情况

从人均 GDP 看，近年来增长同样十分迅猛。国家统计局公布的宏观经济数据显示，2019 年全年国内生产总值（GDP）为 990865 万亿元人民币，人均 GDP 首破 1 万美元。详见图 4 - 2。

根据邓宁的投资发展周期理论，投资发展的第三阶段，即对外投资迅速增长时期，对应于人均 GDP 3000 ~ 10000 美元。结合上述分析可知，中国目前正处于第三阶段与第四阶段的交界点处。

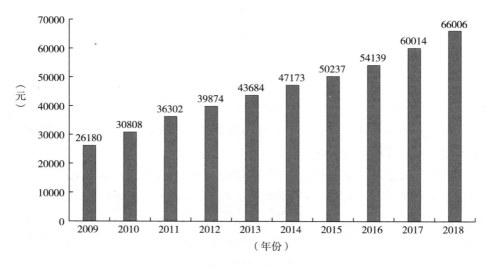

图 4 - 2　2009—2018 年中国人均 GDP

结合投资发展周期以及人均 GDP 发展情况，可以得出，中国目前对外投资的状况符合投资发展路径理论的预期，且正处于迅速增长的第三阶段与第四阶段的临界点附近。

这也说明我国领导人 2013 年 9 月提出的"一带一路"倡议是适时的，其提出的时代背景正是在中国经济不断高速增长以及中国逐步走向世界的阶段，该倡议的提出在很大程度上增强了中国的国际影响力。但与发展伴随而来的问题是，中国在推行这一倡议的过程中，如何进一步完善这一倡议，使其真正造福于人民。这对中国政府提出了新的要求，要求政府对于中国所面临的投资现状以及中国企业在"走出去"过程中需要的良好的投资环境有一个科学的认知。

因此，本部分首先引入外资依存度，以此来衡量"一带一路"国家对中国直接投资的依赖程度，揭示中国在相关国家投资状况。进而引入政府和制度，探究其对外资依存度的影响。这样做有利于中国企业尽可能地降低在对外投资过程中面临的各种风险。其次，本部分引入市场规模距离的概念，结合经济层面探究政治关系与外资依存度的关系，能够突破单一的探究视角，更加全面地揭示目前中国对外投资的现状，从而有利于政府更好地服务企业参与"一带一路"建设。

一、"一带一路"国家对中国的外资依存度比较

（一）外资依存度的定义及本文数据来源说明

外资依存度指数衡量一个经济体对另一经济体流入的直接投资的依赖程度，即东道国从一个经济体流入的外国直接投资（FDI）占其外资流入总额的比值。其计算公式为：

$$FDII_{XY} = FDI_{XY}/FDI_{WX}$$

式中，$FDII_{XY}$表示 X 经济体对 Y 经济体的直接投资流入依存度，FDI_{XY}表示从 Y 经济体流入 X 经济体的直接投资，FDI_{WX}表示从全球流入 X 经济体的直接投资总额。正值表明该研究时间段内，Y 经济体流入 X 经济体的直接投资为正，即从 Y 经济体到 X 经济体资金净流入。负值在本章中，研究对象为相关国家对中国的外资依存度指数，即从中国流入"一带一路"国家与其他国家的直接投资占其外资流入总额的比值。

在数据处理的过程中，本章主要使用以下两部分数据：一是来自商务部网站和国家统计局数据库的中国对东道国的对外直接投资流量，单位为万美元。二是来自世界银行数据库的东道国的外商直接投资净流入，数据按照现价美元计算。考虑到数据的可得性，笔者用外商直接投资净流入代替从全球流入东道国的直接投资总额。

（二）外资依存度的分类

陈砺（2017）根据对外投资依存度指数计算值，将"一带一路"国家与其他国家对中国的投资依存度分为紧密型、稳定型和波动型。

在本章数据处理过程中，将其分为紧密型、稳定型、发展型、波动型，且处理时间单位是 6 年。紧密型是连续 6 年或 5 年对中国的投资依存度大于中位数[①]的国家；稳定型是对中国的投资依存度包含 3 年或 4 年大于中位数的国家；发展型是对中国的投资依存度存在 1 年或 2 年大于中位数的国家；波动

[①]　选择中位数的原因：由于对中国外资依存度在东道国间的差异过大，导致平均数过高，所以以平均数作为依据进行分类之后得到的结果是绝大多数国家都是波动型或发展型，这不符合实际情况。故为了更好地看出中国对不同东道国直接投资的差异，本章选择中位数为分类依据。且后文表格中各分类包含国家数据均匀分布，验证了该方法的可行性。

型是连续 5 年对中国的外资依存度低于中位数的国家。

分类依据如下:

1. 分类意义

紧密型表示中国对东道国的直接投资连续多年赶超大多数国家,其大多为与中国经济往来频繁的国家,故中国对其直接投资已经处于较为成熟的阶段;中国对稳定型东道国的直接投资密度仅次于紧密型,多为被研究年份内的短期不利突发状况波及到的国家;发展型是指中国对其直接投资的规模与速度相对于过去情况有了一定程度的改善,中国对这些国家的投资密度逐年增多,多为近年来投资潜力不断增加的国家;由于经济、政治、社会等多方面因素,中国对波动型国家的直接投资连续多年低于大多数国家,如战争给中国对东道国的投资带来非常大的不确定性。

2. 年份优化

经过优化,发现当各类型所对应的大于中位数国家数量在此种情况下时,四种类型国家数相对均衡,更加符合现实。

(三)"一带一路"国家对中国的外资依存度比较

1. "一带一路"国家对中国外资依存度的整体分析

首先,我们利用 2003—2018 年的数据从宏观上对"一带一路"国家对中国平均外资依存度进行整体分析,按国别得出的结果如图 4-3 所示。

从图 4-3 中我们可以看出,"一带一路"国家对中国的平均外资依存度在国别间的差异相对较大。老挝、塔吉克斯坦等国家对中国的外资依存度较高,沙特阿拉伯、科威特等国家对中国的外资依存度较低。

2. "一带一路"国家对中国外资依存度分阶段研究

(1)"一带一路"倡议提出前,"一带一路"国家对中国的外资依存度整体分析。考虑到数据可得性,同时满足前述分类方法,本部分将"一带一路"倡议提出前分为两个时间段,即 2003—2007 年和 2008—2012 年。删除缺失两年以上数据的国家,所有结果最后都保留到小数点后三位数字。各阶段的结果如表 4-1、表 4-2 所示。

(2)"一带一路"倡议提出后,"一带一路"国家对中国的外资依存度整体分析。根据 2013—2018 年外资依存度指数,剔除 2 年无投资或数据较小的国家,可以得出"一带一路"国家对中国的平均外资依存度情况如图 4-3 所示。

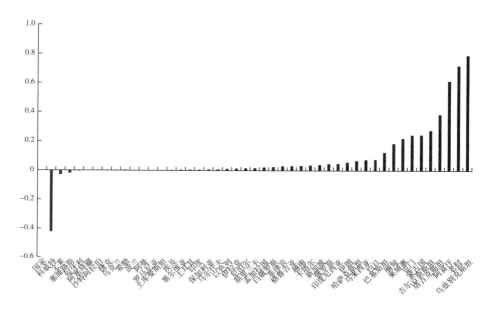

图 4 - 3　2003—2018 年"一带一路"国家平均外资依存度对比

　　对中国的外资依存度为紧密型的国家一共有 10 个，其中有 7 个东南亚国家，分别为老挝、柬埔寨、马来西亚、缅甸、印度尼西亚、越南、巴基斯坦。紧密型国家对中国的外资依存度较高，且通常增速较快。东南亚国家对中国的直接投资依赖程度逐年增加，成为中国直接投资的最大流入地。以老挝、柬埔寨和巴基斯坦为例，三国与中国的经济往来频繁，但其外债负担较为严重，经济基础较为薄弱，其国内基础设施建设、经济发展在很大程度上依赖于中国的直接投资。印度尼西亚的经济增长潜力大，投资前景较好，但由于其限制本国原材料出口的政策，在一定程度上阻碍了中国资源类项目的推进。缅甸对中国的外资依赖程度同样较大，但近期中国在缅甸的直接投资受到政治因素和多种社会因素的干扰较大，其外资依存度有所下降。越南具有较大的经济增长潜力，且其经济增长同样在很大程度上依赖中国，造成较高的外资依存度。

　　稳定型和发展型的国家分别有 10 个和 13 个，中国对这些"一带一路"国家的投资分布相对比较均匀。例如，伊拉克的石油储备位列世界第三，在很大程度上与中国经济具有互补性，但近年来由于某些西方国家的制裁、连续不断的战争，造成中国对其能源业的投资风险不断上升，从而造成依存度有所下降。

表 4-1 2003—2012 年"一带一路"国家对中国的平均外资存依存度情况

单位：%

	国家	2003 年	2004 年	2005 年	2006 年	2007 年
紧密型	老挝	41.059	210.436	742.424	256.472	477.096
	蒙古国	33.688	432.293	278.968	335.656	526.532
	柬埔寨	269.059	224.63	13.582	20.302	74.312
	吉尔吉斯斯坦	53.574	30.377	322.799	151.849	72.095
	缅甸	0	19.35	49.126	45.828	130.028
	塔吉克斯坦	0	18.344	14.134	20.613	188.712
	乌兹别克斯坦	8.717	6.116	0.47	6.157	18.647
	越南	8.793	10.466	10.629	18.133	16.549
	俄罗斯	3.862	5.019	13.111	12.026	8.548
稳定型	巴基斯坦	18.034	1.27	1.972	-14.526	162.903
	哈萨克斯坦	1.184	0.411	37.285	6.044	23.38
	印度尼西亚	-44.897	32.678	1.42	11.587	14.302
	伊朗	2.718	5.778	4.015	28.384	5.66
	孟加拉国	5.256	1.693	0.237	11.631	5.591
	也门	-0.337	23.889	-116.402	6.789	47.389
	新加坡	-0.188	1.967	1.124	3.579	8.332
发展型	菲律宾	1.931	0.084	2.71	3.435	1.542
	埃及	8.846	4.564	2.476	0.881	2.158
	马来西亚	0.612	1.856	14.452	0.977	-3.618
	斯里兰卡	1.006	1.074	0.11	0.521	-2.521
	沙特阿拉伯	-0.409	-5.952	1.772	6.398	4.848

	国家	2008 年	2009 年	2010 年	2011 年	2012 年
紧密型	阿富汗	2822.836	292.119	10.012	5664.57	309.906
	老挝	381.964	637.919	1124.618	1524.621	1309.288
	缅甸	269.169	349.129	971.676	86.443	561.5
	吉尔吉斯斯坦	18.727	722.948	174.441	211.546	618.563
	蒙古国	282.48	443.451	114.614	98.671	211.594
	塔吉克斯坦	54.622	111.834	164.146	151.491	968.452
	柬埔寨	251.037	232.477	332.197	367.812	279.292
	巴基斯坦	48.799	32.827	163.872	251.342	103.527
	菲律宾	25.141	19.49	228.039	133.119	23.294
稳定型	新加坡	127.12	59.369	20.308	66.502	27.458
	伊朗	-17.439	41.841	140.039	143.933	150.618
	尼泊尔	10.049	30.833	9.801	91.255	83.155
	哈萨克斯坦	29.516	4.68	4.836	42.267	219.516
	印度尼西亚	18.67	46.355	13.164	28.796	64.209
	越南	12.511	14.788	38.141	25.463	41.758
	伊拉克	-0.895	1.12	34.479	58.809	43.647
发展型	土库曼斯坦	67.901	26.286	124.029	-112.956	3.943
	乌兹别克斯坦	55.349	5.855	-2.829	53.971	-47.581
	马来西亚	4.547	469.021	15.023	6.292	22.375
	卡塔尔	2.646	-0.46	2.385	41.118	213.348
	斯里兰卡	12.018	-3.465	59.071	84.976	17.798

续表

类型	国家	2008年	2009年	2010年	2011年	2012年
发展型	格鲁吉亚	6.263	11.82	45.059	0.686	72.903
	文莱	8.191	17.845	34.386	29.096	1.145
	孟加拉国	3.387	11.927	5.875	8.16	20.847
	白俄罗斯	0.96	1.119	13.794	2.166	29.721
	土耳其	0.458	34.16	0.859	0.834	7.927
	埃及	1.535	19.945	8.089	-137.663	42.681
	也门	12.099	12.693	166.93	17.612	-988.118
	沙特阿拉伯	2.24	2.475	1.248	7.515	12.614
波动型	印度	2.347	-0.699	1.738	4.934	11.536
	罗马尼亚	0.877	1.141	3.373	0.127	8.338
	捷克	1.451	2.959	0.208	2.11	1.91
	波兰	0.734	0.739	0.91	2.632	1.019
	约旦	-0.577	0.046	0.041	0.121	6.348
	阿曼	-7.775	-4.2	8.876	5.837	2.47
	阿塞拜疆	-0.166	0.597	0.11	3.942	0.064
	以色列	-0.097	0	1.503	0.232	1.284
	乌克兰	0.225	0.006	0.233	0.107	0.253
	匈牙利	0.029	-2.767	-17.68	1.105	3.899
	科威特	-409.963	2.622	17.522	12.887	-4.136
	俄罗斯	5.285	9.519	13.151	12.995	15.51

类型	国家	2003年	2004年	2005年	2006年	2007年
波动型	印度	0.041	0.064	1.535	0.28	0.873
	罗马尼亚	0.331	0.416	0.442	0.875	0.673
	乌克兰	0.042	0.7	0.26	0.327	0.554
	土耳其	0.899	0.567	0.024	0.057	0.073
	以色列	0.096	0	1.245	0.069	0.252
	波兰	0.289	0.007	0.012	0	0.469
	阿塞拜疆	0.087	0.042	0	0.878	-0.25
	匈牙利	0.284	0.022	0.076	0.02	0.122
	尼泊尔	0	-4025.433	550.619	-48.135	172.423
	卡塔尔	1.6	0.667	0	1.006	2.087

表4-2 2013—2018年"一带一路"国家对中国的

平均外资依存度情况 单位：%

	国家	2013年	2014年	2015年	2016年	2017年	2018年
紧密型	老挝	114.688	118.355	47.989	35.024	72.055	94.103
	塔吉克斯坦	25.546	32.824	48.305	112.745	51.128	175.784
	柬埔寨	24.14	23.646	23.024	25.27	26.694	25.087
	马来西亚	5.456	4.909	4.96	13.585	18.382	19.401
	乌兹别克斯坦	6.959	23.845	192.348	10.759	-4.215	1026.963
	吉尔吉斯坦	33.233	31.436	13.247	25.635	-115.378	214.937
	巴基斯坦	12.271	54.297	19.787	25.44	20.984	-8.442
	印度尼西亚	6.715	5.063	7.334	32.166	8.202	0.428
	缅甸	21.083	15.776	8.123	8.776	10.698	-15.276
	越南	5.399	3.618	4.747	10.151	5.421	5.23
稳定型	尼泊尔	49.795	148.142	151.997	-46.058	3.847	31.859
	伊朗	24.436	28.158	-26.813	11.577	-7.338	11.797
	科威特	-0.041	33.328	50.743	17.31	154.922	-898.512
	哈萨克斯坦	8.106	-0.548	-38.163	2.832	43.934	56.881
	俄罗斯	1.477	2.876	43.206	3.974	5.422	8.256
	白俄罗斯	1.21	3.422	3.281	12.907	11.182	4.592
	格鲁吉亚	10.663	12.343	2.63	1.322	2.102	6.776
	卡塔尔	-10.408	3.44	13.153	12.421	-2.701	16.837
	新加坡	3.157	4.096	14.332	4.312	6.666	0
	沙特阿拉伯	5.401	2.3	4.972	0.321	-24.328	9.02
发展型	蒙古国	18.876	148.803	-24.587	-1.904	-1.866	-23.424
	阿富汗	-2.525	64.968	-1.927	2.361	10.537	-0.115
	孟加拉国	1.589	0.985	1.102	1.749	5.47	18.49
	马尔代夫	0.43	0.216	0	7.317	6.484	-0.281
	斯里兰卡	7.696	9.524	2.57	-6.714	-1.841	0.486
	文莱	1.098	-0.578	2.289	-94.387	15.25	19.357
	也门	-247.996	-2.557	661.452	73.645	-10.098	-2.74
	土库曼斯坦	-1.133	5.095	-10.338	-1.059	2.24	-0.76
	塞浦路斯	-1.267	0	0.022	0.064	5.476	-34.207
	约旦	0.04	0.309	0.099	0.395	0.747	121.158
	以色列	0.016	0.869	2.027	15.36	0.811	0.992

续表

	国家	2013 年	2014 年	2015 年	2016 年	2017 年	2018 年
发展型	伊拉克	− 0.857	− 0.814	− 0.163	0.845	0.175	11.613
	印度	0.528	0.917	1.602	0.209	0.726	4.428
波动型	菲律宾	1.456	3.919	− 0.489	0.389	1.061	0.6
	土耳其	1.316	0.787	3.26	− 0.689	1.653	− 0.294
	波兰	2.307	0.223	0.167	− 0.132	− 0.041	0.979
	希腊	0.065	0	− 0.108	1.089	0.799	1.399
	罗马尼亚	0.056	1.092	1.467	0.254	0.266	0.023
	乌克兰	0.225	0.557	− 0.025	0.056	0.168	1.109
	阿曼	− 0.046	1.179	− 0.504	0.204	0.436	0.818
	捷克	0.242	0.03	− 1.024	0.017	0.649	1.331
	阿塞拜疆	− 0.169	0.38	0.034	− 0.548	− 0.007	− 0.075
	匈牙利	− 0.681	0.264	− 0.421	0.083	− 0.507	− 0.13
	埃及	0.554	3.531	1.167	1.478	1.252	3.265
	塞尔维亚	0.558	0.585	0.326	1.307	2.736	3.735
	保加利亚	1.04	1.867	2.267	− 0.962	3.137	− 0.065

波动型国家主要是以波兰、匈牙利为代表的中东欧、西亚、南亚 13 国，这些"一带一路"国家对中国的外资依存度最低，投资开发程度不够。

综上，"一带一路"国家对中国的外资依存度具有较强的地域特征。

结合本书第二章理论基础部分，古典区位理论中的工业区位分析传统上将工业区位因素划分为区域因素和位置因素，其中区域因素是影响工业分散于各个区域的因素，位置因素是促使工业集中于某些区域的因素。本书在展开"一带一路"沿线国家对中国外资依存度的研究时发现，大量直接投资流入东南亚等地区，主要是运输成本、劳动力价格和原料成本等区域元素在发挥作用：地理位置优越，利于转口贸易的进行；劳动力价格相对丰富且低廉，极大地降低了投资成本；自然资源相对丰富，原料成本被极大压缩。当然，在对外直接投资过程中，东道国政府会对中国的投资施加干预，从而影响区位因素发挥作用。

（3）"一带一路"倡议提出前后，"一带一路"国家对中国的外资依存度对比研究。统计不同时间段内三种不同类型的国家的个数，可以得到如表 4 - 3 所示的结果。

表4-3　三个阶段分别对应的四种不同类型的国家分布情况

类型	2003—2007 年	2008—2012 年	2013—2018 年
密集型	9	10	10
稳定型	6	8	10
发展型	6	10	13
波动型	10	13	13
总数	31	41	46

考虑到由于数据缺失等问题，不同阶段的国家总数不同。所以，本书将各阶段不同类型的国家数量以其占对应国家总数的比例表示，得到如表4-4所示的结果。

表4-4　三个阶段分别对应的四种不同类型的国家分布情况

类型	2007—2007 年	2008—2012 年	2013—2018 年
密集型	0.29	0.24	0.22
稳定型	0.19	0.20	0.22
发展型	0.19	0.24	0.28
波动型	0.32	0.32	0.28

从表中可以明显看出：第一，在"一带一路"倡议提出之前，"一带一路"国家对中国的外资依存度的变化趋势是：密集型国家的数量逐渐减少，稳定型、发展型国家稍有增多，波动型国家维持不变。第二，"一带一路"倡议提出前后的对比变化趋势是：密集型国家和波动型国家的数量有所减少，稳定型和发展型国家数量有所增加，且变化的幅度都相对较大，投资格局有所变化。可以总结为："一带一路"倡议提出之前，中国对"一带一路"国家的投资趋势是极端化，其投资状况逐步恶化；而"一带一路"倡议提出之后，中国对"一带一路"国家的投资趋势是趋同化，投资前景明显有所改善。因此，"一带一路"倡议的提出，既让中国挖掘了更多的潜在投资，又通过将资产分散投资于不同东道国的方式，即"不把鸡蛋放在一个篮子里"，降低了投资风险。

回顾本书第二章理论基础部分，"一带一路"倡议属于跨境次区域合作。

从经济发展的角度看，其实质就是生产要素在"次区域"这个地缘范围内的趋向自由化的流动，从而带来生产要素的有效配置和生产效率的相应提高。这恰好可以用于解释投资趋同化的现象：在"一带一路"倡议提出后，各参与国的贸易往来更加频繁，劳动力等生产要素随着商品开始"自由流动"并趋于一致。这在一定程度上缩小了各国之间的要素禀赋差异，无论是世界各国之间的贸易量，世界对东道国的投资总量，还是中国对东道国的投资水平，都出现趋同化的趋势。进而导致"一带一路"国家对中国的外资依存度向平均水平趋同。

二、"一带一路"国家与其他国家对中国的外资依存度个案研究

（一）"一带一路"国家对中国的外资依存度的个案分析

从地缘位置看，中亚地处亚欧大陆的结合部，位于俄罗斯、中国、印度、伊朗、巴基斯坦等大国或地区性大国中间的地理位置，是贯通亚欧大陆的交通枢纽，也是"丝绸之路经济带"建设不可逾越的地区，从而成为"一带一路"政策推行不容忽视的地区。

从能源资源看，中亚及里海地区石油储量约占世界石油储量的18%—25%，探明天然气储量达7.9万亿立方米，被誉为"第二个中东"。哈萨克斯坦锌、钨储量居世界第一位，铀矿储量居世界第二位；土库曼斯坦素有"中亚科威特"的美誉，已探明天然气储量为6万亿立方米，居世界第四位；乌兹别克斯坦黄金储量占世界第四位。中亚还盛产谷物、棉花等经济作物，经济潜力很大。

正因为中亚地区在能源和地理位置等方面的独特性，中国对其直接投资的规模较大，其对中国外资依存度也较高。基于此，本部分以中亚地区5个主要国家即哈萨克斯坦、乌兹别克斯坦、土库曼斯坦、塔吉克斯坦和吉尔吉斯斯坦作为"一带一路"国家的代表，进行个例分析。选取2003—2018年的数据，得出了如图4-4所示的结果。

统计中亚5国在三个时间段内的外资依存度，可得到如表4-5所示的结果。

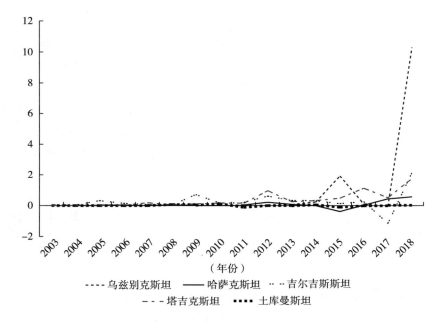

图4-4 2003—2018年中亚五国相关外资依存度指数比较

表4-5 2003—2018年中亚五国相关外资依存度分类结果

国家名称	2003—2007 年	2008—2012 年	2013—2018 年
塔吉克斯坦	紧密型	紧密型	紧密型
乌兹别克斯坦	紧密型	稳定型	紧密型
吉尔吉斯斯坦	紧密型	紧密型	紧密型
哈萨克斯坦	稳定型	稳定型	稳定型
土库曼斯坦	缺失	稳定型	发展型

从绝对量来看，2013年"一带一路"倡议提出之后，中亚5国对中国的外资依存度有了明显的提升。从相对量来看，中亚5国在"一带一路"倡议提出前后外资依存度种类基本维持原有状况，少数国家少有波动。

具体到各个国家，塔吉克斯坦、吉尔吉斯斯坦对中国的外资依存度始终为紧密型；哈萨克斯坦始终为稳定型；乌兹别克斯坦在中间阶段外资依存度稍有降低，在"一带一路"倡议提出之后有所回升；土库曼斯坦在"一带一路"倡议提出之后，外资依存度有所下降，从稳定型变成了发展型。

综上，无论是整体还是具体，绝对还是相对，都可以从中得出，中亚地区主要国家对中国的外资依存度总体呈稳定状态，且有着不断向好的趋势，显示出较好的投资前景。

（二）其他国家对中国的外资依存度的个案分析

本部分依次选取北美洲 5 国以及北欧 3 国作为研究对象，探究其他国家对中国的外资依存度。

1. 北美洲 5 国对中国的外资依存度比较

在本部分，以美国、墨西哥、加拿大北美洲三国作为其他国家代表，选取 2003—2018 年的数据，得出了如图 4 - 5 所示的结果。

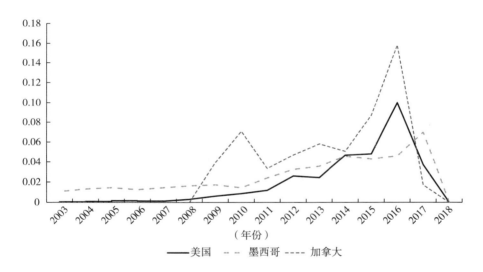

图 4 - 5　2003—2018 年北美洲三国相关外资依存度指数比较

从图 4 - 5 中可以看出，2003—2016 年，各个国家对中国的外资依存度总体呈现出稳定增长的态势，投资势头较好，但 2017—2018 年，三个国家对中国的外资依存度都有明显的降低。墨西哥和美国对中国外资依存度的发展趋势较为类似，整体呈现出较为稳定的增长态势，但始终保持一个较低的水准。加拿大对中国外资依存度波动幅度比另外两个国家更大。在全球经济面临许多挑战，货币贬值、资产泡沫等问题纷纷浮现这一经济大环境下，海外资产配置越来越受到高净值人群的关注和青睐。近年来，中国投资大量涌入加拿大，尤其是房地产、娱乐以及消费者产品服务等行业。而从 2017 年开始，中国对加拿大直接投资急剧减少的现象，可以从以下两方面进行分析：一方面，由于中国在 2016 年和 2017 年里实施的资本外流限制，以及对海外投资日益严格的审查和不断增长的贸易不确定性造成了中国对加拿大投资的减少。另一方面，由于石油和农产品出口遇到空前阻滞，加拿大的经济预期持续不乐观。再加上加拿大过去高度依赖债务经济模式，而债务经济模式往往是建立在良好营商环境，全球投资者不断投资基础之上，并且这一经济模式与全球买家的投资规模呈现出相辅相成的特点。但是，随着全球买家不断减少和撤离以加拿大楼市为象征的加拿大资产，其债务经济模式或也不可持续。这样一来，加拿大楼市又陷入新困境，进而形成加拿大经济的恶性循环。因此，加拿大成为令中国投资者感到不安，并加速撤离的地方。

2. 北欧3国对中国的外资依存度比较

本部分选取北欧芬兰、瑞典、丹麦三国作为其他国家代表，选取2003—2018年的数据，得出如图4-6所示的结果。

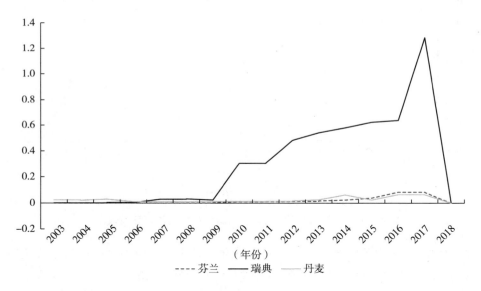

图4-6 2003—2018年北欧三国相关外资依存度指数比较

由图4-6可知，中国对瑞典的投资比例持续稳步提升，但2018年出现较大幅度的波动。虽然芬兰和丹麦两国对中国的外资依存度在瑞典的衬托下并不显著，但由数据可知，近年来中方与瑞典、丹麦两国贸易额同样不断增多，发展前景向好。

芬兰是第一个与中国签订政府贸易协定的西方国家。截至2019年，中国成为芬兰第5大进口来源地以及出口目的地，并连续16年成为芬兰在亚洲的第一大贸易伙伴。2018年，中芬双边贸易额达到65.2亿美元。一方面，近年来芬兰对中国的累计投资总额超过 150 亿美元，成为人均对中国投资最高的经济体之一。另一方面，中国对芬兰的投资也不断增加，华为、腾讯、小米等中国企业纷纷在芬兰投资，建立研发中心。位于欧洲北部的芬兰，与瑞典、挪威、俄罗斯接壤，连接欧盟和俄罗斯两大市场，是一个高度发达的资本主义国家，也是一个高度工业化、自由化的市场经济体。便捷的交通、丰富的资源、先进的技术水平、拥有较高竞争力的人口等有利因素，均为中国对其长期投资奠定了基础。丹麦是第一个同中国建立全面战略伙伴关系的北欧国家，拥有雄厚的经济实力和科技创新能力，多次被国际权威机构评为全球最适宜营商的国家之一。截至 2018 年年底，丹麦对中国投资 41.5 亿美元，中国对丹麦投资 3.8 亿美元。丹麦拥有世界一流的科学技术研发人员、创新孵化器、科学园区以及世界顶尖的大学，是通讯行业、清洁技术、智能电网和智能城市解决方案的最佳测试市场。中丹两国的投资以及长期合作能够促进双方共赢，两国持续稳步推进在经济、政治、文化、科技等各方面的合作。

瑞典是第一个与新中国建交的西方国家。60 多年来，双方经贸合作规模不断扩大，双向投资也呈快速增长态势。截至 2018 年，瑞方累计对华投资共计 50.1 亿美元，中方对瑞方累计投资达 75.5 亿美元。事实上，中瑞双边贸易也呈快速增长的态势，截至 2018 年年底，两国双边贸易额达到 171.5 亿美元，同比增长 15%。瑞典是北欧最大的发达经济体，是一个高度发达的资本主义国家，欧盟成员国之一。由于气候寒冷，农业所占比重较小。工业发达而且门类齐全，产业竞争力强，经营环境良好，是人均拥有跨国企业最多的国家。瑞典拥有自己的航空业、核工业、汽车制造业、清洁能源工业以及全球领先的电讯业和医药研究能力，在软件开发、微电子、远程通讯和光子领域也居世界领先地位。中国应该继续与瑞典在打造务实有效的创新体系方面加强联系，深入各个领域的交流合作，促进双方共同发展。

三、政治关系与"一带一路"国家对中国的外资依存度比较

（一）政治关系的分类和指标测量

政治关系是围绕国家公共权力而形成的一整套关系体系。社会的政治关系是一个庞大而复杂的政治网络系统，由众多错综复杂的政治网络组成。这

个网络中最重要的有阶级关系、党政关系、军政关系、中央与地方的关系、个人与集体的关系、个人与个人的关系和国家与国家的关系等。

本章对于东道国政治关系的研究从两个不同层面展开:一是立足于东道国国内的政治制度情况,即制度质量指数(WGI);二是考虑东道国与中国的双边政治关系,即"一带一路"国家与中国的双边关系指数(BIL)。进而,探讨不同政治关系与"一带一路"国家对中国外资依存度的影响。

1. 制度质量指数

本章使用制度质量指数(World Governance Indicators,WGI)评价一国制度治理的有效性,评价维度包括:话语语权和责任(Voice and Accountability)、政治稳定性和不存在暴力(Political Stability and Absence of Violence)、政府效率(Government Effectiveness)、规制质量(Regulatory Quality)、法治(Rule of Law)、腐败控制(Control of Corruption)。原始数据来自世界银行Worldwide Governance Indicators 数据库,获得6个维度的原始数据后,将6个分数平均后得到综合制度质量指数,分数越高表示制度质量越高。

考虑到数据的可得性,制度质量指数的数据时间范围统一为2003—2017年。

2. 双边关系指数

本章所使用的双边关系指数来自于中国外交部官网,是同时考虑东道国与中国的伙伴关系得分、高层互访得分以及友好城市得分等多方面指标的综合得分。

考虑到数据的可得性,双边关系指数的数据时间范围统一为2003—2017年。

(二)"一带一路"国家 WGI 比较

1. 制度质量全样本分析

将2003—2017年所选样本国的WGI进行平均后,结果如图4-7所示。从图4-7中可发现,本书选择的样本国中,WGI最高的为芬兰,最低的为索马里,得分情况在[-2,2]区间。总体来说,越发达的地方,制度质量越高,相对贫穷落后的地区,制度质量越低。

随后本文按地区分类与"一带一路"成员与非成员这两种分类模式进行分类后,绘制2003—2017年不同类型的国家WGI平均值如图4-8所示。从图4-8中可见,中国的WGI较低,从地区上看,仅优于南亚与非洲地区,劣于全球其他地区的平均水平,且与东亚太平洋地区的平均 WGI 存在较大差距。从是否为"一带一路"成员上看,中国的 WGI 低于成员和非成员的平均水平,但中国的 WGI 呈现波动增长的趋势。

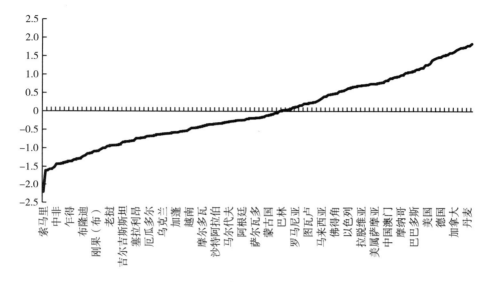

图 4 - 7 2003—2017 年样本国(地区) WGI 概况

在"一带一路"成员国内部,按照世界银行划分的国家收入水平进行分类,得到 WGI 分布图如下。本书发现,在"一带一路"成员中,中国 WGI 也

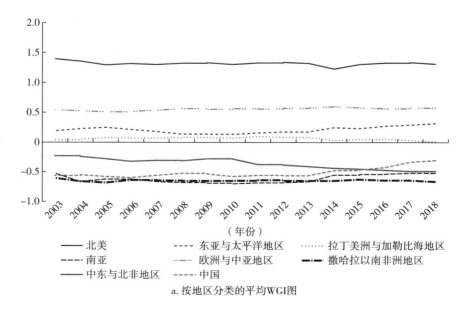

a. 按地区分类的平均WGI图

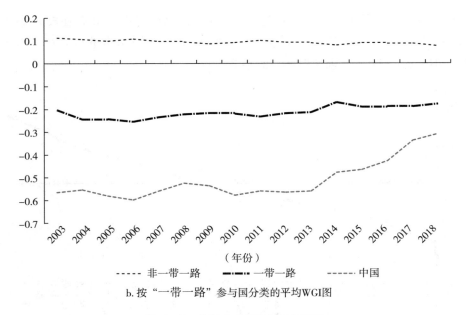

b. 按"一带一路"参与国分类的平均WGI图

图4-8　总样本 WGI 分类分析图

处于中等偏下地位，中国作为中高等收入国家，其 WGI 略高于中低等收入国家的平均水平，低于中高等收入国家的平均水平，但从时间维度上来看，中国的 WGI 与中高等收入国家平均 WGI 水平差距逐步缩小。详见图 4-9。

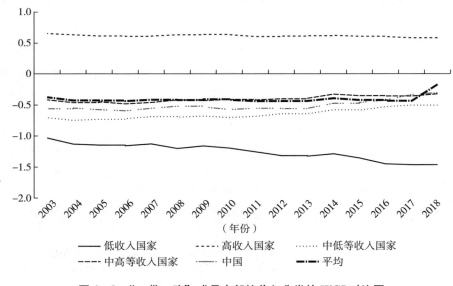

图4-9　"一带一路"成员内部按收入分类的 WGI 对比图

2. "一带一路"国家制度质量指数的初步分析

首先，从整体，我们可以得出，2003—2017 年所有国家的 WGI 为 -0.337。

其次，利用 2003—2017 年东道国的平均 WGI，按照地区分类得出如图 4 - 10 所示的结果。

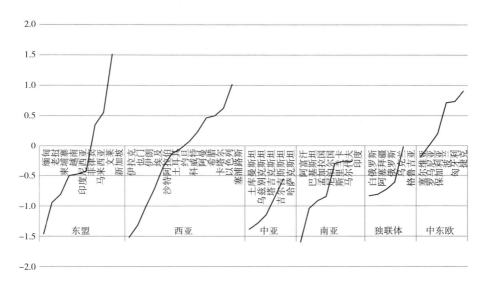

图 4 - 10　2003—2017 年"一带一路"国家 WGI 比较

从图中可以看出，"一带一路"国家的 WGI 绝大多数位于区间［-1.5，1］之间。东盟地区、西亚地区、中东欧地区"一带一路"国家的平均 WGI 较高，而南亚地区、中亚地区以及各独联体"一带一路"国家的平均 WGI 较低。

3. "一带一路"倡议提出后，"一带一路"国家对中国的外资依存度与东道国的 WGI 对标分析

提取 2013—2017 年平均 WGI 位于前 20 名的国家，结合平均外资依存度排名，可得到如表 4 -6 所示结果。

表 4 - 6　2013—2017 年"一带一路"国家的平均 WGI 以及东道国对中国的
平均外资依存度排名比较

国家名	东道国 WGI 平均值	平均 WGI 排名	平均外资依存度排名
新加坡	1.585	1	13
爱沙尼亚	1.183	2	40

续表

国家名	东道国 WGI 平均值	平均 WGI 排名	平均外资依存度排名
塞浦路斯	0.943	3	32
捷克	0.939	4	33
立陶宛	0.920	5	36
斯洛文尼亚	0.901	6	22
波兰	0.801	7	41
拉脱维亚	0.782	8	14
以色列	0.720	9	18
斯洛伐克	0.718	10	9
文莱	0.580	11	39
匈牙利	0.529	12	29
卡塔尔	0.511	13	25
克罗地亚	0.447	14	37
不丹	0.377	15	3
格鲁吉亚	0.370	16	35
马来西亚	0.364	17	43
希腊	0.226	18	17
阿曼	0.181	19	30
保加利亚	0.171	20	16

注：2013—2017 年平均外资依存度排名中存在数据缺失情况，且该排名包含数据缺失部分。

对比两个排名可以得到如下结果：第一，首先聚焦于"一带一路"国家 WGI 位于前 10 名的国家，在这些制度质量相对而言非常高的国家，其对中国的外资依存度普遍仅仅处于中等甚至偏低水平。第二，位于前 10 名至前 20 名的国家，在这些 WGI 位于中上游的国家中，不同的国家对中国外资依存度的分布情况有较大差异，平均情况仍然处于中下游水平，且明显比位于前 10 名的国家外资依存度更低。

对此，可以初步判断，"一带一路"国家对中国的外资依存度与各国的制度质量可能呈反向变化趋势。

4. "一带一路"倡议提出前后,"一带一路"国家对中国的外资依存度与东道国的制度质量对标分析

同理,结合 2003—2012 年各东道国对中国的平均外资依存度排名,选择 2013—2017 年平均 WGI 位于前 20 名的国家,可以得到如表 4 - 7 所示结果。

表 4 - 7　"一带一路"倡议提出前后,中国与"一带一路"国家
的 WGI 与外资依存度对标分析

国家	东道国WGI平均值	平均WGI排名	平均外资依存度排名	国家	东道国WGI平均值	平均WGI排名	平均外资依存度指数排名
新加坡	1.585	1	13	新加坡	1.477	1	13
塞浦路斯	0.943	2	40	塞浦路斯	1.052	2	40
捷克	0.939	3	32	捷克	0.891	3	32
波兰	0.801	4	33	匈牙利	0.841	4	41
以色列	0.720	5	36	波兰	0.673	5	33
文莱	0.580	6	22	希腊	0.584	6	39
匈牙利	0.529	7	41	以色列	0.577	7	36
卡塔尔	0.511	8	14	文莱	0.541	8	22
格鲁吉亚	0.370	9	18	卡塔尔	0.496	9	14
马来西亚	0.364	10	9	马来西亚	0.337	10	9
希腊	0.226	11	39	阿曼	0.268	11	29
阿曼	0.181	12	29	保加利亚	0.223	12	25
保加利亚	0.171	13	25	科威特	0.193	13	43
塞尔维亚	-0.004	14	37	罗马尼亚	0	14	31
蒙古国	-0.068	15	3	约旦	-0.022	15	35
约旦	-0.093	16	35	土耳其	-0.055	16	27
科威特	-0.168	17	43	蒙古国	-0.129	17	3
斯里兰卡	-0.179	18	17	格鲁吉亚	-0.217	18	18
印度	-0.229	19	30	印度	-0.263	19	30
印度尼西亚	-0.241	20	16	塞尔维亚	-0.291	20	37

注:表格左侧国家为提出前即 2003—2012 年相关指标,表格右侧国家为提出后即 2013—2018 年相关指标。

从表 4 – 8 可以看出,提出前平均外资依存度指数与平均 WGI 的相关性比提出后低。但从整体来看,二者的排名平均值相差不大。由此说明,"一带一路"倡议的提出,推动了制度质量在中国对东道国直接投资影响因素中的重要程度,使得东道国制度质量的因素变得更为重要。

表 4 – 8 "一带一路"国家对中国的平均 WGI 和平均外资依存度指数比较

平均 WGI 排名	提出后平均外资依存度指数平均值	提出前平均外资依存度指数平均值
(0, 10]	25.8	27.9
(10, 20]	27.4	27.8

(三) 双边关系与中国对"一带一路"国家外资依存度

如上文所述,本部分所使用的双边关系指数,是同时考虑东道国与中国的伙伴关系得分以及高层互访得分等方面指标的综合得分。因此,本部分将首先分别对伙伴关系和高层出访两个指数进行全样本分析;再引入外资依存度,对双边关系综合指数进行对标分析。

1. 伙伴关系全样本分析

双边关系指数(BIL)。本部分考虑到建交时间受到东道国独立时间的影响,国家样本中的国家与中国发生双边冲突的国家很少,友好城市数据缺失值较多,所以最终采用了高层互访数据(VIS):参考张建红、姜建刚(2015)的方法,国家最高领导人访问得 2 分,其他领导人访问得 1 分;伙伴关系数据(FRI):未建交得 – 1 分,建交得 0 分,一般伙伴关系得 1 分,全面合作伙伴关系得 2 分,战略伙伴关系得 3 分,全面战略伙伴关系得 4 分。BIL = VIS + FRI。详见表 4 – 9。

表 4 – 9 2003—2018 年各类外交伙伴关系类型平均数量

外交伙伴关系类型	国家数(个)
未建交	28
建交关系	62
友好合作/建设性/战略互惠伙伴	52
全面合作伙伴	13
战略伙伴	21
全面战略伙伴	19

　　根据2003—2018年中国外交伙伴关系绘制成图4-11。从整体来看，在该时间段内，中国的外交伙伴从建交关系向全面战略伙伴关系不断升级，在全球范围内与中国在各个方面达成友好合作的国家数量随时间推移不断上升。

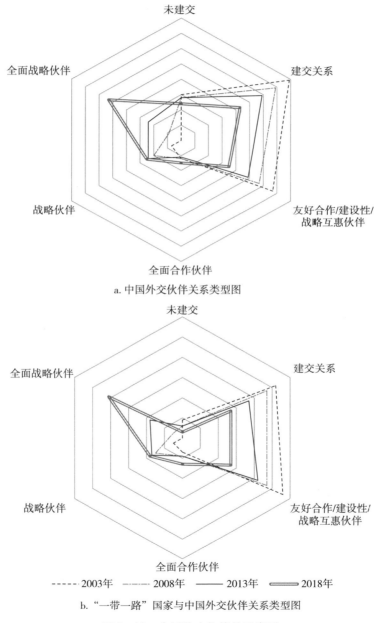

a. 中国外交伙伴关系类型图

----- 2003年 —— 2008年 —— 2013年 ══ 2018年

b. "一带一路"国家与中国外交伙伴关系类型图

图4-11 中国外交伙伴关系类型

在"一带一路"国家中，中国拓展全面战略伙伴的速度更快，且未与中国建交的国家数量减少更明显。

按世界银行的地区与收入水平进行分类，整理中国的外交伙伴关系情况如下表所示。在东亚与太平洋地区，中国的全面战略伙伴国共计 15 个，占本地区国家总数的 50%，在欧洲与中亚地区，中国的全面战略伙伴国共计 16 个，占本地区国家总数的 30.8%。详见表 4 - 10。

表 4 - 10　按地区分类的中国外交伙伴关系分类表

	未建交	建交	友好合作/建设性/战略互惠伙伴	全面合作伙伴	战略伙伴	全面战略伙伴
北美	1	0	0	0	1	1
占比（%）	33	0	0	0	33	33
东亚与太平洋	6	0	4	2	3	15
占比（%）	20	0	13	7	10	50
拉丁美洲与加勒比海	12	7	7	0	2	7
占比（%）	34	20	20	0	6	20
南亚	1	0	0	2	3	2
占比（%）	13	0	0	25	38	25
欧洲与中亚	1	14	10	5	6	16
占比（%）	2	27	19	10	12	31
撒哈拉以南非洲	3	19	11	5	3	6
占比（%）	6	40	23	11	6	13
中东与北非	0	3	3	1	7	6
占比（%）	0	15	15	5	35	30
总计	24	43	35	15	25	53
占比（%）	12	22	18	8	13	27

资料来源：中国外交部官网。

中等收入水平的国家与中国建立全面战略伙伴关系较多，不论是中高等收入还是中低等收入国家，全面战略伙伴国数量占比均超过本类别的 30%；在高等收入国家中，中国的各类伙伴关系国相对较均衡；对于低等收入国家，与中国的外交关系以建交关系为主。详见表 4 - 11。

表 4 – 11 按收入分类的中国外交伙伴关系分类表

	未建交	建交	友好合作/建设性/战略互惠伙伴	全面合作伙伴	战略伙伴	全面战略伙伴
高收入国家	9	16	8	5	12	14
占比（%）	14	25	13	8	19	22
中高等收入国家	5	8	15	4	5	19
占比（%）	9	14	27	7	9	34
中低等收入国家	7	7	6	2	8	15
占比（%）	16	16	13	4	18	33
低收入国家	3	12	6	4	0	5
占比（%）	10	40	20	13	0	17
总计	24	43	35	15	25	53
占比（%）	12	22	18	8	13	27

资料来源：中国外交部、世界银行。

2. 高层出访全样本分析

2003—2018 年，中国国家主席平均每年出访 10 次，总理平均每年出访 13 次，具体每年出访次数如表 4 – 12、表 4 – 13 所示。

表 4 – 12 2003—2018 年中国国家主席出访次数表

年份	2003	2004	2005	2006	2007	2008	2009	2010
出访次数	5	8	11	7	10	9	18	9
年份	2011	2012	2013	2014	2015	2016	2017	2018
出访次数	10	4	12	18	7	10	8	12

资料来源：中国外交部。

表 4 – 13 2003—2018 年中国国家总理出访次数表

年份	2003	2004	2005	2006	2007	2008	2009	2010
出访次数	4	10	17	14	7	8	14	6
年份	2011	2012	2013	2014	2015	2016	2017	2018
出访次数	18	19	15	13	19	14	23	11

资料来源：中国外交部。

按地区分类的2003—2018年中国国家主席、总理外交出访次数如图4-12、图4-13所示。从地区来看，中国领导人出访欧洲、中亚、东亚与太平洋地区的次数占比最大，合计占比达到总出访次数的50%，其次是对南部非洲与拉丁美洲地区的出访也较为频繁。

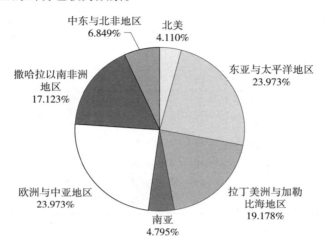

图4-12　中国国家主席出访次数地区分布图
资料来源：外交部官网。

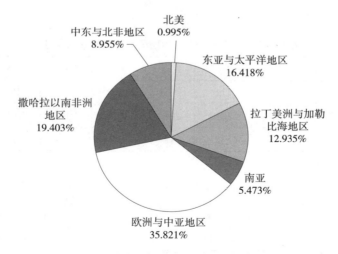

图4-13　中国国家总理出访地区分布图
资料来源：外交部官网。

按收入水平分类的2003—2017年中国国家主席、总理外交出访次数如图4-14、图4-15所示。从总体来看，中国领导人访问高收入、中高收入国家的次数多于中低与低收入的国家，说明政治关系的联系受到该国经济发展水平的影响。

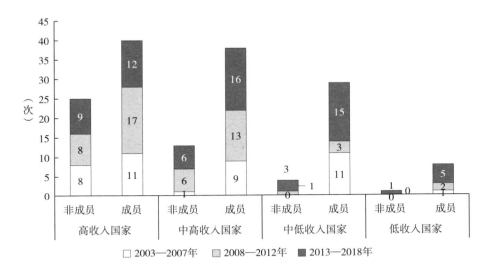

图 4 – 14　中国国家主席外交访问次数

资料来源：外交部官网。

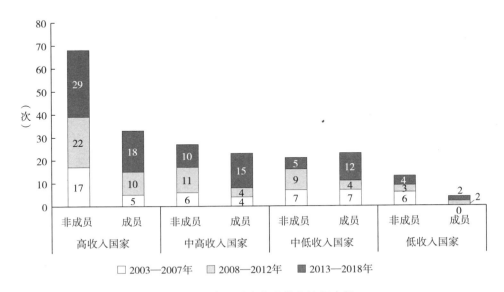

图 4 – 15　中国国家总理外交访问次数

资料来源：外交部官网。

在"一带一路"倡议提出前,中国领导人出访"一带一路"潜在参与国的次数大于其他国家,这说明了领导人的政治关系越紧密,该国在"一带一路"倡议提出后响应号召,与中国加深合作的可能性更大。在"一带一路"提出后,中国领导人出访"一带一路"国家与其他国家次数的差距进一步扩大,尤其是在非高等收入国家,差距扩大更为明显,说明"一带一路"倡议的提出,加深了两国的政治关系。

3. 双边关系与中国对"一带一路"国家外资依存度对标分析

(1)"一带一路"国家对中国双边关系指数的初步分析。首先,从整体上来看,2003—2017年所有国家对中国的平均 BIL 为 2.146。其次,利用 2003—2017年东道国与中国的平均 BIL,按照地区分类得出如图 4-16 所示的结果。

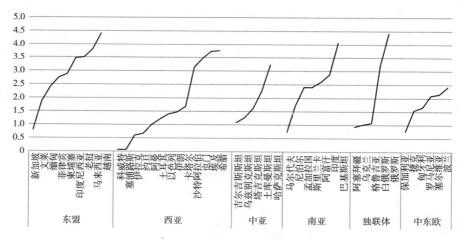

图 4-16　2003—2017 年东道国与中国平均 BIL 比较

从图 4-16 中可以得出,绝大多数"一带一路"国家与中国的 BIL 位于区间 [1,4.5] 中。同时,为了更好地看出 BIL 的地域分布特征,本书分别算出各地区所有国家与中国的 BIL 的平均值,得到表 4-14 所示结果。

表 4-14　2003—2017 年不同地区的东道国对中国的平均 BIL 对比

地区	各地区平均值
中东欧	1.771
西亚	1.713
独联体	2.128

地区	各地区平均值
南亚	2.403
中亚	1.895
东盟	2.876

注：总体平均值为2.38。

从中可以明显看出：第一，中东欧地区、西亚地区、中亚地区以及独联体各国的平均水平位于所有"一带一路"国家总体平均水平之下，而南亚地区以及东盟地区各国的平均水平位于所有"一带一路"国家总体平均水平之上。第二，西亚地区各国与中国的双边关系指数最低，而东盟地区各国与中国的双边关系指数最高。

（2）"一带一路"倡议提出后，中国与"一带一路"国家的BIL与外资依存度对标分析。结合2013—2017年各东道国对中国的平均外资依存度排名可以得到如表4-15所示结果。

表4-15 2013—2017年东道国对中国的BIL与平均外资依存度及排名对比

国家	平均BIL	平均BIL排名	平均外资依存度排名
越南	5.608	1	17
俄罗斯	5.209	2	12
印度尼西亚	4.801	3	11
马来西亚	4.621	4	13
巴基斯坦	4.6	5	7
老挝	4.428	6	2
希腊	4.411	7	34
埃及	4.4	8	25
哈萨克斯坦	4.015	9	20
柬埔寨	4.011	10	8
缅甸	4.0	11	10
也门	4.0	12	1
阿富汗	4.0	13	9

国家	平均 BIL	平均 BIL 排名	平均外资依存度排名
白俄罗斯	4.0	14	15
塞尔维亚	4.0	15	29
波兰	3.804	16	33
沙特阿拉伯	3.667	17	43
塔吉克斯坦	3.615	18	4
土库曼斯坦	3.61	19	43
印度	3.601	20	31
斯里兰卡	3.406	21	23
吉尔吉斯斯坦	3.232	22	44
菲律宾	3.2	23	27
文莱	3.2	24	25
孟加拉国	3.0	25	24
卡塔尔	2.6	26	21
罗马尼亚	2.425	27	32
伊朗	2.401	28	16
捷克	2.212	29	38
尼泊尔	2.210	30	3
匈牙利	2.067	31	41
约旦	2.015	32	35
保加利亚	1.820	33	26
乌兹别克斯坦	1.804	34	6
以色列	1.802	35	19
伊拉克	1.8	36	40
新加坡	1.6	37	14
阿塞拜疆	1.2	38	39
格鲁吉亚	1.2	39	18
马尔代夫	1.143	40	22
土耳其	1.007	41	28

国家	平均 BIL	平均 BIL 排名	平均外资依存度排名
阿曼	1.0	42	6
乌克兰	1.0	43	37
塞浦路斯	0	44	30
科威特	0	45	5

注：2013—2017 年平均外资依存度排名中存在数据缺失情况，且该排名总体不考虑数据缺失部分。

进一步分析，可以得到如表 4-16 所示的结果。从中可以明显看出，"一带一路"国家对中国的双边关系指数与对中国的外资依存度指数呈正向趋势。

表 4-16 平均 BIL 与平均外资依存度政治风险指数排名对比结果

平均 BIL 排名	平均外资依存度排名平均值
（0，10］	14.9
（10，20］	21.8
（20，30］	25.3
（30，40］	26

（3）"一带一路"倡议提出前后，中国与"一带一路"国家的双边关系与外资依存度对标分析。同理，结合 2003—2012 年各东道国对中国的平均外资依存度排名，可以得到如表 4-17 所示结果。

表 4-17 "一带一路"倡议提出前后，中国与"一带一路"国家的 BIL 与外资依存度对标分析

国家	平均 BIL	平均 BIL 排名	平均外资依存度排名	国家	平均 BIL	BIL 排名	平均外资依存度排名
越南	5.608	1	17	俄罗斯	4.024	1	23
俄罗斯	5.202	2	12	越南	3.809	2	15
印度尼西亚	4.801	3	11	巴基斯坦	3.801	3	8
马来西亚	4.621	4	13	希腊	3.446	4	39
巴基斯坦	4.6	5	7	埃及	3.408	5	42

续表

国家	平均BIL	平均BIL排名	平均外资依存度排名	国家	平均BIL	BIL排名	平均外资依存度排名
老挝	4.428	6	2	马来西亚	3.406	6	9
希腊	4.411	7	34	也门	3.2	7	44
埃及	4.4	8	25	老挝	3.033	8	2
哈萨克斯坦	4.015	9	20	哈萨克斯坦	2.830	9	12
柬埔寨	4.011	10	8	印度尼西亚	2.805	10	16
缅甸	4.000	11	10	白俄罗斯	2.8	11	26
也门	4.0	12	1	沙特阿拉伯	2.7	12	28
阿富汗	4.0	13	9	菲律宾	2.515	13	11
白俄罗斯	4.0	14	15	印度	2.5	14	30
塞尔维亚	4.0	15	29	柬埔寨	2.315	15	6
波兰	3.804	16	33	孟加拉国	2.101	16	24
沙特阿拉伯	3.667	17	43	罗马尼亚	1.924	17	31
塔吉克斯坦	3.615	18	4	斯里兰卡	1.916	18	17
土库曼斯坦	3.607	19	43	阿富汗	1.9	19	1
印度	3.601	20	31	波兰	1.715	20	33
斯里兰卡	3.406	21	23	缅甸	1.604	21	4
吉尔吉斯斯坦	3.232	22	44	土库曼斯坦	1.6	22	20
菲律宾	3.2	23	27	尼泊尔	1.501	23	45
文莱	3.2	24	25	匈牙利	1.470	24	41
孟加拉国	3.0	25	24	土耳其	1.306	25	27
卡塔尔	2.6	26	21	卡塔尔	1.222	26	14
罗马尼亚	2.425	27	32	塞尔维亚	1.221	27	37
伊朗	2.401	28	16	捷克	1.214	28	32
捷克	2.212	29	38	文莱	1.205	29	22
尼泊尔	2.210	30	3	以色列	1.192	30	36

续表

国家	平均BIL	平均BIL排名	平均外资依存度排名	国家	平均BIL	BIL排名	平均外资依存度排名
匈牙利	2.067	31	41	乌克兰	1.023	31	38
约旦	2.015	32	35	格鲁吉亚	1.008	32	18
保加利亚	1.820	33	26	伊朗	1.006	33	10
乌兹别克斯坦	1.804	34	6	乌兹别克斯坦	1.0	34	21
以色列	1.802	35	19	阿曼	1.0	35	29
伊拉克	1.8	36	40	阿塞拜疆	0.8	36	34
新加坡	1.6	37	14	塔吉克斯坦	0.632	37	7
阿塞拜疆	1.2	38	39	新加坡	0.4	38	13
格鲁吉亚	1.2	39	18	保加利亚	0.233	39	25
马尔代夫	1.143	40	22	科威特	0.1	40	43
土耳其	1.007	41	28	塞浦路斯	0.1	42	40
阿曼	1.0	42	6	吉尔吉斯斯坦	0.012	43	5
乌克兰	1.0	43	37	约旦	0	44	35
塞浦路斯	0	44	30	伊拉克	0	45	19
科威特	0	45	5				

注：表格左侧国家为"一带一路"倡议提出前即2003—2012年相关指标，表格右侧国家为"一带一路"倡议提出后即2013—2018年相关指标。

进一步分析，可以得到如表4－18所示结果。从表4－18可以看出，第一，"一带一路"倡议提出前平均外资依存度与平均双边关系正向态势关系的比提出后弱。第二，相对于"一带一路"倡议提出前，提出后各东道国对中国双边关系最亲密的国家对中国的外资依存度更高，而各东道国对中国双边关系最疏远的国家对中国的外资依存度更低。由此说明，"一带一路"倡议的提出，推动了双边关系在中国对东道国直接投资影响因素中的重要程度，这同时意味着二者关系更加极端化。即，"一带一路"倡议给与中国关系密切的国家更多的投资渠道，而给与中国原本关系疏远的国家更差的投资环境。

表 4 – 18 "一带一路"国家对中国的平均双边关系和
平均外资依存度指数比较

平均双边关系指数排名	"一带一路"倡议提出后，平均外资依存度指数排名平均值	"一带一路"倡议提出前，平均外资依存度排名平均值
(0, 10]	14.9	21
(10, 20]	21.8	20.7
(20, 30]	25.3	27.8
(30, 40]	26	23.8

　　回顾本书第二章理论基础部分，地缘政治经济学的主要任务是分析如何利用地缘特性来实现区域合作，最大化国家利益。在世界格局逐渐多极化的新时期，基于地缘因素的政治经济考量已不再停留于如何为自己获得最大利益，而是更多地注重合作共赢，通过地理空间上的便利化措施，缩小地理空间距离，降低政治和经济合作的成本，实现共同利益。由于地缘政治经济学通常是零和博弈，这在一定程度上解释了，"一带一路"倡议的提出，既可以加深部分沿线国家与中国的友好往来，也可能会伴随着投资分布不均，造成少数国家的投资处境更差的情况。但是，"一带一路"倡议提出的目的是促进世界经济一体化，中国也始终奉行独立自主的和平外交政策。在具体实施过程中，会面临各种各样复杂的情况，不能单从一个角度就否定"一带一路"倡议对世界经济作出的重大贡献。

第五章

政治风险与中国在"一带一路"国家的投资

"一带一路"沿线国家虽然众多，但大多数是发展中国家和新兴经济体，这些国家经济发展程度参差不齐、资源禀赋各异，宗教文化差异大，地缘关系复杂且多为政治"破碎地带"，政局动荡，投资风险较大。"一带一路"国家复杂多变的投资环境及投资企业对风险认识的不足，造成了中国对"一带一路"国家直接投资失败的案例时有发生。根据美国传统基金会发布的中国对外投资追踪数据统计，2013 年 10 月至 2018 年 12 月，中国对"一带一路"国家投资的问题大型项目数量为 66 个，占中国投资"一带一路"大型项目总数的 18.9%；对"一带一路"国家投资的问题项目金额达 658.2 亿美元，占中国投资"一带一路"国家大型项目金额的 31.7%。由此，以"一带一路"国家的政治风险、政治关系为重点因素研究其政治环境对中国对外投资的影响，对于中国企业在国家"一带一路"战略引领下，把握投资机遇，规避投资政治风险，获取预期投资收益具有重要的理论与现实意义。

一、政治风险对中国向"一带一路"国家投资规模与速度的影响

（一）政治风险

1. 政治风险综合指数及数据来源

　　政治风险指数（Political Risk Index，PRI）。美国政治风险测定服务公司 Political Risk Service Group 集团 International Country Risk Guide（ICRG）定期发布政治风险指数，数据覆盖了 140 多个国家，分为 12 个维度，分别是政府稳定性、社会经济条件、投资回报、内部冲突、外部冲突、腐败、军事干预政治、宗教参与政治、种族关系紧张、法律与秩序、民主责任、官僚主义，ICRG 从 12 个方面进行了打分，分数越高，风险越小。本文参考韩民春、江聪聪（2017）的做法将原数据取倒数后乘以 100，并将 12 个方面的数据相加得到综合政治风险，PRI 值越大表示政治风险越大。

考虑到数据的可得性，本章统一使用2003—2017年的数据。

2. 全样本政治风险综合指数分析

首先，我们将2003—2017年所选全部样本国的 PRI 指数进行平均后结果如下所示，从图中可发现，本书选择的样本国中，PRI 指数最高的为津巴布韦，最低的为塞舌尔，得分情况在 [0，8] 区间。总体来说，越发达的地方，政治风险越低，相对贫穷落后的地区，政治风险相对较高。详见图 5 - 1。

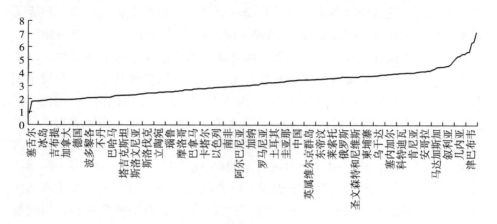

图 5 - 1　2003—2017 年全体样本国 PRI 概况

随后，本书按世界银行的地区分类与"一带一路"成员与非成员这两种分类模式，绘制2003—2017年不同类型的国家政治风综合指数平均值如图 5 - 2 所示。

从图 5 - 2 中可见，从总体上说，中国的 PRI 指数较高，政治风险较大。从地区上看，中国的政治风险水平仅低于中东与北非地区，但与东亚太平洋地区的平均政治风险水平差距不大。从是否为"一带一路"成员上看，中国的政治风险高于"一带一路"的成员和非成员的平均水平，且变动趋势不明显，相比于非"一带一路"成员国，"一带一路"成员国的政治风险更高。

3. "一带一路"国家政治风险分析

本书利用2003—2017年的数据从宏观上对"一带一路"国家的政治风险综合指数进行整体分析，得到下图所示结果。该阶段内所有国家的政治风险综合指数平均值为3.328。详见图 5 - 3。

从图 5 - 3 中可以初步看出，"一带一路"国家的政治风险在国别间的差异相对较小。伊拉克、巴基斯坦等经济体的政治风险较高，新加坡、波兰等国家的政治风险较低。

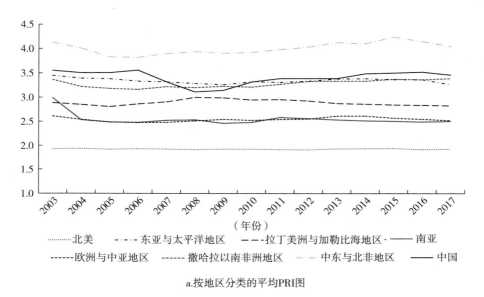

a.按地区分类的平均PRI图

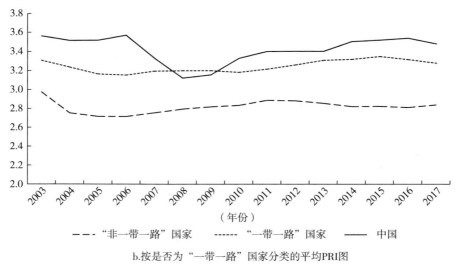

b.按是否为"一带一路"国家分类的平均PRI图

图 5－2 总样本 PRI 指标分类分析图

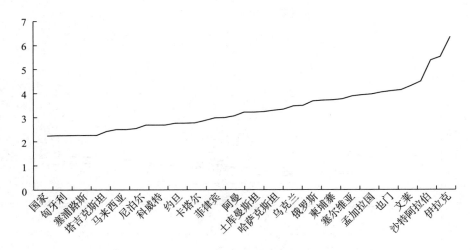

图 5-3　2003—2017 年 "一带一路" 国家的政治风险综合指数对比

利用 2003—2017 年的数据，本书可以得到如表 5-1 所示的结果。

将 2003—2017 年分为三个阶段，分别为 2003—2007 年、2008—2012 年、2013—2017 年，得到如图 5-4、图 5-5 所示结果。

从图 5-4 可以看出，按平均政治风险综合指数排序之后的各个国家分布趋势几乎完全重合。对此，本书给出两种解释：第一，各国在三个不同阶段的平均政治风险综合指数并没有发生很大的改变，以至于排序后名次依然类似且与前阶段数值几乎相同；第二，不同阶段虽然各国的绝对数值有所改变，但各个国家对应的政治风险水平仍然平均分布在整个取值空间，使得整体来看所有国家的平均值分布并无较大改变。

而从图 5-5 发现，各个国家在不同的时间段内的政治风险综合指数变动趋势几乎相同。再次，本书将 "一带一路" 国家内部按照世界银行划分的国家收入水平进行分类，得到 PRI 分布如图 5-6 所示。笔者发现，在 "一带一路" 国家中，高等收入国家和中低等收入国家的政治风险较小，低等收入国家和中高等收入国家政治风险较大，但低等收入国家的政治风险呈现出波动上升的趋势，中高等收入国家的政治风险呈现波动下降的趋势。中国作为中高等收入国家，其政治风险水平低于中高等收入国家的平均水平。

进而，将 "一带一路" 国家按其所在地区分为：中东欧、南亚、中亚、东盟、西亚、东亚以及独联体七个部分。以 2003—2017 年为例，利用东道国的政治风险综合指数，按照地区分类得出如图 5-7 所示的结果。

表 5 - 1 2003—2017 年"一带一路"国家平均政治风险综合指数

国家 \ 年份	2003	2004	2005	2006	2007	2008	2009	2010	2011	2012	2013	2014	2015	2016	2017
伊拉克	7.52	6.86	5.62	5.63	6.11	6.52	6.3	6.22	6.15	6.37	6.58	6.6	6.6	5.98	5.52
巴基斯坦	4.46	4.47	9.01	6.2	6.09	5.83	5.63	5.13	5.12	5.12	4.95	4.9	4.99	4.94	4.92
缅甸	4.8	3.78	3.83	5.83	4.57	4.52	4.53	4.53	10.54	4.5	4.43	4.49	4.45	4.29	4.17
印度尼西亚	5.02	4.79	4.68	3.99	3.86	3.85	3.81	3.88	3.9	3.96	3.99	3.95	4.06	4.06	3.72
斯里兰卡	3.75	3.81	3.97	3.93	3.93	3.93	3.87	3.86	3.85	3.83	3.84	3.82	3.43	3.3	3.4
俄罗斯	3.85	3.37	3.36	3.39	3.42	3.49	3.53	3.52	3.64	3.81	3.94	3.97	3.98	3.96	3.95
土耳其	3.16	2.86	2.75	2.85	3.03	3.13	3.17	3.32	3.36	3.37	3.4	3.56	3.5	3.5	3.57
土库曼斯坦	3.16	2.86	2.75	2.85	3.03	3.13	3.17	3.32	3.36	3.37	3.4	3.56	3.5	3.5	3.57
柬埔寨	3.52	3.59	3.63	3.6	3.6	3.69	3.71	3.72	3.88	3.98	3.96	3.98	3.94	3.69	3.67
孟加拉国	4.88	4.91	4.03	3.88	3.95	4.08	3.58	3.52	3.79	3.83	3.84	3.77	3.67	3.61	3.65
塞尔维亚	3.82	3.82	3.83	3.85	3.85	3.93	4.03	4.06	4.08	3.89	3.78	3.8	3.87	3.87	3.86
埃及	3.41	3.38	3.37	3.25	3.28	3.34	3.35	3.37	3.98	4.21	4.5	4.32	4.25	4.21	4.13
卡塔尔	2.89	2.89	2.79	2.79	2.8	2.8	2.8	2.8	2.83	2.76	2.74	2.73	2.66	2.66	2.71
格鲁吉亚	2.84	2.87	3.02	3.23	3.3	3.22	3.25	3.27	3.32	3.36	3.42	3.45	3.42	3.45	3.32
印度	3.93	3.02	2.9	2.87	2.89	2.93	2.88	2.91	3.08	3.01	2.97	2.93	2.89	2.86	2.9
以色列	2.88	2.88	2.87	2.95	2.94	2.95	2.92	2.86	2.85	2.81	2.81	2.83	2.81	2.8	2.8
越南	3.88	3.82	3.8	3.52	3.45	3.44	3.47	3.47	3.3	3.33	3.36	3.34	3.25	3.23	3.32
也门	3.73	3.72	3.69	3.63	3.63	3.66	3.74	3.79	3.93	4.12	4.14	4.19	5.02	5.11	5.06
阿曼	3.24	3.24	3.23	3.23	3.23	3.24	3.26	3.27	3.18	2.8	2.79	2.8	2.74	2.75	2.77
伊朗	3.22	3.21	3.18	3.13	3.18	3.22	3.24	3.48	3.59	3.72	3.68	3.55	3.46	3.42	3.4

续表

国家\年份	2003	2004	2005	2006	2007	2008	2009	2010	2011	2012	2013	2014	2015	2016	2017
老挝	2.92	2.9	2.7	2.61	2.51	2.51	2.56	2.57	2.64	2.72	2.72	2.69	2.7	2.75	2.78
科威特	2.92	2.9	2.7	2.61	2.51	2.51	2.56	2.57	2.64	2.72	2.72	2.69	2.7	2.75	2.78
吉尔吉斯斯坦	2.92	2.9	2.7	2.61	2.51	2.51	2.56	2.57	2.64	2.72	2.72	2.69	2.7	2.75	2.78
白俄罗斯	3.79	3.63	4.12	4.17	4.17	3.97	3.79	3.79	3.9	4.36	4.49	4.47	4.18	3.93	3.92
乌克兰	4.11	3.94	3.3	3.22	3.22	3.2	3.36	3.34	3.33	3.39	3.48	3.59	3.55	3.44	3.33
文莱	2.02	10	4.01	3.95	3.93	3.93	3.94	3.94	3.94	3.94	3.96	4.01	4.05	4.06	4.01
阿塞拜疆	3.6	3.71	3.79	3.87	3.86	3.89	3.91	3.93	3.95	3.97	4.03	4.03	4.1	4.1	4.13
哈萨克斯坦	3.59	3.58	3.32	3.02	3.02	3.03	3.07	3.08	3.29	3.35	3.36	3.36	3.44	3.45	3.44
沙特阿拉伯	2.51	26.53	4.52	4.51	4.49	4.49	3.52	3.36	3.37	3.38	3.38	3.4	3.26	2.86	2.88
菲律宾	2.96	2.97	2.96	2.98	2.97	2.99	3	3.04	3.04	3.04	2.97	2.96	2.97	2.9	3.06
保加利亚	2.73	2.76	2.7	2.69	2.77	2.79	2.84	2.83	2.89	2.9	2.89	2.9	2.74	2.63	2.6
马来西亚	2.79	2.47	2.43	2.44	2.37	2.45	2.47	2.46	2.48	2.53	2.49	2.48	2.49	2.56	2.59
马尔代夫	2.79	2.47	2.43	2.44	2.37	2.45	2.47	2.46	2.48	2.53	2.49	2.48	2.49	2.56	2.59
塞浦路斯	2.2	2.2	2.2	2.2	2.2	2.2	2.21	2.21	2.26	2.34	2.42	2.39	2.31	2.3	2.31
捷克	2.2	2.2	2.2	2.2	2.2	2.2	2.21	2.21	2.26	2.34	2.42	2.39	2.31	2.3	2.31
尼泊尔	2.71	2.71	2.72	2.72	2.72	2.45	2.45	2.4	2.41	2.43	2.44	2.44	2.44	2.44	2.44
塔吉克斯坦	2.3	2.29	2.22	2.28	2.41	2.24	2.22	2.22	2.21	2.24	2.26	2.29	2.28	2.21	2.18
希腊	2.38	2.36	2.26	2.37	2.37	2.4	2.43	2.47	2.53	2.55	2.63	2.59	2.41	2.4	2.39
新加坡	2.18	2.24	2.24	2.23	2.23	2.23	2.24	2.23	2.23	2.24	2.24	2.25	2.26	2.26	2.25
波兰	2.4	2.44	2.38	2.28	2.3	2.22	2.2	2.21	2.22	2.21	2.24	2.22	2.14	2.11	2.17
匈牙利	2.13	2.17	2.22	2.22	2.25	2.31	2.35	2.27	2.27	2.33	2.32	2.28	2.27	2.25	2.23
约旦	2.71	2.59	2.57	2.57	2.6	2.7	2.7	2.74	2.9	2.93	2.96	2.96	2.92	2.9	2.94

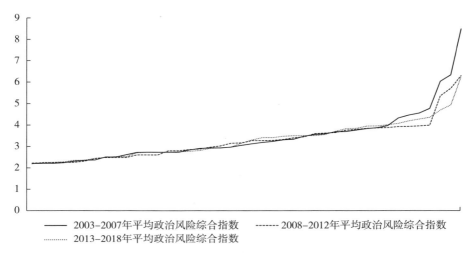

图 5 - 4　2003—2017 年分三个阶段东道国平均政治风险综合指数图

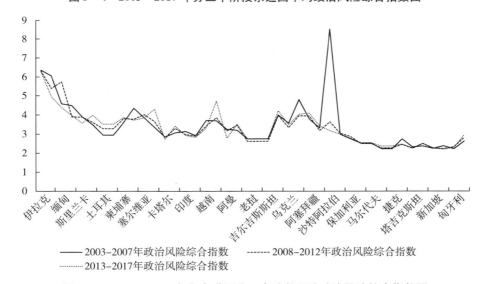

图 5 - 5　2003—2017 年各东道国分三个阶段平均政治风险综合指数图

从图 5 - 7 中可以看出，每个地区内部不同国家之间的政治风险综合指数差异较大，而不同地区之间总体趋势的差异较小，且每个地区政治风险综合指数的平均值大多位于 3 左右。

因此，为了更好地分析政治风险与中国在"一带一路"国家投资规模的选择，将东道国按照政治风险综合指数的值分为五部分，分别位于 [1，2][2，3][3，4][4，5][5，6] 五个不同的区间中。按照初始确认的地区分类法得到的结果如表 5 - 2 所示。

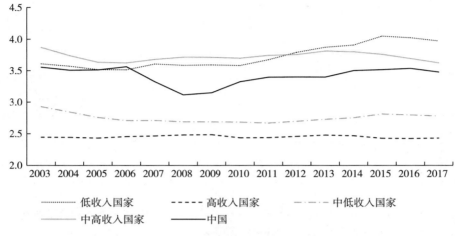

低收入国家 ┄┄ 高收入国家 ─·─ 中低收入国家
中高收入国家 —— 中国

图 5 – 6 "一带一路"国家内部按收入分类的 PRI 对比图

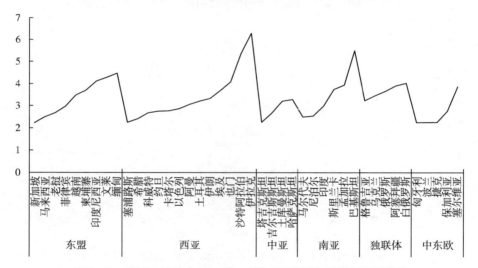

图 5 – 7 2003—2017 年"一带一路"地区平均政治风险指数图

表 5 – 2 "一带一路"国家政治风险综合指数基本情况

地区	国家总数	[1, 2]	[2, 3]	[3, 4]	[4, 5]	[5, 6]	[6, 7]
东盟	9	0	4	2	3	0	0
西亚	13	0	6	4	1	1	1
南亚	6	0	3	2	0	1	0
中亚	4	0	2	2	0	0	0
独联体	5	0	0	4	1	0	0
中东欧	5	0	4	1	0	0	0

总体来看，政治风险综合指标较低的是马其顿、新加坡、立陶宛、斯洛文尼亚等发达经济体。经济金融方面，这些国家汇率相对稳定，经济发展水平较高，资本市场透明化程度较高，贸易自由度较高；政治军事方面，这些国家政府执政效率较高、武装冲突较少、政局的稳定性较好、法律制度相对完善；社会文化方面，这些国家宗教种族冲突较少、基础设施完善、义务制教育普及程度较高。因此，这些国家的投资综合风险较低。

政治风险综合指数最高的是巴基斯坦、也门、伊拉克、叙利亚等发展相对落后的国家，其中也门被列入世界上最不发达的国家行列。这些国家政局动荡，内战频繁，教育发展受限，基础设施落后，经济发展受到多方面制约。例如，伊朗受到美国制裁多年；叙利亚国内冲突一直持续，内战频繁、政局动荡等。

（二）政治风险对中国向"一带一路"国家投资规模与速度的影响

1. 投资规模、投资速度定义及数据来源说明

投资规模往往强调一段时间内中国对东道国的直接投资流量，而投资速度可以用每一段时间内对外直接投资流量的增长率的比较来衡量。因此，本章利用投资流量来衡量投资规模，用投资流量的增长率来衡量投资速度。

本章投资流量指标数据来源于商务部网站和国家统计局数据库，时间范围为2003—2018年。部分内容为了与政治风险综合指数的数据范围相匹配，仅使用2003—2017年的数据。

2. 中国对"一带一路"国家投资规模与东道国政治风险的对比研究

首先，本书利用2003—2018年的数据从宏观角度整体分析中国对"一带一路"国家的投资存量，得到如图5-8所示结果。该阶段内中国对所有"一带一路"国家政治风险综合指数的平均数为11.018。

从图5-8中可以得出，中国对"一带一路"国家的对外直接投资主要流入了南亚、中亚、东盟等地区的国家。而这些国家的政治风险情况又如何呢？为了进一步比较政治风险与对外直接投资情况，考虑到政治风险数据的完整性，本章将2003—2017年中国对"一带一路"国家平均对外直接投资存量排名前20位的国家与前文已述东道国政治风险综合指标数据进行匹配，得到了如表5-3、表5-4所示的结果。

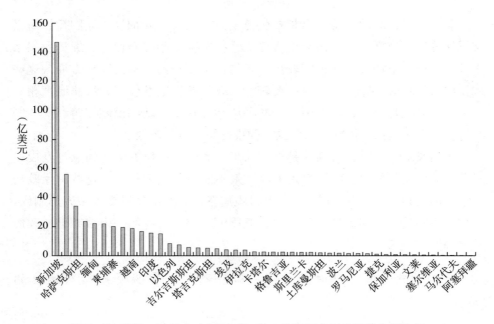

图 5 - 8　2003 - 2018 年中国对"一带一路"国家平均投资存量比较

表 5 - 3　2003—2017 年中国对"一带一路"国家的对外直接投资存量与东道国的
政治风险指数及对应排名对比

国家	投资存量（亿美元）	存量排名	政治风险指数排名
新加坡	123. 514	1	41
俄罗斯	50. 432	2	14
印度尼西亚	32. 107	3	5
哈萨克斯坦	31. 588	4	18
巴基斯坦	20. 714	5	2
缅甸	20. 686	6	3
老挝	19. 737	7	29
柬埔寨	17. 527	8	12
越南	16. 370	9	15
伊朗	14. 031	10	17
印度	13. 597	11	23
马来西亚	12. 327	12	33
以色列	5. 966	13	25

国家	投资存量（亿美元）	存量排名	政治风险指数排名
吉尔吉斯斯坦	5.223	14	31
土耳其	4.645	15	20
塔吉克斯坦	4.316	16	36
伊拉克	3.804	17	1
菲律宾	3.673	18	24
埃及	3.647	19	13
匈牙利	2.721	20	40
卡塔尔	2.506	21	26
格鲁吉亚	2.278	22	19
也门	2.259	23	6
斯里兰卡	2.252	24	11
土库曼斯坦	1.964	25	21
科威特	1.826	26	30
波兰	1.570	27	39
白俄罗斯	1.564	28	7
塞浦路斯	1.084	29	37
孟加拉国	1.043	30	8
捷克	1.003	31	38
保加利亚	0.808	32	27
尼泊尔	0.732	33	32
阿曼	0.668	34	22
文莱	0.567	35	4
希腊	0.436	36	35
塞尔维亚	0.340	37	10
乌克兰	0.306	38	16
阿塞拜疆	0.225	39	9
马尔代夫	0.219	40	34
约旦	0.205	41	28

注：表中风险指数排名为政治风险综合指数的大小由高到低排名。

表5-4 对外投资存量与政治风险指数排名对比结果

投资存量排名	政治风险指数排名平均值
[1，10]	15.6
[11，20]	24.6
[21，30]	20.4
[31，40]	22.7

从表5-3中可以看出，截至2017年，除新加坡以外，中国对"一带一路"国家的投资主要流向印度尼西亚、俄罗斯、巴基斯坦、缅甸等政治风险综合指数较高的国家。而从表5-4中可以得出，随着投资存量不断降低，政治风险综合指数的变动趋势是不断降低。由此可以看出，中国对"一带一路"国家投资存量与该东道国的政治风险基本呈同比态势。

3. 中国对"一带一路"国家投资速度与东道国政治风险的对比研究

同上文所述，本书首先利用2003—2018年的数据整体分析中国对"一带一路"国家的投资流量，得到如图5-9所示结果。该阶段内中国对所有"一带一路"国家投资流量的平均数为1.336。

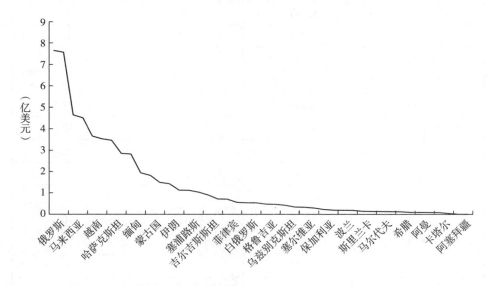

图5-9 2003—2018年中国对"一带一路"国家投资流量比较

注：为了从表中更加直观地看出"一带一路"国家的投资流量情况，本表剔除了新加坡的数据。

将 2003—2017 年中国对"一带一路"国家平均对外直接投资流量排名位于前 20 的国家与前文已述东道国政治风险综合指标数据进行匹配,得到了表 5 – 5 所示的结果。

表 5 – 5 2003—2017 年中国对"一带一路"国家的对外直接投资
流量与东道国的政治风险指数及对应排名对比

国家	投资流量(亿美元)	流量排名	政治风险指数排名
新加坡	22.838	1	41
俄罗斯	7.674	2	14
印度尼西亚	6.827	3	5
老挝	3.981	4	29
马来西亚	3.844	5	33
哈萨克斯坦	3.615	6	18
柬埔寨	3.247	7	12
巴基斯坦	3.180	8	2
缅甸	3.170	9	3
越南	3.132	10	15
伊朗	1.896	11	17
以色列	1.774	12	25
印度	1.450	13	23
塞浦路斯	1.114	14	37
土耳其	0.964	15	20
吉尔吉斯斯坦	0.895	16	31
塔吉克斯坦	0.830	17	36
菲律宾	0.715	18	24
埃及	0.614	19	13
白俄罗斯	0.524	20	7

注:表中风险指数排名为政治风险综合指数的大小由高到低排名。

与投资存量的结论类似,2003—2017 年,除新加坡以外,中国对"一带一路"国家的投资流量主要流向印度尼西亚、哈萨克斯坦、俄罗斯、巴基斯坦、缅甸等政治风险综合指数较高的国家。

4. 政治风险与中国对"一带一路"国家投资的研究结论

依据前文对东道国政治风险综合指数排名与投资存量、投资流量排名的对比发现，2003—2017 年中国对"一带一路"国家的对外直接投资无论从投资速度还是投资规模看，都主要流向了位于中南亚、西亚等地区的中高风险的国家，而对中东欧等地区风险较小国家的直接投资反而较少，这说明了中国对外直接投资具有一定的政治风险偏好特征。

综上，"一带一路"倡议属于跨境层面的次区域经济合作，其十分看重较长时期范围的收益。从长远发展的角度来看，"一带一路"倡议绝不局限于短期投资收益的层面，其作为新时代一大国家级顶层合作倡议，有多方面的综合考量，如"一带一路"倡议高举和平发展的旗帜，积极发展与沿线国家的经济合作伙伴关系，推动沿线国家打开国内、国际市场，促进国家间经贸合作的深入发展，最终共同打造政治互信、经济融合、文化包容的利益共同体、命运共同体和责任共同体。因此，在推进"一带一路"倡议的过程中，中国要兼顾短期收益和长期潜在利益，综合评估投资风险与投资收益。

二、政治风险对中国向"一带一路"国家与其他国家投资规模与速度的影响

（一）政治风险对亚洲地区"一带一路"国家与其他国家投资规模与速度的影响

亚洲是全球七大洲中面积最大、人口最多的一个洲，也是当今全球最具活力和潜力的发展高地。作为"丝绸之路经济带"和"21 世纪海上丝绸之路"的起点与主要连接地区，截至 2019 年 6 月，在亚洲的 47 个国家和地区中（不含中国），已经有 38 个国家同中国签署了共建"一带一路"合作文件，占比达到 80.9%。其中，东南亚 11 个国家全部与中国签署了共建"一带一路"合作文件。

从国家的发展程度看，亚洲各国中，除新加坡、韩国、日本、以色列为发达国家外，其余均是发展中国家。其中，以色列和新加坡两个国家是"一带一路"国家，韩国和日本两国为其他国家。

从国家的地理位置看，按照地理方位，把亚洲分为东亚、东南亚、南亚、西亚、中亚和北亚 6 个地区，且"一带一路"国家在六大地区均有分布。但

是，由于亚洲 48 个国家中绝大多数均为"一带一路"国家，难以从其与其他国家的对比中得出明显的结论，故本书只对亚洲四个发达国家进行对比研究。

以 2003—2017 年的数据为例，按照"一带一路"倡议提出的时间节点分为提出前 2003—2012 年的第一阶段和提出后 2013—2017 年的第二阶段。并将上述四国的投资存量、投资流量、政治风险指数三个指标进行对比，分别见表 5 - 6 和图 5 - 10、图 5 - 11。

表 5 - 6　2003—2017 年分阶段亚洲四大发达国家的平均投资流量、
投资存量、政治风险指数对比

提出前	国家	投资流量（亿美元）	投资存量（亿美元）	政治风险指数	提出后	国家	投资流量（亿美元）	投资存量（亿美元）	政治风险指数
其他国家	韩国	1.849	11.213	4.155	其他国家	韩国	8.308	42.273	3.694
	日本	1.682	6.456	2.038		日本	3.876	28.926	1.959
"一带一路"国家	以色列	0.058	0.132	2.891	"一带一路"国家	以色列	4.472	22.394	2.811
	新加坡	17.743	39.883	2.231		新加坡	52.003	325.805	2.255

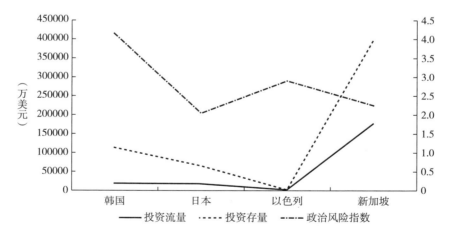

图 5 - 10　"一带一路"倡议提出前，亚洲四大发达国家的平均
投资流量、投资存量、政治风险指数对比

将四个国家放在一起对比研究，利用 2003—2017 年相关指数的平均值，可以得出如图 5 - 12 所示的结果。

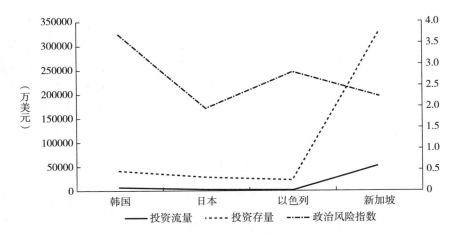

图 5-11 "一带一路"倡议提出后，亚洲四大发达国家的平均
投资流量、投资存量、政治风险指数对比

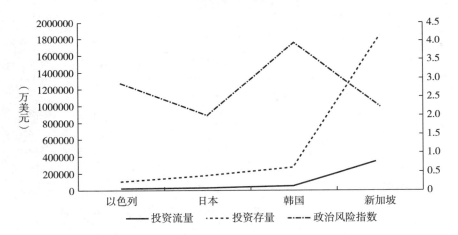

图 5-12 2003—2017 年亚洲四大发达国家的平均投资流量、
投资存量、政治风险指数对比

我们可以从以上两幅图中得出亚洲四大发达国家的投资与政治风险特征：
第一，在"一带一路"国家和其他国家，"一带一路"倡议提出前后，政治
风险与投资规模、投资速度始终成反向态势，趋势并没有发生改变。第二，
"一带一路"国家和其他国家总体的反比特征并不显著。第三，四个国家的投
资规模与投资速度稍有差异，但差异并不显著，除新加坡的投资相关指数偏
高以外，各国家各指标差异很小。

（二）政治风险对北美洲地区其他国家投资规模与速度的影响

由于北美洲地区多为其他国家，该部分单独以北美洲地区的其他国家为主要研究对象，探究政治风险对其他国家投资规模与速度的影响。

北美洲是世界经济第二发达的大洲，其中美国经济发达程度居世界首位，在全球经济和政治上有重要影响力。但北美洲的经济发展不平衡，除了美国与加拿大两国为发达国家，其余的国家都为发展中国家。

北美洲有 23 个独立国家，截至 2019 年 6 月，有 11 个国家已经同中国签署了共建"一带一路"合作协议，占比为 47.8%。

同理，以 2003—2017 年的数据为例，按照"一带一路"倡议提出的时间节点分为提出前 2003—2012 年的第一阶段和提出后 2013—2017 年的第二阶段。并将北美洲三国的的投资存量、投资流量、政治风险指数三个指标进行对比研究，分别见表 5 – 7、图 5 – 13 和图 5 – 14。

表 5 – 7　2003—2017 年分阶段北美洲主要国家的平均投资流量、投资存量、政治风险指数对比

提出前	国家	投资流量（亿美元）	投资存量（亿美元）	政治风险指数	提出后	国家	投资流量（亿美元）	投资存量（亿美元）	政治风险指数
其他国家	美国	17.077	41.784	2.029	其他国家	美国	83.970	506.968	2.016
	墨西哥	0.350	1.777	2.754		墨西哥	1.576	6.766	3.281
	加拿大	7.762	15.923	1.925		加拿大	13.719	97.812	1.929

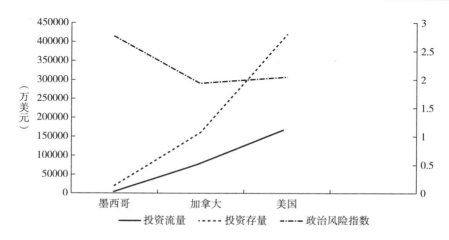

图 5 – 13　"一带一路"倡议提出前，北美洲主要国家的平均投资流量、投资存量、政治风险指数对比

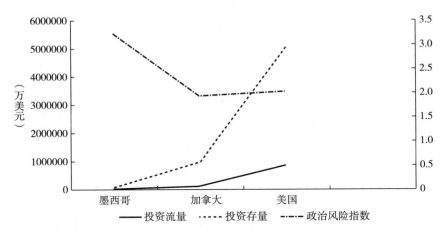

图 5 – 14 "一带一路"倡议提出后，北美洲主要国家的平均
投资流量、投资存量、政治风险指数对比

从上述结果可以看出：第一，无论是"一带一路"倡议提出前或者是提出后，美国、加拿大两大发达国家的政治风险综合指数明显低于墨西哥，且中国对美国、加拿大两国的投资规模明显大于墨西哥，投资速度明显快于墨西哥。第二，"一带一路"倡议提出前后，除加拿大的相关投资有些差异，其他各东道国的各项指标变动趋势几乎相同，且呈现较显著的反向关系。

因此，在北美洲地区，政治风险与其他国家的投资规模、投资速度大体成反向态势。

（三）政治风险对"一带一路"国家与其他国家投资规模与速度影响的研究结论

在前文已经依次对亚洲、北美洲两大典型的"一带一路"国家与其他国家聚集大洲的政治风险与投资规模、投资速度做出了分析。

亚洲地区，主要探讨了四个发达国家，其中日本、韩国为其他国家，新加坡、以色列为"一带一路"国家。对比得出：四个国家总体的政治风险与投资规模、投资速度单一关系并不明显；在"一带一路"国家与其他国家内部，无论是"一带一路"倡议提出前还是提出后，政治风险与投资规模、投资速度均成反向态势。

北美洲地区，本书研究了墨西哥、美国、加拿大三个主要国家，且其均为其他国家。其中墨西哥为发展中国家，美国和加拿大为发达国家。对比得出，政治风险与投资规模、投资速度大体成反向趋势。

依此，可以发现，不同地区"一带一路"国家与其他国家之间，以及"一带一路"国家与其他国家内部，政治风险与投资规模、投资速度都有着不同的对应关系，且具有很典型的地域特征。

第六章

典型国家与地区分析

一、典型地区分析

（一）东亚与太平洋地区

中国提出的"一带一路"倡议包括以中亚至欧洲为主要方向的"丝绸之路经济带"，和以南海、南太平洋、拉丁美洲为主要方向的"21世纪海上丝绸之路"两个方向。从这两个长远路线规划的蓝图里，可以看出中国拓展"一带一路"的主要目标区域并不在周边的东亚和太平洋地区，但近五年以来，中国对外投资流向仍然以亚洲尤其是东亚与太平洋地区为主，这一地区作为中国对外投资最重要的目的地的地位并没有发生根本改变。

本章旨在以东亚和太平洋地区为典型，分析"一带一路"背景下，中国在该地区的投资合作的概况、外交政策内涵及"一带一路"国家投资在东亚与太平洋的重要意义。

1. 参与及投资概况

按照世界银行的地区分类，东亚与太平洋地区共包含37个国家，其中位于"一带一路"沿线的国家共有11个（具体名单见表6-1，下文简称为"一带一路"参与国），占地区国家总数约30%；与中国签订"一带一路"相关合作协议的国家共有22个（具体名单见表6-2，下文简称为"一带一路"合作国），占地区国家总数的60%。

表 6-1 "一带一路"沿线国家名单

印度尼西亚	泰国	蒙古国
文莱	缅甸	越南
新加坡	老挝	马来西亚
柬埔寨	菲律宾	

表 6 - 2 与中国签订"一带一路"相关合作协议的国家名单

泰国	越南	斐济	柬埔寨	菲律宾
韩国	蒙古国	缅甸	文莱	新加坡
马来西亚	瓦努阿图	汤加	老挝	新西兰
萨摩亚	纽埃	东帝汶	库克群岛	印度尼西亚
密克罗尼西亚	巴布亚新几内亚			

依据商务部公开的"一带一路"建设规划，本书认为，东亚与太平洋地区在"一带一路"倡议中的战略地位主要体现在两个方面。在南海与南太平洋一带，推动建设"21世纪海上丝绸之路"，以海上为重点，致力于港口建设，实现畅通安全高效的海上运输大通道，通过太平洋建立中国与拉美地区的联系；在东南亚一带，建设"丝绸之路经济带"，加快中国同邻国和地区的基础设施互联互通，并依托东南亚优越的地理位置，实现向南亚与印度洋沿岸地区的沟通。详见图 6 - 1。

图 6 - 1 "一带一路"建设规划图
资料来源：商务部《"一带一路"战略下的投资促进研究》。

商务部发布的《中国对外投资发展报告 2018》显示，2017 年，中国对亚洲地区的对外直接投资流量为 1100.4 亿美元，占当年对外投资总流量的 69.5%，存量为 11393.2 亿美元，占中国对外投资总存量的 63%。对外直接投资流量主要分布在中国香港（占比 82.8%）、新加坡（占比 5.7%）、马来西亚（占比 1.6%）、马来西亚（占比 1.5%）、印度尼西亚、老挝等。中国香港地区一直是中国内地企业在对外直接投资时最为重要的目的地，中国内地企业在香港设立的境外企业超过 1.2 万家，超过中国境外企业总量的 1/3，中国香港是中国内地设立境外企业数量最多、投资最活跃、最集中的地区。在"一带一路"倡议提出后，中国香港也扮演着积极角色，2016 年，中国香港设立"一带一路"办公室，与中国内地共同研究制定参与"一带一路"的策略和政策；2018 年，中国香港特区政府在施政报告中公布 5 个重点推进的方向，包括加强政策联通、充分利用香港优势、推动与内地和"一带一路"相关国家及地区伙伴的协作。这些举动都表明，香港致力于和内地共同拓展"一带一路"倡议带来的机遇。

从投资行业上来看，中国在东亚太平洋地区投资的行业相对集中，2017年年末中国对亚洲直接投资存量前五位的行业分别为：租赁和商业服务业（5103.4 亿美元，占比 44.8%）、批发和零售业（1534.1 亿美元，占比 13.5%）、金融业（1403.9 亿美元，占比 12.3%）、采矿业（795.2 亿美元，7.0%）、制造业（732.6 亿美元，6.4%）。

依据商务部公布的《2018 年中国对"一带一路"沿线国家投资合作情况》，2018 年，中国企业对"一带一路"国家的非金融类直接投资额达 156.4亿美元，主要投向新加坡、老挝、越南、印度尼西亚、巴基斯坦、马来西亚、俄罗斯、柬埔寨、泰国和阿联酋，其中有 7 个国家属于东亚和太平洋地区国家。①

依据商务部 2018 年发布的《"一带一路"投资促进研究》，中国在东亚与太平洋地区投资促进重点国别市场包括：新加坡、印度尼西亚、马来西亚、越南、泰国、文莱、斯里兰卡和印度。但印度目前并不是"一带一路"正式参与国，对"一带一路"倡议的态度并不明朗，在 2014 年习近平主席出访印度后中印双方的联合公报中，并没有涉及"一带一路"倡议。

2. 中国在东亚和太平洋地区的外交政策内涵

受天然的地理位置因素影响，中国与东亚和太平洋地区的国家的外交关系一直较为紧密，目前已有 15 个国家与中国建立了全面战略伙伴合作关系，占地区成员总数的 40%。截至 2015 年，中国在东亚和太平洋地区设立友好城市数量总和近 700 个，参与了包括亚太经合组织（APEC）、东亚峰会

---

① http://fec.mofcom.gov.cn/article/fwydyl/tjsj/201901/20190102829089.shtml。

（EAS）、东南亚国家联盟（ASEAN）、东盟地区论坛（ARF）在内的 10 余个区域合作组织。详见表 6 - 3。

表 6 - 3　东亚和太平洋地区国家与中国设立友好城市数量表

国家名称	友好城市数量（个）	是否为参与国
日本	242	否
韩国	154	是
澳大利亚	92	否
新西兰	32	是
泰国	30	是
越南	30	是
菲律宾	27	是
蒙古国	19	是
印度尼西亚	19	是
柬埔寨	13	是

资料来源：据公开资料整理。

"一带一路"倡议常被称作中国特色大国外交理念的伟大实践，而东亚和太平洋地区就成为这一实践的重要区域。所以，要理解"一带一路"倡议下中国与东亚和太平洋地区国家的政治关系，就必须了解"中国特色大国外交"的内涵。

中国特色的大国外交这一概念最早由中国外交部长王毅在 2013 年 6 月提出，2014 年 11 月，在中央外事工作会上，国家主席习近平强调了"中国必须有自己特色的大国外交"，2016 年 3 月，"中国特色大国外交理念"首次出现在"两会"政府工作报告中。

实际上，早在 20 世纪末 21 世纪初，学术研究中就已经有"大国外交"这一概念，但当时所提出的"大国外交"，其内涵更倾向于"与大国建立外交关系"，而不是目前中国所提出的，从本国视角出发，将自身定义为"大国"，运用与本国能力相匹配的手段，拓展符合本国和外交伙伴共同发展利益的外交理念。

在传统的国际关系研究中，大国外交常带有霸权主义与大国沙文主义的色彩。这与早期资本主义国家的殖民历史具有不可分割的关系，历史上成为

"世界霸主"的大国，如西班牙、葡萄牙、荷兰、英国、德国、美国甚至苏联在建立自己的对外政治关系时，都带有这种浓厚的帝国主义色彩。这些大国依托其经济、军事实力，建立了自己的权力优势，掌握国际关系体系中的话语权，以最大化本国国家利益为发展目标，对小国进行殖民掠夺、政治控制、意识形态渗透等。

但如今中国提出的"中国特色的大国外交"与传统的大国外交完全不同。

首先，中国虽然是一个大国，是世界第二大经济体，但仍然属于发展中国家。这一地位就使得中国与西方的传统大国在看待世界体系与本国发展上存在着不一样的视角。目前，中国国内存在着产能过剩、资产泡沫、粗放型经济发展模式导致生态环境恶化等个性化的问题，此外，中国也面临着发展中国家的共性问题，如贫富差距大、市场化程度较低、产业结构不平衡、在原有国际政治经济体系中话语权不足等。因此，中国作为世界上最大的发展中国家，坚持发展本国的力量是扩展对外关系的立足点，同时中国也代表着发展中国家整体的利益，所提出的大国外交政策更强调"互利共赢、共同发展"。2014 年，中国在亚太经济合作组织（APEC）峰会上成立"丝路基金"，当期投资额为 400 亿美元，2017 年增资 1000 亿人民币。其主要功能就是资金融通，为"一带一路"沿线国家的基础设施建设、资源开发、产业合作等提供投融资援助。2018 年 11 月，中国 - 东盟自贸协定升级版正式生效，向国际社会释放出了中国和东盟国家共同维护多边主义和自由贸易的积极信号。

其次，中国的发展历史进程与随之形成的社会文化中并没有积淀下西方资本主义的理念，与之相反，中国亲身经历过半殖民地半封建化社会，对资本主义私有化基础下大国对小国进行剥削、掠夺与干涉小国内政外交、发展方向有所体验，而东亚和太平洋地区的其他国家，也有类似的被殖民经历。所以自新中国成立之时起，中国就一直秉承着独立自主的外交政策。在"一带一路"倡议提出后，中国在东亚和太平洋地区的投资，以尊重各国人民的意愿为立足点，支持其他国家按照本国国情，通过"共商共议"选择适合的合作规划，具有充分的开放性，参与者可以自由选择不同产业领域，开展不同程度的合作。如与越南，开展了加强适应干旱和盐碱地条件杂交稻种方面的合作研究与澜沧江 - 湄公河水资源可持续利用；在柬埔寨开展了打击跨国犯罪、拐卖人口、走私等方面的合作，中国将向柬埔寨提供更多的中国政府奖学金名额，为柬埔寨培训青年技术人才。从中可以看出，中国主张的大国外交，更多强调地是中国因其拥有的国际地位和能力，能够承担起相应的社会责任，能够维护国际社会"公平、自主、独立"发展环境。

最后，中国五千年传统文化源远流长，对中国目前处理对外关系产生了潜移默化的影响。儒家文化在中国古代社会中居于统治地位，其"仁""礼"的理念根植在中华民族的血液中，"以德治国、以理服人"决定了中国不提倡以权力和武力为基础进行的强制压迫，这在外交上的体现即是中国不会推行以"霸权主义"为核心的大国外交。"和为贵"的文化内涵，决定了中国在拓展对外关系上希望追求国际社会的"和谐"，从新中国成立初期周恩来总理提出的"求同存异"外交方针，就能够看出中国一直在用兼容并蓄的态度去打破西方传统的"二元对立"的国际关系逻辑。

因此，基于中国目前的发展状况与国际地位的变化，中国提出了大国外交。基于中国发展中国家的地位、历史发展的脉络和东方传统文化的影响，中国推出的大国外交又天然与西方传统国家的大国外交存在着本质区别。

3. "一带一路"倡议在东亚与太平洋地区的意义

朴光姬（2015）提出，"一带一路"倡议以中国周边的亚洲发展中国家为主要推动地区，将对地区的经济增长产生重要的影响，这种影响不仅直接反映在相应的经济增长指标上，更重要的是，"一带一路"倡议将推动东亚地区区域增长机制的转型。

（1）区域增长机制的基本条件和区域合作组织。本书根据现有研究归纳出区域增长机制所需要具备的三类基本条件：第一类基本条件是区域内的基础设施建设，即交通、即时通讯的区域联通的建设。从理论上来看，地区的地理距离之所以能影响区域间的经济政治联系，即因为存在运输成本，而这些成本实际上取决于两地交通、通讯设施是否完备，所以这些基础设施就组成了地区增长机制中的第一类条件，即"硬性条件"。第二类基本条件是地区的经济政治制度安排，包括了区域内经济体的经济制度、贸易与投资政策、外汇政策等，这些制度直接影响了合作前后沟通成本，构成了地区增长机制中的"软性条件"。第三类基本条件则从产业联系为切入口，以国际贸易理论中的区域产业分工理论为支持，直接影响了区域合作的紧密程度与增长的可持续性。

不同区域具备着不同的地理自然条件和不同历史发展进程，因此会形成不同的基本条件。事实上，各区域建立一体化合作组织，就是希望通过与区域组织的干预来弥补当地所缺失的那一类基础条件或是完善已有的基础设施条件。

在世界范围内，欧洲、北美、东亚这三大区域目前都有自己的合作机制，欧洲通过欧盟实现区域的协同发展，北美自由贸易区的签订形成了以美国为核心的合作机制，但在东亚地区，却一直没有产生一个涵盖整个区域的区域化组织，现有区域化组织所带动的区域协同发展能力也难以和欧盟或北美自由贸易区相提并论。

欧洲和北美发达国家较多，发达国家具有基础设施完善、产业关联紧密的特征，因此在欧盟和北美自由贸易区建立时，他们对于区域增长机制的调整主要放在了第二类条件即经济政治制度安排上，即通过自由贸易协定与投资支持政策乃至区域货币的协调机制，实现三类基本条件的平衡发展。事实上，目前在东亚地区开展的合作机制，也都遵从着这样的理念，从建立自贸区、签订自由贸易协定起步，但一来东亚的自由贸易协定少有覆盖整体区域的，二来东亚地区尚存许多发展中国家，缺少良好的基础设施匹配，所以这也是东亚地区的区域一体化组织实际效用弱于欧盟和北美自贸区的重要原因之一。

（2）东亚区域增长机制的演变。东亚地区目前的区域增长机制有一定的特殊性。因其成员国众多，成员间的经济发展水平、社会制度体系差异较大，因其复杂的区域特征使得在东亚形成了无整体契约化制度，却保持着紧密产业关联的区域增长机制。

这一机制的形成大致可以追溯到 20 世纪 70—80 年代，首先完成了工业化的日本在"石油危机"的冲击下开始转型，逐渐将劳动密集型产业从本土转移到了中国香港、中国台湾、新加坡和韩国。这些地区承接了日本的产业转移之后，进行中间品加工，随后出口到以美国为核心的发达国家市场，使得当地的出口加工贸易蓬勃发展，形成了所谓的"亚洲四小龙"，也使得东亚地区垂直化产业关联框架初步形成。事实上，在东亚地区后续的协作与联系中，都没有脱离开外部市场驱动的框架，基础设施的建设以沿海港口地区为主，产业关联主要是垂直化分工，制造业蓬勃发展，形成了所谓的"东亚奇迹"。然而，以制造业中心拉动的区域高速增长也掩盖了这一区域增长机制下暗含的问题。

第一，区域基础设施条件的瓶颈问题。因为在东亚和太平洋地区，产业发展形成的商品需求主要来自美国，经济增长的出口拉动效应非常明显，这就使得各个经济体在建设各自的基础设施时，以建设沿海港口、发展海路交通为重点，而内陆经济所需要的陆路基础设施比较贫乏。

第二，区域自主性与抗外部干扰性的能力不足问题。如前文所述，东亚和太平洋地区的经济增长机制在需求上来自美国，在规则和制度的建立上也借鉴了美国的经验。在美国这一外部市场需求强劲时，东亚和太平洋地区区域增长机制的弊端不容易显现，然而当美国一旦出现经济问题，需求收缩的时候，区域内市场无法自主消化吸收区域内的产出，只能通过减少生产来求得供需平衡，然而垂直化的产业关联体系，就决定了只要其中有某一个经济体的产出受到了冲击，则全产业链的发展都会面临危机。

（3）"一带一路"倡议对东亚增长机制做出的安排。在"一带一路"倡议提出之前，已有 TPP 和 RCEP 等区域市场机制设立，受其主导国与主导地区（美国和东盟）的影响，在建立时就十分关注中国的崛起，对东亚增长机制遇到的瓶颈关注甚少。以 TPP 为例，美国主导的这一计划刻意拉拢了日本等东亚国家，抑制中国在这一地区快速发展，维护美国自身在东亚太平洋地区的影响力。而"一带一路"倡议则与以往的区域尝试不同，其突出特点是通过解决基础设施"瓶颈"来调整地区增长。

在实施过程中，它具有充分的开放性，虽然是中国首提这一倡议，相关公共产品提供也以中国为主导，但是倡议中的制度框架设计，参与者的合作形式、合作领域、合作深度都比较灵活，采取了"共商"的方式，旨在使地区内的参与者都能够获得实在的经济利益，而非以某一大国的发展目标为主导，所以在倡议实施时，就更能解决地区整体共同遇到的瓶颈问题。

具体来说，"一带一路"以中国为起点，沿中国西部地区继续西向和南下，分别向中亚和南亚地区扩展，为这些地区和沿线的东南亚发展中国家提供了解决基础设施瓶颈的机会。由于"一带一路"倡议主要覆盖了内陆地区，所以在建设基础设施时也就打破了这些沿线国家优先发展港口设施的传统。因此，"一带一路"倡议事实上是构建了一种以基础设施建设为动力、打通区域内外通道实现经济增长的机制。

这一倡议在实施的过程中也得到了沿线国家的广泛支持。一般情况下，区域内越是发展迟缓的地区越迫切地需要建设基础设施，然而基础设施建设投资大、回报慢，依靠该地区自身的力量很难达成目标，因此，中国发挥自己的经济实力和影响力建设这些地区的基础设施，符合各方的利益需求。从更长期的角度看，区域基础设施的联通在无形之中就扩大了区域市场的范围，更多的发展中国家和地区就能够参与到区域增长机制之内，并在其中找到明确的区域分工位置。原本东亚太平洋地区一直存在的外部市场的瓶颈问题就能够在根源上得到一定的解决。

综上，"一带一路"倡议为突破目前东亚太平洋地区区域增长机制的瓶颈提供了新的解决方案。

4. 在东亚推行"一带一路"倡议的政治风险

东亚经济体的合作相对于欧美地区里说，起步较晚，区域内的经济一体化程度相对较低。虽然如此，但东亚地区的各国对建立区域贸易协议，共同推动区域内的经济发展有较大的诉求，该地区的合作潜力巨大。然而，区域合作虽然与市场因素密切相关，但是建立区域合作关系属于政府间的协议，是各国政府根据本国的经济发展利益而做出的对外经济政策安排。在东亚地区，一项涉及全区域的政策安排在推行时，区域内的各国主要会有以下两点考虑：

第一，由于中国的经济增长和东亚历史遗留的问题，中国已成为其他东亚国家预防的主要目标。例如，"中国威胁论"在东亚一直都有市场，东亚国家担心中国将主导地区秩序。一方面，由于对东亚朝贡体系的历史记忆，东亚国家一直惧怕"强大的中国"。因此，当中国经济持续发展、国家实力不断增强时，区域国家对中国崛起后的行为和意图一直持怀疑态度。另一方面，在东亚安全争端中，中国是争端的焦点。因此，其他国家担心与中国经济接近后会失去在安全问题上的发言权。

第二，美国在东亚的双边同盟制度使得美国盟友在参加"一带一路"倡议时必须考虑美国因素的影响。一方面，由于对美国安全体系的依赖以及与美国联盟的诉求，美国盟友在做出任何决定时都需要考虑美国的意见。例如，在20世纪90年代，东亚国家提出的"东亚经济集团"由于美国的反对而搁浅。另一方面，由于美国在东亚的政治和经济中的影响力，美国还将为其盟国提供区域贸易安排，从而影响东亚内部的区域贸易协定。

在一定程度上，东亚的政治竞争关系也将长期存在，并影响东亚"一带一路"格局的变化。因此，从宏观角度上来看，区域政治层面对东亚"一带一路"倡议实施的影响可以分为两个方面。一方面，缺乏政治意愿已经成为阻碍在东亚实施"一带一路"倡议的重要因素。换句话说，即不论私人部门对"一带一路"倡议的需求有多大，从国家层面看，推动"一带一路"倡议的政治意愿有时并不那么强烈。另一方面，在具有政治竞争的国家中，从政治角度看，"一带一路"倡议的政治成本可能大于政治利益。从欧洲一体化的实践看，加强地区经济一体化为地区政治一体化带来了巨大动力。因此，从功能主义视角看，加强地区经济合作也可以在一定程度上带来政治上的收益。但是，东亚各国坚持"主权原则"，很难解决现实与历史之间的摩擦。在这种背景下，经济一体化的政治利益往往不是那么积极。相反，有时各国更担心这种联系的加强会影响其自身主权的维护。

（二）中亚地区

中亚地区 5 国位于欧亚大陆的腹地，是连接东西南北各个方向的战略节点，是西部两条陆路通道上首先穿过的区域，也是中国"一带一路"倡议合作的最先开始的区域。5 国处在"丝绸之路经济带"建设的初期阶段。目前，中亚地区已经成为"一带一路"倡议的首要目标区和核心利益区之一，能够为更宏大的"一带一路"建设目标奠定基础。

从地缘政治和地缘安全的角度来看，中亚地区一直体现出大国力量的博弈和政治势力的交叠，中国与这一地区加强合作，能为本国的西北边疆提供安全稳定的屏障，也能在拓展大国周边外交的过程中承担起中国的大国责任，推动新型的亚洲安全观、义利观的建立。

本部分旨在以中亚地区为典型，分析"一带一路"背景下，中亚地区的战略地位，中国在中亚地区的外交政策内涵，及中亚国家对"丝绸之路经济带"的态度。

1. 参与国及合作现状

中亚地区 5 国包含乌兹别克斯坦、吉尔吉斯斯坦、哈萨克斯坦、土库曼斯坦、塔吉克斯坦。目前，这 5 个国家都位于"一带一路"沿线且已全部与中国签订了"一带一路"合作文件，其中，哈萨克斯坦、乌兹别克斯坦、塔吉克斯坦、吉尔吉斯斯坦是亚投行的创始成员国。中国与中亚地区的经济互补性强，合作潜力也巨大。"有效实现发展战略对接"是中国与中亚地区国家建设"丝绸之路经济带"的主题，目前的合作围绕"五通"展开，并且已取得了显著成效。

在政策沟通方面，中国和中亚 5 国注重彼此经济发展战略的对接，完善双方合作相关的法律法规，协商制定并落实各类区域合作计划，从各个层面为建设"丝绸之路经济带"提供政策保障。在国家层面，乌兹别克斯坦将2013 年确定"福利与繁荣年"、吉尔吉斯斯坦制定了 2040 年国家发展战略、哈萨克斯坦先后推出 2030 和 2050 发展战略、塔吉克斯坦"能源交通粮食"三大兴国战略等，都与"丝绸之路经济带"建设对接，并找到了双方合作的契合点。在区域组织层面，上海经济合作组织、中亚区域经济合作组织、亚欧会议等也充分发挥其积极作用，如2014年《上海合作组织成员国政府间国际道路运输便利化协定》的签署，就为"一带一路"区域互联互通奠定了基础。

在设施联通方面，合作领域覆盖了公路铁路、航空港口、隧道管道等各个类型的交通设施，不同交通设施的完善，也在"丝绸之路经济带"中体现出了不同的战略意义，如2014年中国—中亚天然气管道C线建成并通气投产，D线开始建设，加强了中国与中亚地区的能源合作，中亚地区累计对华输气、输油超过1000亿立方米、7500万吨；2015年在连云港开通了"连新亚"班列，标志着中亚地区国家首次拥有了通向太平洋的出海口；2016年全线贯通乌兹别克斯坦"安格连—帕普"电气化铁路，填补了乌铁路隧道的空白，更好地贯通中国、中亚和欧洲，大大降低了运输成本。详见图6-2。

图6-2　中亚天然气管道项目走向示意图
资料来源：中国石油管道局工程有限公司

在贸易畅通和资金融通方面，中国与中亚的贸易总额呈现增长的态势，亚洲基础设施投资银行、丝路基金有限责任公司，为中国在中亚地区的投资和金融合作提供了较为充裕的资金支持。2017年贸易总额为359.88亿美元，较2016年300.41亿美元增长19.79%；2018年贸易总额达417.06亿美元，同比增长15.89%，其中中哈贸易总额为198.86亿美元，中土为84.36亿美元，中乌为 62.68 亿美元，中吉为 56.12 亿美元，中塔为 15.05 亿美元。双边商品贸易以农产品和能源产品为主，2018 年后中国与中亚地区的旅游业合作也开始快速发展。与此同时，中国积极与中亚企业和金融机构签署合作协议，加强中亚地区在相关领域的项目投资，进一步深化中国与中亚地区在能源、旅游等方面的合作。

在民心相通方面，中国目前已在中亚地区开设了 13 家孔子学院，在西安成立"丝绸之路大学联盟"，在敦煌成立"'一带一路'高校战略联盟"，在乌鲁木齐成立"中国—中亚国家大学联盟"，旨在从深化教育领域的合作为起点，促进两地区的人文交流。在其他各领域，通过举办"旅游年""文化年""国际艺术节"拉近民众的距离，西安、太原、石家庄分别与中亚国家建立友好城市，其中陕西省的友好城市已覆盖东亚五国。

2. 外交政策与中亚地区的战略地位

中亚地区 5 国中有 3 国与中国陆上接壤，与中国共享 3000 多千米的边界线，与中国的往来历史悠久。追溯中国与中亚 5 国的外交发展史，可以发现，1992 年 1 月中国就与全部中亚 5 国建立了外交关系，是苏联解体后最早与中亚国家建交的国家之一。在建交初期，中国与中亚 5 国的关系停留在"睦邻友好"，围绕政治和安全展开合作。此时的中亚并不是中国优先发展对外关系的地区，究其原因，一是当时中国的外交以改善中美关系、维护中俄关系为主；二是当时中亚国家刚刚宣布独立，政治与社会环境较不稳定，中国企业与中亚 5 国进行贸易和在当地投资的热情都不高。1997 年，在中国成为石油净进口国后，由于需要扩大石油的进口来源，中国与中亚 5 国的外交逐渐向经贸合作方面拓展，其中能源合作是重点。随后经贸方面的合作带动了两区域的政治联系，上海五国机制的建立，加强了中国与中亚 5 国在军事安全领域的信任。但值得一提的是，在这一阶段，中国与中亚 5 国的合作基本还是停留在多边的层面，这是因为考虑到俄罗斯的因素，与此同时，中亚地区也担心双边的合作可能导致其沦为中国的附庸。直到 2001 年"上海合作组织"成立，中国逐渐与中亚 5 国的交往才进入全方位合作的阶段，其外交政策变化的内在驱动力来自两个方面：一是为了对抗美国在中亚地区开展的"颜色革命"并维护中国西部的稳定；二是中亚 5 国作为未来进口石油、天然气等资源的重要来源地的地位逐渐体现出来，中国需要更好地维护与中亚 5 国的协作关系。到如今，中国与中亚 5 国的外交关系的重要性不断加强，并构成了中国周边外交的重要组成部分。"以邻为善、以邻为伴、友邻、安邻、富邻"是中国周边外交政策的核心，在拓展外交关系时，中国也一直秉承着和平、合作、非对抗的态度。在"一带一路"倡议提出之前，上海合作组织深化了中国与中亚5国的睦邻互信和友好关系、巩固了地区安全和稳定，成为了世界范围内新型国家关系的典范。"一带一路"倡议提出后，中国与中亚5国的外交关系进一步升级，先后与乌兹别克斯坦、塔吉克斯坦、吉尔吉斯斯坦建立全面战略合作伙伴关系，与土库曼斯坦建立战略合作伙伴关系。

　　之所以中国对与中亚地区的关系如此重要，是因为中亚地区本身就具有重要的战略地位。从地缘政治的角度来说，中亚作为内陆地区，处于欧亚大陆的腹地，是东西方经济文化交流的桥梁，自古以来，丝绸之路就通过中亚将东亚太平洋地区与欧洲地区连接起来。在世界范围内，欧美大国多依靠海权崛起，海上强权在一开始难以到达中亚，但随大国的不断发展，中亚将成为称霸全球要控制的枢纽地区。对中国来说，一方面，中国与中亚的合作对中国西部地区的安定起了重要作用，别有居心的大国可以利用中亚沟通分裂分子，包围中国西部地区，国内的"疆独"分子可以从中亚打通外援通道与南部的"藏独"分子联手，分裂中国的西部，所以加深与中亚地区的合作，加强在中亚地区的影响力，对维护中国国内外的政治稳定有重要意义。另一方面，美国在东亚地区加强美日与美韩的关系，在东南亚地区加强军事部署，围绕着欧亚大陆的东海岸对中国实施包围计划，此时，中国需要协同俄罗斯在西部实现突破。

　　从经济角度说，中亚地区能源资源丰富，中亚及里海地区石油储量占世界的18%～25%，天然气储量达7.9万亿立方米，有"第二个中东"的称号。具体来说，乌兹别克斯坦黄金产量高，储量居世界第四位；土库曼斯坦天然气资源达6万亿立方米，居世界第四位；哈萨克斯坦、塔吉克斯坦铝矿、锌矿资源丰富。目前，大部分自然资源开发率较低，中亚地区经济发展潜力巨大，这也使得中亚成为大国博弈的重要地区，能源竞争十分激烈。对中国来说，中亚与中国的经济互补性强。一方面，随中国经济的快速发展，对能源资源的需求不断加强，传统的海上能源资源通道易受美国的制约，目前中亚尚未出现实力强大的地区主宰国家，也没有出现实质控制该地区的大国，因此加快与中亚以陆上相邻地区的合作开发是中国发展的机遇。另一方面，中亚将中国的西北门户与欧洲相连，建设"丝绸之路经济带"，不仅能平衡中国国内的海上经济与内陆经济，还能够使中国从陆上打通太平洋与欧洲，实现两个最有活力的经济圈的相互连结。

3. 中亚国家对"丝绸之路经济带"的态度

从总体上来讲，中亚地区 5 国对"丝绸之路经济带"持积极态度，5 个国家都与我国签订了"一带一路"合作文件。但是在更具体的分析时，可以发现，不同经济发展程度、不同政治关系的国家在参与"一带一路"建设时的心态实际上有所差别，所以在与中国展开合作时的具体举措也有所侧重。

哈萨克斯坦的经济发展水平在中亚地区中最高，与中国的合作也最为悠久，早在 2011 年就建立了全面战略合作伙伴关系，是中国在中亚地区最大的投资对象国。在参与"一带一路"建设的过程中，哈萨克斯坦呈现出了明显的实用主义特征。具体来说，在互联互通和产能合作领域，哈方的配合度相当高，其国内的经济计划与中国"一带一路"倡议的规划基本吻合。2013年哈方在"欧洲西部—中国西部"高速公路计划的框架下，修建了 806 千米的公路，计划在 2015 年完成全境的建设规划。2014 年年底，中哈围绕钢铁、水泥、电力、矿业、化工等领域，确定了 16 个早期产能合作和 63 个前景产能合作项目。同期，哈方还宣布启动"光明之路"新经济计划，投资总额超过 300 亿美元，推进其国内的基础设施建设。但是，在政治和安全领域，哈萨克斯坦则主张与俄罗斯强化合作，仍然倡导在俄罗斯的主导下实现欧亚的一体化。实际上，在修建交通基础设施时，哈萨克斯坦也致力于其西向铁路的建设拓展。这种既积极与中国配合共建，又同时维持现有国际合作框架下多极平衡的策略，在乌兹别克斯坦的合作动向中也有所体现。

中乌在"一带一路"倡议的合作也主要集中在了互联互通与经贸合作领域，目前中国是乌兹别克斯坦第一大贸易伙伴国、进口来源国和出口目的地国。2017 年 5 月，中国商务部与乌兹别克斯坦国家投资委员会签署了《中华人民共和国商务部与乌兹别克斯坦共和国国家投资委员会关于加强基础设施建设合作的谅解备忘录》，推动两国企业在市场原则基础上开展基础设施建设；2018 年，中乌双边贸易额达 64 亿美元，同比增长 35%，在乌兹别克斯坦总统米尔济约耶夫出席上海合作组织青岛峰会期间，中乌两国签署了46 个投资项目，投资总额达 68.6 亿美元。但在中乌两国合作的推进过程中，乌兹别克斯坦方面也同时在拓展与俄罗斯的合作，并注重发展中亚周边的合作伙伴。2014 年年底，俄罗斯总统普京在访问乌兹别克斯坦期间免除了乌方 8.6 亿美元的外债，并表示支持乌兹别克斯坦的政治发展进程；同年，乌兹别克斯坦总统访问土库曼斯坦，启动了乌兹别克斯坦—土库曼斯坦—伊朗—阿曼的交通走廊项目；2019 年，俄罗斯联邦委员会主席马特维延科访乌，明确表示希望乌兹别克斯坦"快速地"加入欧亚经济联盟"大家庭"。在乌兹别克斯坦的学界，"多极平衡"这一发展思路也屡见不鲜，左吉德·拉希莫夫在中国人民大学举办的 12 国会议论坛上表示："中亚是很多大国角逐的地方，是各方都关注的非常重要的博弈焦点，很多国家想介入丝绸之路地区，美国、日本也提出自己有关中亚的倡议，这其中必然会出现一些冲突和矛盾，一些必要的对话应该开展，对话不仅仅限于中亚本身，还要把更广泛的国际社会纳入进来。"

土库曼斯坦对"一带一路"倡议的响应积极，虽然作为永久中立国，土库曼斯坦没有出席第二届"一带一路"峰会，但是这并不影响土库曼斯坦与中国签署相关的合作文件，甚至双方的合作会因为不用担心大国政治博弈而更为顺畅。土方总统库尔班库里·别尔德穆哈梅多夫和驻华大使齐娜尔·鲁斯捷莫娃认为，土库曼斯坦会成为建设"丝绸之路经济带"的可靠力量，土方目前制定的交通规划也与"丝绸之路经济带"的规划非常匹配，土库曼斯坦为中国天然气的进口也作出了重要贡献。

塔吉克斯坦和吉尔吉斯斯坦则主张在上合组织的合作框架下拓展"丝绸之路经济带"的建设。俄罗斯—塔吉（斯拉夫）大学地缘政治研究中心主任古萨勒·玛耶蒂诺娃提到："丝绸之路经济带不仅对中国很重要，也对和中亚相关的其他一些项目有交叉渗透作用。针对中亚地区的一些项目不能离开俄罗斯和中国的作用，也不能离开上合组织框架下的一些协作，上合组织能够让'丝绸之路经济带'发挥更大的潜力。"吉尔吉斯斯坦第一副总理泰厄尔别克·萨尔帕舍夫在中国 – 吉尔吉斯斯坦政府间经贸合作委员会第十次会议会上表示，吉方积极支持中国国家主席习近平提出的建设"丝绸之路经济带"的倡议，但他同时强调地区所有国家都应参与到"丝绸之路经济带"的建设之中，并"支持关于巩固吉中在上海合作组织框架下多边合作的倡议"。从这些公开发表的言论中，不难看出，这两国不希望在中国的主导下参与到"一带一路"倡议中，而希望将新的区域合作模式致于上海合作组织的框架之下，以此起到周边所有相关方的平衡制约作用。

4. 在中亚推行"一带一路"倡议的政治风险

结合中亚地区的地缘政治与经济发展具体情况，对贸易与投资环境进行进一步分析发现，中国对中亚 5 国投资不稳的态势，正是主要来自于中亚地区近年来政治风险的不断攀升。

首先，投资保护主义和与外国投资不相容的金融环境加剧了能源政策的波动性。一方面，基于国家安全的能源产业投资保护主义日益突出，例如，近年来，哈萨克斯坦受到世界经济整体格局产生的不利因素影响。国内投资、市场和行政管理等多个方面的制度比以往任何时候都更加紧缩，尤其是在石油和天然气等战略资源方面，实行了严格的国家控制，或通过企业并购、政府支持等实现国有控股或增加控股等手段，加强了国家对能源行业的控制，并限制了中国公司在哈萨克斯坦能源行业的投资和发展。另一方面，由于中亚国家都是苏联解体而形成的，中亚 5 个国家的投资环境，特别是金融体系和政策，受到前计划经济体制的影响。2014 年 2 月，哈萨克斯坦中央银行宣布将坚戈贬值 19.4%，大幅贬值给直接投资在哈萨克斯坦的公司造成了巨大损失；塔吉克斯坦货币 Somoni 也曾在 2009—2012 年期间继续对美元贬值约40%；乌兹别克斯坦对外汇的管制过于严格，导致高度封闭和与国际市场的融合程度低。尽管 5 个中亚国家的经济总量并不大，但在这 5 个国家之间投资公司却被迫频繁地在货币问题上"转变"。外商直接投资的交易成本很高，严重影响了外商投资。

其次，围绕能源/交通和其他基础设施控制的恐怖分子和极端势力继续渗透。恐怖主义和极端势力不仅破坏了依靠和平与发展的企业的生存环境，而且直接威胁着各国的外国投资以及相关的法人机构和人员的人身安全（尹一文，王洪新和张文杰，2017）。在这方面，塔吉克斯坦的局势最为严峻。2012 年，塔吉克斯坦政府军与当地非法武装人员交战，导致塔中高速公路一度停运，严重影响了许多合作项目所需的建筑材料和能源运输，经济损失难以估计（康磊和齐静，2017）。2015 年 5 月，塔吉克斯坦国家特种警察局长哈利莫夫宣布他加入了恐怖组织"伊斯兰国"；同年 9 月，塔吉克斯坦前国防部副部长纳扎尔·佐尔达（Nazar Zorda）领导了"对胡达特市内政部门的袭击"的政治动荡。同时，塔吉克斯坦和中亚其他国家已经在阿姆河和雅尔河两大跨界河流中分配和保护水资源，并建设了水利设施。在这个问题上的分歧影响了国家之间的政治关系。此外，吉尔吉斯斯坦更有可能在边界划分上和乌兹别克斯坦发生冲突。土库曼斯坦和乌兹别克斯坦之间的边界地区深受邻国极端宗教意识形态的影响，这些是中亚的潜在政治风险。

（三）欧洲

"一带一路"倡议的主要目标之一是把腾飞的东亚经济圈与发达的欧洲经济圈连接起来。所以欧洲不单单是中国经贸合作的重要伙伴，同时它也是"一带一路"建设的重要途经地和终点。与"一带一路"倡议合作中的其他地区不同的是，欧洲是世界上经济最发达的地区之一，欧洲，尤其是西欧国家，还具有很高的政治地位和全球影响力，联合国五大常任理事国中的英、法、俄都属于欧洲国家，欧盟作为多边贸易体系的倡导者和主要领导力量，在"一带一路"倡议中愈加关键，欧洲各国尤其是欧盟中的经济大国，如德、法、英、意对"一带一路"倡议的态度，将引领和带动"一带一路"沿线的其他国家。

本章将分析中国的"一带一路"倡议在欧洲地区的投资现状以及在欧洲地区面临的风险和挑战。

1. 参与国及合作现状

欧洲地区共有 48 个国家，其中属于"一带一路"国家有 26 个，签署了"一带一路"合作文件的国家共有 29 个，超过地区国家总数的一半，在签署了"一带一路"合作文件的国家中，以东欧南欧国家为主。具体名单如表 6-4、表 6-5 所示。

表 6-4 欧洲地区"一带一路"国家名单

乌克兰	土耳其	捷克	波兰	罗马尼亚
亚美尼亚	塞尔维亚	摩尔多瓦	匈牙利	阿塞拜疆
俄罗斯	塞浦路斯	斯洛伐克	爱沙尼亚	阿尔巴尼亚
保加利亚	希腊	斯洛文尼亚	白俄罗斯	马其顿
克罗地亚	拉脱维亚	格鲁吉亚	立陶宛	黑山
波斯尼亚和黑塞哥维那				

表 6-5 欧洲地区"一带一路"合作国名单

保加利亚	意大利	立陶宛	拉脱维亚	斯洛伐克
捷克	奥地利	白俄罗斯	格鲁吉亚	葡萄牙
匈牙利	土耳其	摩尔多瓦	波黑	克罗地亚
波兰	塞浦路斯	乌克兰	黑山	阿尔巴尼亚
罗马尼亚	希腊	亚美尼亚	塞尔维亚	爱沙尼亚
俄罗斯	卢森堡	阿塞拜疆	斯洛文尼亚	

按照地缘划分欧洲各国，中东欧、南欧、西欧在"一带一路"倡议中有各自的需求，但都具有与中国互利合作的潜力。中东欧国家经济发展水平在欧洲相对较弱，中国可以利用"一带一路"契机在这块区域进行投资，扩大进出口贸易额，而这些国家则可以从中国吸引到外资，甚至获得政策性贷款。近年来，南欧国家经济发展陷入困境，他们希望能向中国出口更多橄榄油、奶制品、红酒等农产品，同时开拓中国旅游市场，吸引更多中国游客到南欧旅行和消费。中西欧国家多是老牌发达资本主义国家，优势产业是高端制造业，如汽车制造、航空航天、核电等，而中国正在快速发展高端工业，可引进其技术。同时，这些国家也希望利用"一带一路"建设能弥补自己的短板，比如亚投行可以补充其基础设施建设资金不足的问题，在亚投行的的创始成员国中有 18 个欧洲国家，英国是第一个加入亚投行的西方国家。

随着"一带一路"倡议的稳步推进，中欧共商、共建、共享"一带一路"倡议，已经达成诸多合作成果。

在上层建筑层面，中国重视与欧洲国家高层的往来交流，双方举行诸多双边或多边的政策交流，至今已形成了欧洲"容克计划"、中东欧"16＋1"合作计划与"1＋6"框架，"中国—欧洲中心"、英国"英格兰北方经济中心"、波兰"琥珀之路"等战略项目。每年一次的中国—欧盟领导人会晤与中国—中东欧国家领导人会晤表示出中国对与欧洲地区外交合作关系的高度重视。2019 年，习近平主席对意大利、摩纳哥、法国成功进行国事访问，并与意大利签署"一带一路"谅解备忘录，意大利成为首个签署"一带一路"谅解备忘录的七国集团（G7）成员。

在设施互联层面，中欧班列的建设与畅通是两地加强联系的最好体现。据国家信息中心发布的《"一带一路"大数据报告（2017）》显示，2016 年，中欧班列共开行 1702 列，比 2013 年（全年开行 80 列）大幅增长 20 多倍。而在 2017 年，截至 11 月 17 日，中欧班列当年开行数量已突破 3000 列，超过 2011 年至 2016 年六年开行数量的总和。2019 年 3 月 2 日，中欧班列（郑州）首条跨境电商"菜鸟号"专线在郑州国际陆港开行。而中欧班列的畅通带给两地的不仅仅是衣帽、食品、电子产品等商品，两地的资金和技术也有了沟通，如中塞政府合作建设的泽蒙—博尔查大桥结束了贝尔格莱德近 70 年来仅有一座多瑙河大桥的历史，同时泽蒙—博尔查大桥是中国建筑企业使用中国的银行提供的优惠买方信贷，在欧洲国家建成的第一个大型基础设施工程。中国的资金和基建的流入还带动了欧洲几个国家甚至一个地区的经济发展，如黑山南北高速公路连接了欧洲中部的多个国家，助推了黑山及周边国家整体经济的发展。

在投资方面，中国出资成立的"一带一路"特色项目"丝路基金"也参与投资了成熟的商业基金。2016 年，"丝路基金"作为基石投资人投资了中法 FC Value Trail 基金；同时作为 CO—GP 参与基金治理，通过创新合作机制，在促进中国与欧洲贸易往来和相互投资的同时，引入先进技术和管理经验，助力中国新兴产业发展，并与德国、塞尔维亚等国家签订了投资合作框架性协议。此外，"丝路基金"还先后与欧洲复兴开发银行等国际金融机构签署了合作框架协议。

在融资方面，中国财政部与欧洲复兴开发银行、欧洲投资银行、世界银行集团等多边开发机构签署关于加强在"一带一路"倡议下相关领域合作的谅解备忘录。中国国家开发银行与法国国家投资银行共同投资中国—法国中小企业基金（二期），并签署《股权认购协议》；与意大利存贷款公司签署《设立中意联合投资基金谅解备忘录》；与奥地利等国家主要银行共同发起"一带一路"银行合作行动计划，建立"一带一路"银行常态化合作交流机制，并与奥地利奥合国际银行、匈牙利开发银行开展融资、债券承销等领域务实合作。"中国—中东欧协同投融资合作框架"开始实施，中国工商银行牵头成立中国—中东欧金融控股有限公司并设立"中国—中东欧基金"；成立"中国—中东欧银行联合体"，中国国家开发银行将提供 20 亿等值欧元开发性金融合作贷款；"中国—中东欧投资合作基金"二期 10 亿美元完成设立并投入运营。

2. 在欧洲地区面临的政治风险

"一带一路"倡议在欧洲地区的推行，除了会遇到传统的经济风险和政治风险之外，更大的阻碍或许是东西方认知差异导致的互信不足问题。首先，中国与欧洲的合作体现出不同发展模式的冲突。这些冲突可能出自于文化或者宗教因素，但更多的还是中西方发展模式上出现的差异。近几年，欧洲一直未从"欧债危机"的阴影中走出，欧洲几大国经济发展速度也不比从前，欧洲对自身的发展模式开始变得不自信。此时，中国的崛起又显示了"政府＋市场""看不见的手＋看得见的手"特色发展模式的成功，给经济欠发达地区提供了一种全新的选择，威胁到西方资本主义的地位。传统西方发展模式主导的欧洲地区，尤其是那些发达国家，害怕中国会凭借发展模式的输出逐步改写世界规则，所以尽管两地的经贸合作与政治交往密切，但并不表示"一带一路"倡议已经被欧洲完全接受。2018 年 2 月 17 日，在第 54 届慕尼黑安全会议上，即将离任的德国外交部长加布里尔批评中国在利用"一带一路"倡议宣扬一套与西方不同的价值观体系，法国总理菲利普对加布里尔的讲话表示支持，并强调欧洲"不能把'新丝绸之路'的规则交由中国制定"。

其次，欧洲的发展进程中存在历史因素，无论是在欧洲内部还是在全球的舞台上，"一带一路"倡议都被拿出来与马歇尔计划进行比较。虽然中国一再强调自己不称霸、不干涉别国内政、不"输入"外国模式、不"输出"中国模式。但中国日益增强的世界影响力和经济地位不免导致西方国家的担忧。欧洲在冷战时期经历过美国的"马歇尔计划"，虽然该计划帮助了欧洲在二战后尽快恢复，但同时也促进了美国成为真正的超级大国。许多西方学者认为，中国此时提出的"一带一路"倡议就是当年"马歇尔计划"的翻版，资助沿线国家，带动经贸互联互通将赋予中国更高的世界地位，实际上是中国用以扩张自身势力、挑战世界秩序的战略。所以不少欧洲国家尽管在口头上表示合作支持，但真正参与时会十分谨慎。如英国时任首相特雷莎·梅在访华时表示"欢迎'一带一路'所带来的机遇"，但仍然提出要留意"透明度与是否符合国际标准"，也拒绝签署一份中国积极游说的谅解备忘录。

最后，还有人认为"一带一路"倡议的推行会影响欧洲的内部团结。因为"一带一路"线路使得中欧联系更加方便，欧洲各国地理位置接近的传统优势会被削弱，欧盟和部分成员国担心"一带一路"倡议会破坏欧洲内部的团结，尤其担心新加入欧盟的中东欧国家被中国分裂。以匈牙利政府为例，作为积极的"一带一路"倡议配合者，它与欧盟的关系却呈现紧张态势，这加大了欧盟对中国的不满。欧洲对外关系委员会主席马克·伦纳德等人认为，中国通过加大投资等手段"开发欧洲软弱的下腹部地区"，其他欧洲国家也争相获取"一带一路"倡议的红利，中国受到欧盟内部国家的认可越大，欧盟对华政策就会越松散。他们还担心中国与南欧、中东欧国家的的合作违反欧盟基本法，不符合欧盟和成员国之间的权责划分。

二、典型国家分析

（一）巴基斯坦

1. 巴基斯坦与中国的政治关系

巴基斯坦位于南亚的西北部，南部濒临阿拉伯海，北部倚靠昆仑山与喜马拉雅山脉，陆上与阿富汗、印度、伊朗接壤，在克什米尔地区的实际控制区与中国接壤。巴基斯坦拥有丰富的煤炭资源，总量约 1850 亿吨，主要矿藏储备包括天然气、石油、煤、铁、铝土等。

巴基斯坦与中国在 1951 年建立外交关系。1955 年万隆会议期间，周恩来总理与巴总理穆·阿里举行了两次友好会谈，双方一致认为应加强两国在各个领域的交流与合作。两国总理的会谈对增进中巴之间的了解和友好合作关系的发展发挥了重要作用。1961 年，巴基斯坦政府在联大会议上就恢复中国在联合国合法席位的提案投票赞成，使得两国的关系发生了历史性的转折，随后两国的友好合作不断加深，并经受住了时间的考验。21 世纪以来，中巴全面合作伙伴关系进一步深入发展，双方高层互访十分频繁，民间的文化交流也不断增强。2005 年 4 月，时任总理温家宝访巴，双方签署"中巴睦邻友好合作条约"，宣布建立更加紧密的战略合作伙伴关系。2006 年，时任国家主席胡锦涛曾在访问巴基斯坦时将巴基斯坦称作中国真正的好邻居、好朋友、好伙伴、好兄弟；2009 年巴基斯坦总统扎尔达也在《中国日报》上撰文提到，"或许没有哪两个主权国家之间的关系，可以像中国与巴基斯坦之间一样独特和持久。"2011 年是中巴建交 60 周年，也是两国总理宣布的"中巴友好年"。2015 年 4 月，习近平主席访问巴基斯坦，再一次升级了中巴关系，将其提升为全天候战略合作伙伴关系，在目前的中国外交伙伴关系中仅有巴基斯坦一个国家属于该类合作关系。2017 年 5 月，巴总理谢里夫来华出席"一带一路"国际合作高峰论坛。2019 年 4 月，巴总理伊姆兰·汗来华出席第二届"一带一路"国际合作高峰论坛。

中国领导人曾用"比山高、比海深"来形容中巴间始终不渝的友好关系，巴基斯坦又加上"两比"："比蜜甜、比钢硬"。中巴特殊友谊为中国在巴基斯坦开展工作提供了极大便利。巴基斯坦领导人大多对中国怀有深厚感情。中国驻巴基斯坦大使曾在随笔中透露："我不仅被视为最友好国家驻巴使节，更被当作特殊朋友和'自家人'，经常成为巴总统、总理、内阁部长、军方和主要政党领导人的座上宾。"

2. 巴基斯坦在"一带一路"倡议中的战略地位

从地理区位上看，巴基斯坦南邻阿拉伯海，扼住通往波斯湾的渠道，是东亚太平洋地区通往欧洲和非洲地区的重要节点之一，其国内的瓜德尔港距离全球石油主要供应通道的霍尔木兹海峡仅 400 千米。2001 年，中国政府同意援助并参与瓜德尔港口的建设，2005 年第一期项目工程完成，中国累计投资 2 亿美元。瓜德尔港建成后先由一家新加坡公司运营,在 2013 年 2 月,巴基斯坦将瓜德尔港的运营权全面交给了中国。中国可以依托该港,进入波斯湾、地中海、红海、大西洋沿岸,且通过该港中国可以应对西太平洋、南中国海、马六甲海峡被封锁等紧急情况,依靠新疆维吾尔自治区和瓜德尔港之间的连接维护资源供应的安全。在"一带一路"倡议中,瓜德尔港也可以起到重要的支撑保障作用。

从"一带一路"倡议联通的方向来看,巴基斯坦处于"丝绸之路经济带"和 21 世纪"海上丝绸之路"的中间地带,能够起到连接的作用。具体来说,丝绸之经济带分为三条,一条从中国西北地区出境,经中亚地区、俄罗斯、白俄罗斯等国延伸至欧洲、波罗的海;另一条从西北地区出境后,经中亚向西南地区延伸,经过伊拉克到达波斯湾,途径叙利亚、土耳其、埃及到达地中海南岸;第三条从中国的西南地区出境,主要经过东南亚地区到达印度洋沿岸。21 世纪"海上丝绸之路"分为两条:一条经过南海向南太平洋地区延伸,到达巴布亚新几内亚、帕劳、马绍尔等太平洋上的岛国;另一条则经过南海穿过马六甲海峡沿印度洋,再穿过苏伊士运河最后到达地中海的北岸地区。巴基斯坦就处于第二条丝绸之路经济带与第二条 21 世纪"海上丝绸之路"的中间地区,若通过修建经由中国新疆地区贯穿巴基斯坦全境,最终由瓜德尔港出海的通道,就能够连接起"丝绸之路经济带"和 21 世纪"海上丝绸之路",从而使"一带一路"倡议发挥更大的带动作用。

从"一带一路"倡议的实施目标来看,此倡议旨在带动沿线国家的和平合作与共同发展,尤其是沿线的那些发展中国家。但是在国际社会中,也存在对"一带一路"倡议质疑的声音,欧美等大国也提出了以自己为主导的战略发展计划,因此,在"一带一路"倡议的推行过程中,中国需要一个稳定的倡议依托国。巴基斯坦与中国的双边关系紧密,但在经济上巴基斯坦属于全球最落后和贫穷的国家之一,与周边国家的政治关系也颇为紧张。其领导人对"一带一路"倡议公开表示支持,中国与巴基斯坦在政府外交、经贸和投资等各个方面展开了全方位的合作。如果巴基斯坦能够通过与中国"一带一路"倡议的合作实现国家的发展,并依托经济的发展缓和其目前与周边国家紧张的局势,那么巴基斯坦就会成为中国"一带一路"倡议的宣传者与效应示范者。

3. 中国在巴基斯坦的投资现状

在"一带一路"倡议背景下,中巴经济走廊是中国与巴基斯坦重要的合作项目。中巴经济走廊全长 3000 千米，是一条包括公路、铁路、油气和光缆通道在内的贸易走廊。中巴经济走廊从中国新疆的喀什地区出发，向南延伸到瓜德尔港（亦称"瓜达尔港"），可实现"丝绸之路经济带"和 21 世纪"海上丝绸之路"的南北贯通。

中巴经济走廊项目建设中方预计总投资 460 亿美元，其内部又包括了 22 个其他项目，目前大部分已实现竣工和投入运营，这 20 余个项目为改善巴基斯坦的经济发展、社会民生发挥了重大作用。如升级巴基斯坦铁路系统的 ML - 1 项目，旨在改善巴基斯坦自英国殖民时期就建成的陈旧铁路系统。该项目采用工程总承包模式，分多阶段实施，中方向巴基斯坦输出先进的高铁建设技术和隧道挖掘技术，在该项目中，中巴投资比例为 85：15，中方的 85% 以优惠贷款的形式提供，巴方的 15% 从公共发展项目（PSDP）列支。项目建成后，巴基斯坦全新铁路系统能够显著地提高运输效率并降低成本，带动全国的经济发展，尤其是偏远地区的农产品可以依托完整的铁路线输出，获得合理的定价。中巴光纤项目是中巴经济走廊中的另一个典型案例，这一投资减少了巴基斯坦目前对海底电缆的依赖，可彻底改善巴基斯坦的 IT 业。此外，中巴光缆开通后，两国的通信时延将大幅缩短，标志着中巴之间的互联互通迈上一个新的台阶，并有机会使中国和中东、非洲建立全新的战略通道。

随着巴基斯坦在交通基础设施和能源电力问题的改善，巴基斯坦和其他国家的工业产业合作也被逐渐提上日程，目前中国与巴基斯坦规划在中巴经济走廊的合作框架下建设 9 个经济特区，其中 3 个已准备启动；沙特与巴基斯坦达成协议，计划在瓜德尔港兴建炼油厂，沙特领导人在公开采访中透露，对巴基斯坦的投资额有望从 100 亿美元逐步增加到 1000 亿美元。

中巴经济走廊项目启动后，巴基斯坦的 GDP 增速从 4.4% 提高到了 5.7%，正是因为这样的经济发展成就，巴基斯坦各界人士在西方媒体污蔑中巴经济走廊时，才能提出有力的反驳，中巴双方的友谊也在共同合作中愈发坚固。巴基斯坦参议院外事委员会主席穆沙希德·侯赛因在公开采访中回应美国对中巴经济走廊的抹黑，"中巴铁哥们般的情谊和中巴经济走廊的成功'激怒'了某些国家，当其无法阻止中巴经济走廊项目前进的步伐，就试图通过负面宣传来搞阴谋破坏。"而中国外交部发言人耿爽也表示"不管美方怎么说、怎么做、怎么干扰、怎么破坏，我们都会和巴方一道，继续坚定不移地推动中巴经济走廊建设，继续推动中巴全天候战略合作伙伴关系向前发展，让更多的巴基斯坦民众从中受益。"

4. 中国在巴基斯坦投资面临的政治风险

首先，在历史、政治和种族等诸多因素的影响下，巴基斯坦的政治稳定性相对较差。在采用联邦制的巴基斯坦，由于各省的经济发展水平和人口分布不平衡，议会制运作中的不平衡问题也日益突出。争取更大的自治权并增强该省对国家政策制定的影响已成为某些省的目标，但这也导致了联邦政府与该省之间的冲突。此外，巴基斯坦有许多政党，其主要政党如穆斯林联盟（沙里夫）、穆斯林联盟（领导人）、人民党和正义运动党一直在相互攻击和战斗，这使得巴基斯坦的政治局势与不完善的民主政治制度动荡了很长时间。另一支重要力量——军队，在国家的政治生活中起着关键作用。在民选政府执政期间，军队在制定国家政策方面具有不可忽视的影响。当该国发生政治危机时，军队在某种程度上扮演了"最后仲裁者"的政治权威的角色，甚至直接接管了整个国家。巴基斯坦的中央和地方政府，不同的政党以及政府和军方相互交织在一起，使巴基斯坦的政治稳定性差。

第二，宗教的派系斗争是导致巴基斯坦高政治风险的另一个重要因素。在巴基斯坦近 1.9 亿的庞大人口中，超过 97% 的人口信奉伊斯兰教。其中，逊尼派和什叶派是巴基斯坦穆斯林的主体，分别占该国穆斯林总数的 85% 和 15%。逊尼派和什叶派集团中也有多个分支机构，如逊尼派中的百拉维派、迪奥班蒂派、现代主义派、圣训派以及什叶派中的十二伊玛目派和伊斯玛仪派。不同派系在教义、教法、宗教仪式和宗教文化等方面存在差异，并进一步扩展到政治诉求和物质权利领域，所以巴基斯坦的教派斗争非常激烈。

第三，对巴基斯坦国家安全的最大威胁无疑是国内恐怖主义。恐怖事件的制造者不仅包括恐怖分子，还包括叛乱分子和宗教极端分子。自 2005 年以来，以"俾路支解放军"为代表的民族叛军和以"巴基斯坦塔利班运动"为代表的恐怖组织，逐渐发展成为巴基斯坦发生恐怖袭击的主要组织，大大增加了巴基斯坦发生恐怖袭击的频率和破坏性。根据《基斯坦安全报告》的统计，2007—2009 年，巴基斯坦发生了 6000 多起恐怖袭击，袭击中的死亡人数超过 20000 人。尽管巴基斯坦政府和军方自 2010 年以来加大了反恐力度，减少了在巴基斯坦的恐怖袭击次数，但巴基斯坦仍然是受到恐怖袭击严重影响并遭受严重破坏的国家之一。

对外直接投资作为投资金额大，投资回收期长，与东道国经济社会关系密切的一种投资形式，受东道国政治风险水平的强烈影响。就中国对巴基斯坦的对外直接投资而言，巴基斯坦政党斗争带来的政治动荡、宗派斗争带来的社会动荡以及恐怖主义的确会给中国在当地的投资带来巨大风险。但是，需要指出的是，巴基斯坦的三种主要风险对中国对巴基斯坦的对外直接投资有着不同的影响。其中，党派斗争带来的政治风险相对较小，因为巴基斯坦的执政党、反对党、军队和部落领导人普遍对中国友好，而且巴基斯坦对华政策及其对华投资态度几乎不会受到巴基斯坦执政党的影响。宗教派系斗争造成的负面影响继续扩大，在破坏国内社会和经济秩序的同时，加剧了巴基斯坦的社会分化，特别是当宗教派系冲突通过暴力和恐怖袭击越来越多地出现时，教派斗争对中国对巴基斯坦的直接投资威胁的强度加大。恐怖主义具有突发性、不确定性、破坏性和致命性，一直是影响投资安全和人员安全以及投资者信心的关键因素。此外，近年来，它经常与教派斗争交织在一起，日益成为巴基斯坦许多政治和社会矛盾的综合反映，所以，恐怖主义成为中国在巴基斯坦投资决策面临的最主要的政治风险。

（二）俄罗斯

1. 俄罗斯情况简介

俄罗斯横跨欧亚大陆，东西最长 9000 千米，南北最宽 4000 千米，海岸线长 33807 千米，是全球国土面积最辽阔的国家。陆上邻国众多，西北面有挪威、芬兰，西面有爱沙尼亚、拉脱维亚、立陶宛、波兰、白俄罗斯，西南面是乌克兰，南面有格鲁吉亚、阿塞拜疆、哈萨克斯坦，东南面有中国、蒙古国和朝鲜，东面与日本和美国隔海相望。

俄罗斯的前身苏联，是与中国最早建立外交关系的国家。中苏关系在 19 世纪 60—70 年代开始恶化，直到 80 年代末才再次正常化。1991 年苏联解体后，俄罗斯联邦在 1996 年与中国建立战略协作伙伴关系，2011 年升级为全面战略协作伙伴关系，在 2019 年再次提升为中俄新时代全面战略协作伙伴关系。两国高层交往密切，有元首年度互访、总理定期会晤的惯例，在能源、经贸、投资、人文、战略安全等各个方面也都建立起了不同级别的合作机制。中国外交部曾评价当前中俄关系处于历史最好的时期。

2. 中俄政治关系分析

"全面战略协作伙伴关系"是目前官方对中俄关系的定性。然而如果没有在学术和理论上准确的定义中俄战略协作伙伴关系，就难以在"丝绸之路经济带"框架下推进中俄全面合作。基于此，才能够探究中国希望通过战略协作伙伴关系实现怎样的战略目标；该战略的底线在哪里；战略的空间有多大；

战略实施需要多长的时间；这些战略在政治、经济和人文方面具体表现如何。同样，对俄方来说，也需要探索出其战略目标和战略底线。除此之外，还需要妥善处理中俄战略协作伙伴关系定位与实践之间的关系，给予这一关系实质性内容，避免中俄战略协作伙伴关系空心化、工具化、政治化，防止两国关系"空转"。

中俄都是重要的世界大国和新兴经济体。中俄在许多重大国际问题上具有相同或相似的立场，即反对霸权，主张世界多极化，积极维护国际社会秩序的稳定。中俄在国际事务中的协调与合作对全球发展进程具有重要影响。

然而，无论是与中美关系还是中日关系相比，中俄关系都表现出更多的敏感性和复杂性。俄罗斯（苏联）是中国的邻国，它的发展道路与中国也有很高的相似性。在历史上，沙俄和苏联对中国造成了很大的伤害，但同时苏联也为中国提供了很大的帮助。沙俄东部版图的逐步形成是基于在历史上对中国领土主权的侵略，苏联与新中国"忽敌忽友"的冷热关系变化，以及长期为解决领土争端引发的问题，这些历史纠葛都增加了中俄关系的敏感度和复杂度。当前，无论是在政治、经济还是人文领域，中俄在不少问题上还没有达成共识，因而出现了"政热经冷、官热民冷、上热下冷"的局面。

"丝绸之路经济带"是中国的倡议，俄罗斯是沿线重要国家，也是"共同协商""共同建设"和"共享"丝带建设的节点国。俄罗斯对"丝绸之路经济带"建设的态度是一个从怀疑到支持的过程。"丝绸之路经济带"建设的总体效应是综合的、立体的，但它首先直接反映在经济领域，虽然属于低级政治范畴，但它仍为中俄战略合作发展奠定了坚实的社会基础。

中俄在政治、经济和人文领域的合作具有异质性。中俄在经济和能源领域的合作是全面合作的切入点和基础，它具有实用性和灵活性。由于双方在该领域是半信任的，因此它们似乎是半机制的部分合作，而更多的是被动合作。俄罗斯在地缘政治和国际事务领域的合作为全面合作提供了重要的战略保证，具有战略性和特殊性，由于双方在这一领域有更多的互信，所以它们主要建立在机构合作的基础上，更加积极地开展合作。中俄在人文领域的合作为全面合作提供了社会基础和舆论基础，这是具有战略意义的。由于双方在这一领域缺乏相互信任，合作滞后，相应的机制还不成熟。在各个领域，中俄都有很大的合作空间，但是目前的合作水平和促进合作的难度不同。在地缘政治和国际事务领域，中俄合作是最高且相对容易实现的，因此应扩大积极合作。在经济和能源领域，中俄合作水平较低，合作的潜力很大，但发展起来并不容易。在人文领域，中俄合作程度较低，合作促进相对困难。总体而言，在"丝绸之路经济带"的框架内，中俄战略合作伙伴关系全面升级到新水平，两国之间高度的政治互信已转化为高度经济和人文实用主义水平。合作将为中俄战略合作伙伴关系增添新内容，提供新的起点，注入新的动力，挖掘新的增长点，从而带动中俄"丝绸之路经济带"的建设。同时，由于国际政治的复杂性和变化性，不能排除两国关系也具有一定的不确定性和不可预测性。

3. 俄罗斯对"一带一路"倡议的态度

2013 年，"一带一路"倡议提出之初，俄罗斯对"一带一路"倡议持怀疑态度，俄方学者和主流媒体对"一带一路"倡议存在误解和疑虑，负面的声音居多。主要的负面理解包括以下几个方面：首先是对中国政治影响力扩张的担忧，认为中国正在借"一带一路"倡议扩张自己在中亚、中东和东欧的影响力，这将威胁到俄罗斯在前苏联国家群体中的地位；其次是对中国经济扩张的担忧，认为随着"一带一路"倡议的推行，中国的商品、投资、产能、规则将在国际市场上快速扩大，而俄罗斯的产品产能就会受到竞争威胁，甚至处于弱势沦为中国的附庸；最后是认为"一带一路"倡议的提出是为了遏制其他大国的多边战略，尤其是俄罗斯提出的欧亚联盟战略和欧亚一体化战略。

但在两国高层的推动下，俄方对"一带一路"倡议的态度开始转变。2014 年 2 月，俄罗斯总统普京在与习近平主席会谈后表示"俄方积极响应中方'丝绸之路经济带'和'21 世纪海上丝绸之路'倡议，愿将俄方跨欧亚铁路与'一带一路'对接，创造出更大效益。"2014 年 5 月在上海举行的会议上，普京表示："俄罗斯支持'丝绸之路经济带'的建设，促进交通运输互联互通，并欢迎中国参与俄罗斯远东地区的发展。"《俄罗斯关于全面战略合作伙伴关系新阶段的联合声明》也强调，俄罗斯高度赞赏中国在实施"一带一路"倡议中充分考虑俄罗斯的利益，两国必须将"丝绸之路经济带"与欧亚联盟战略相结合，一起探索可行路径。

2014 年 10 月，李克强总理与俄罗斯总理梅德韦杰夫共同主持了中俄总理第十九次例会。会议期间，中俄签署了《莫斯科—喀山高铁发展合作备忘录》。双方有意开发此项目。该项目最终将"莫斯科—喀山"高铁延伸至北京，成为中俄"一带一路"倡议的合作代表项目。

2015 年 4 月，俄罗斯正式宣布决定加入亚洲基础设施投资银行，成为亚洲投资银行的创始成员。2015年5月,中俄两国元首签署了《关于深化全面战略协作伙伴关系、倡导合作共赢的联合声明》和《关于"丝绸之路经济带"建设和欧亚经济联盟建设对接合作的联合声明》两个重要文件,共同推动"一带一路"建设的多边机制。目前,中俄已初步实现两国几项重大发展战略的对接,一些重大工程项目也已启动,"战略合作"已全面实现。俄罗斯已成为响应"一带一路"倡议最活跃的国家之一。

4. "一带一路"倡议下中俄战略对接

受历史因素的影响,俄罗斯的政治经济文化发展基本集中在欧洲部分,占其国土面积超过50%的西伯利亚和远东地区则经济发展落后、人口稀少,不利于维护其国家安全。开发西伯利亚和远东地区、融入亚太一直是俄罗斯的国家发展战略。但由于俄罗斯的经济实力有限,再加上对外经济合作的重点一直在欧洲和其他独联体国家,该战略一直未得到很好地落实。直到乌克兰危机之后,面对西方的制裁,俄罗斯的外交和对外经济合作重点才逐渐转向东方。

与俄罗斯的远东地区相接壤的是中国的东北地区,东北地区有雄厚的工业基础,是新中国成立初期最重要的工业摇篮。但随着经济发展的日新月异,东北老工业基地的发展逐渐疲软,市场化程度低、所有制结构单一、企业设备和技术老化,东三省的经济陷入了困境。振兴东北老工业区战略也成为了中国重要的地区发展战略之一。

按照"一带一路"倡议的建设布局,"丝绸之路经济带"在东北地区的建设主要面向俄罗斯,能够将中国东北老工业基地振兴战略与俄罗斯远东地区发展战略紧密地联系起来。2015年10月28日,俄罗斯政府批准了《俄罗斯远东联邦区和贝加尔地区等边境地区发展构想》。俄罗斯远东联邦区与贝加尔湖地区以及中国东北等周边地区之间跨区域合作的目标,任务和措施得到了明确规划。第一,促进国际运输走廊的发展,将其与东北亚的运输网络整合,并建立有利的投资和商业环境,以扩大过境运输的需求并发展相应的运输基础设施。其中包括"滨海1号"和"滨海2号"国际运输走廊的开发,以及跨黑龙江布拉戈维申斯克—黑河、下列宁斯阔耶—同江、波克罗夫卡—洛古河的桥梁建设。建设保障中国货物直接运往哈巴罗夫斯克边疆区的海港,并在跨贝加尔湖边疆区和布里亚特共和国建立过境走廊,以实现它们在中国的进出口和过境运输的潜力。第二,发展农产品和畜牧产品生产加工合作。其中包括大米、玉米、饲料的生产以及畜牧业的发展以及肉类生产和加工方面的合作。第三，原料生产加工，建立木材加工企业，联合生产各种机械设备，建立医药食品生产企业。第四，发展旅游、疗养和温泉医疗，建设旅游基础设施。2017 年 1 月，中俄决定在总理例会的框架下，建立东北与俄罗斯远东和贝加尔湖地区政府间合作委员会，以协调和促进中俄区域合作。

近年来，中国在俄罗斯远东地区的投资一直在扩大。2017 年 11 月 28 日，中国纸业投资有限公司与俄罗斯远东投资与支持出口署签署了关于在哈巴罗夫斯克边疆区阿穆尔斯克实施纸浆厂建设项目的谅解备忘录。预计项目总投资约 15 亿美元，年产纸浆 50 万吨。工厂所在地属于共青城跨越式开发区，享受税收优惠政策。黑龙江省在俄罗斯远东地区建立的农业产业合作园区，加深了中俄农业合作。东宁市的农业企业在俄罗斯远东地区租赁了超过 340 万亩土地。东宁华信集团在滨海边疆区建立的中俄现代农业产业合作区是中国最大的海外农业园区。它主要在俄罗斯种植玉米、大豆、小麦和大米，建立养猪场、大豆油加工厂，并为海外农产品的种植、育种、加工、运输和销售形成一站式的现代管理体系。绥芬河、林口、宁安等市县也在俄罗斯远东地区积极开展海外农业合作。中鼎牧业股份有限公司计划投资 3 亿多美元，在滨海边疆区乌苏里斯克地区建设大型畜牧业综合体。中鼎畜牧股份有限公司是一家从事奶牛养殖和畜牧业管理的股份制公司。他们已经建立了 1000 头母牛的小规模生产，并希望将生产规模扩大到 10000 头母牛。生产的牛奶主要供应俄罗斯远东市场。也有一些中国公司有兴趣在俄罗斯远东地区投资，包括木材加工、旅游服务、房地产和建设钢厂。

此外，俄罗斯提出的欧亚经济联盟战略与"丝绸之路经济带"也能实现互相对接。2016 年 6 月中国与该联盟就经贸合作启动了谈判，丝绸之路经济带强调互利合作，其构想所涵盖的许多内容与欧亚经济联盟有诸多吻合之处，俄罗斯也能够依托"丝绸之路经济带"的建设实现国内的基础设施改造。

（三）意大利

1. 意大利情况简介

意大利是位于欧洲南部地区的半岛，北面与法国、瑞士、奥地利和斯洛文尼亚接壤，东、西、南三面环绕着地中海，海岸线长 7200 千米。意大利本国的自然资源较为匮乏，但作为地中海国家之一，意大利紧邻中东及北非这两个重要的能源供应地，目前全球已有 59 家石油及天然气公司在意大利布局，包括意大利本土的 Eni、Edison、Enel 集团，国际能源企业荷兰壳牌、法国道达尔等。近年来，意大利政府为鼓励国内外资本投资境内油气资源的勘探与开发，专门划出了 7 个区块。

从经济上来看，意大利是欧洲第四大、世界第八大经济体，但国内地区的经济发展很不平衡，北部地区工商业发达，经济水平较高，南部以农业为主，经济较为落后。在对外经济方面，对外贸易是意大利经济的重要支柱，截至 2018 年已保持了连续五年的贸易顺差，出口商品种类齐全，包括机械仪器、汽车、服装、鞋、贵重金属等，出口市场以欧盟地区国家为主。近年来，美国、俄罗斯、中国等世界其他国家的份额也有所增长。意大利没有专门针对外国投资的法律，外国投资者在意大利投资可享受国民待遇，意大利对华态度积极，两国投资合作前景广阔。

意大利与中国 1970 年建立外交关系，2004 年升级为全面战略合作伙伴关系，在 G7 集团成员国中，是唯一一个与中国建立该类伙伴关系的。近年来，两国高层互访增加，民间互动与文化互通也更为频繁，设立友好城市共计 64 个，双边关系得到进一步发展。

在"一带一路"倡议背景下，中意两国高层互访变得更加频繁：2014 年 6 月，时任意大利总理伦齐访华，在其访华期间，中意双方领导人进行了密切的政治对话，两国间的高层访问受到高度的关注，并制定了《中意关于加强经济合作的三年行动计划（2014—2016 年）》。时隔不到半年，即同年 11 月，李克强总理出访意大利。两年后，2016 年 11 月，中国国家主席习近平在访问拉丁美洲期间，在意大利撒丁岛经停。2017 年 2 月，意大利总统塞尔焦·马塔雷拉对中国进行了正式国事访问，除北京外，马塔雷拉还访问了重庆和上海。在上海期间，马塔雷拉访问了复旦大学并发表了讲话。在演讲中，他回顾了古代丝绸之路在中欧文明之间的首次相遇，并描述了中意文化交流方面取得的丰硕成果，例如马可·波罗的旅行笔记、利玛窦和徐光启共同翻译的中西方经典著作等。此外，值得一提的是，马塔雷拉访华的一大亮点是寻找"一带一路"倡议与意大利自身发展战略之间的联系，使其成为意大利的发展战略。深化中意两国经济、文化等各领域合作，全面推进两国的关系。在意大利总统马塔雷拉访华十个月后，2017 年 12 月，意大利外交和国际合作部长安杰利诺·阿尔法诺也应中华人民共和国外交部部长王毅的邀请访华，中意政府委员会第八次联席会议在北京举行。两国外长就中意关系以及共同关心的重大国际和地区问题交换了意见。同时，阿尔法诺还表示，意大利支持习近平主席提出的"一带一路"倡议，愿与中国共同建设"一带一路"。在中意建交 50 周年之际，双方同意致力于推动双边关系迈向新时代，并以此为契机，规划在各个领域的合作。2018 年 9 月，意大利副总理兼经济发展、劳动与社会政策部部长迪马约出席了在中国成都举办的"西博会"，同年 11 月，他还参加了在中国上海举办的首届"进博会"，这一切都表明了意大利高层对中国的关注以及与中国积极合作与交流的愿望。

2. 意大利加入"一带一路"倡议的机遇

2019 年 3 月 23 日，中意两国政府正式签署了共同推进"一带一路"建设谅解备忘录，意大利成为首个加入"一带一路"倡议的 G7 国家。意大利虽然不位于"一带一路"沿线，但是其对"一带一路"的支持态度可见一斑。那么，为什么意大利即使面对着来自美国的压力，也要加入"一带一路"倡议呢？首先，意大利的基本国策和其国家定位。意大利自近代以来一直是文化艺术大国而不是政治大国。二战时期，意大利军队的战斗力也常被人诟病，意大利士兵甚至在战争期间还和敌军做起了生意。由此也能看出意大利的基本国策主要是发展经济，而不是建立政治霸权。其次，意大利的经济状况。二战后的 50 年，意大利有过两次经济繁荣，其经济增长率甚至超过德、法，成为欧洲第一，被称作"欧洲经济奇迹"。然而 21 世纪，意大利经济陷入了困境，1999—2015 年，意大利 GDP 仅增长了 7%，加之其高福利的政策，意大利的公共债务达 GDP 的 10 余倍。目前意大利是 G7 国家中唯一一个经济总量未恢复到 2008 年金融危机前水平的国家，其国内经济增长乏力，依靠外部市场的改善刺激经济是意大利所能采取的重要手段，事实上目前意大利的 GDP 中有约 30% 是出口拉动的。因此"一带一路"倡议提出后，意大利一直积极响应。如前文所述，意大利的工商业十分发达，其工商业又以中小企业为主，中小企业的出口依赖基础设施建设，需要有便利的港口、铁路作为出口的支撑，然而意大利的基础设施比较陈旧，甚至比不上一些东欧国家，依托"一带一路"的合作计划，意大利能够获得长足的资金投资于基础设施建设。此外，意大利奢侈品十分发达，而中国是全球最大的奢侈品市场，通过"一带一路"倡议，意大利也能够获得拓展中国市场的机会。最后，意大利的房地产行业也可能会随着基础设施的建设被刺激，参考和"一带一路"合作的其他国家，例如柬埔寨的金边，其房地产行业就享受到了"一带一路"倡议的红利。

3. 意大利在"一带一路"倡议中的合作

据商务部公开数据，2018 年中意两国双边贸易额突破 500 亿美元，双向投资累计超过 200 亿美元，目前意大利是中国在欧盟的第五大贸易伙伴，而中国是意大利在亚洲的第一大贸易伙伴。

早在 2018 年 8 月，意大利经济发展部宣布成立了中国任务小组，旨在建立政府、商界、行业协会和社会团体间对话机制，进一步加强意中两国经贸关系。2019 年 3 月，中意正式签署"一带一路"建设谅解备忘录，备忘录再次明确了中意两国的合作领域，除展开贸易合作之外，两国将展开更多的政策对话，包括在政府、国会、智库、大学等层面进行对话以及展开联合研究等。此外，两国还会加强民众的直接交流，推动中国学生、学者、工商界人士来意大利交流。

意大利经济发展部副部长杰拉奇接受媒体采访时特别指出，在农业领域，意大利和中国还可以在第三国展开合作，比如在非洲。中国可以把在国内的农村发展模式在非洲复制，比如农民工进城工作的开展、城市化进程的推进、基础设施的修建等，而意大利可以贡献自己的软实力，还可以提供农业机械设备，而中国也可以提供自己在农业领域的专业知识。另外，两国还可以在数字技术领域展开合作，这是中国另一个处于世界领先地位的领域，而意大利在这方面还比较欠发展，意大利希望与中国展开合作，实现经济的数字化，以切实的体验教育意大利民众用网络技术进行转账和消费是一种很高效的方式。

2019 年 4 月，中国举办第二届"一带一路"国际合作高峰论坛，在此次论坛期间，中意两国签署了总额 640 亿美元的项目合作协议。在互联互通方面，罗马开通了与杭州、成都等地的直航，使中意两国的交通运输更为便捷；"新华丝路"增加了意大利语版，能够帮助意大利企业更好地获取投资信息，解决企业在投资前"调研难"的问题。

由此可见，中意双方正在携手努力，共同推进双边务实合作的提质升级。

第七章

计量分析

一、计量假设

政策的经济效应是一直以来学术界关注的热点话题。根据制度理论，制度环境会影响个体的决策和行为，而国家主动出台的相关政策可以视为一种积极的制度激励。在制度激励下，投资主体原本的效用函数受到了扭曲，对政策激励对象的投资效用得到了提高，促进了投资主体对政策激励对象的投资（Peng，2008）。本书研究的正是作为激励政策的"一带一路"倡议的经济效应。"一带一路"倡议是习近平主席于2013年分别提出的"丝绸之路经济带"和21世纪"海上丝绸之路"倡议的合称。并于当年举行的中国共产党第十八届三中全会上被写入《中共中央关于全面深化改革若干重大问题的决定》（下文简称《决定》）。该《决定》是国家五到十年内中国国家政策的风向标，对政策指定具有指导作用。对"一带一路"倡议效应的研究将会对未来经济发展的政策制定起到重要指导作用。

对于"一带一路"倡议在国家层面上政策激励作用，本书聚焦于中国的对外直接投资。对外直接投资作为国家投资的主要方式，反映了国家间资本流动的定量情况。对于中国对外直接投资，已有一些学者考察了经济、自然资源、政治制度等因素对其影响（罗伟和葛顺奇，2013；陈健和徐康宁，2009；阎大颖，2013）。在政策冲击上，"一带一路"倡议对绿地投资的促进效应也得到了证实（吕越，2019）。本章将基于这些已有研究成果进一步探索"一带一路"倡议对中国对外直接投资的异质性促进效应。

（一）"一带一路"倡议对中国对外投资规模的影响

为促进经济的快速增长，越来越多的跨国企业在政府政策的扶持下进行对外直接投资，参与全球市场竞争。政府关于对外投资相关政策的支持，成为促进企业对外直接投资的重要因素。

政府政策通过构建制度激励促进投资。制度激励能够促使制度主体进行改变，影响其行为和决策（Hoskisson，2000）。在国际市场已经均衡的情况下，制度激励会通过扭曲投资主体的效益函数，在投资主体效益最大化的动机下，投资决策将会被改变。政府通过与东道国签订投资合作协议，降低企业在东道国投资的成本与风险，提高企业在东道国投资效益，使得企业在利润驱动下提高在东道国投资规模，从而实现促进投资的效果。

政府政策通过提高本国企业国际竞争优势促进对外直接投资。政府政策扶持可以弥补发展中国家跨国企业的劣势和不足，通过财政补贴、信贷优惠、简化审批程序等政策支持，帮助企业消减核心优势缺失的影响，从而可以更好地与发达国家的跨国公司开展竞争（Hikino 和 Amsden，1994）。裴长洪和樊瑛（2010）强调"国家竞争优势"对企业 OFDI 的重要作用，在政府宏观政策主导和引导下，企业能够最大限度地降低在对外直接投资主体培育、行业选择、区位选择和模式选择等方面的试错成本，降低企业进入东道国市场的难度，形成对外直接投资的综合竞争优势。企业在对外直接投资竞争优势下，其投资成本进一步降低，实现促进投资的效果。

政府政策通过减少企业对外投资过程中的风险促进投资。第一，政府政策的支持有助于减少投资过程中的信息不对称，通过建立对外投资信息库，能够为企业创造良好投资环境，减少信息不对称导致的潜在风险，从而促进企业的对外直接投资（Luo，Xue 和 Han，2010）。第二，政府能够为企业 OF-DI 提供风险保障机制，从而使企业对外投资抗风险能力提升，企业愿意投资的规模也相应提高。国家通过制定相关政策从国家层面为企业对外投资提供汇兑限制险、征收险、战争及政治暴乱险、政府违约险和承租人违约险等风险担保。基于以上分析，本章提出假设：

假设1：相对于"一带一路"倡议之前，"一带一路"倡议提出后，该倡议能促进中国对"一带一路"沿线国家的直接投资规模。

（二）"一带一路"倡议对中国向不同政治关系的国家的对外投资规模的影响

假定中国对外投资的国家都是同质性的，而事实上，对外投资的国家具有异质性，从政治的角度而言，体现在两个方面：一个是国家之间政治关系的异质性，二是国家之间政治风险的异质性。下文围绕这两个异质性来分析。首先分析"一带一路"倡议对中国向不同政治关系的国家进行对外投资的异质性，进而再分析"一带一路"倡议对中国向不同政治风险的国家进行对外投资的异质性。

母国与东道国良好的外交关系能够降低交易的成本和不确定性，对两国的经济合作与发展有重要作用。

外交关系的建立表明两个不同主权国家确定了友好政治关系，是两国之间实质性的制度安排（Jonsson，2005）。建立外交关系级别越高，越有利于各种规则的完善和保护投资者的利益，进而有助于投资者对东道国制度的适应与自我调整和修正（Makino 和 Tsang，2011；张建红和姜建刚，2012）。国家外交关系可以为两国经济活动提供特定的制度背景，使对外直接投资在制度路径依赖机制下持久性地受制度影响。外交关系塑造了功能化的政治制度，并通过制度的创造与变迁来促进双方的经济关系。

外交关系级别越高，母国与东道国经贸制度协作架构越好。外交关系使得双边政府提供强制性的制度安排与变迁，这是主动形成的，表现为各种形式的规则，如签订双边协议与条约、成立专门的国际政府组织与机构直接影响要素流动、赋予投资商投资的合法性等形式，这些制度规则有助于企业在东道国投资降低谈判和交易费用，促进投资规模增长。外交关系级别越高，制度框架的深入水平和协作水平越好，对于 OFDI 的促进作用也越强。

外交关系级别越高，对外投资风险壁垒也越低。良好的政治关系作为替代性的制度安排，减少投资者在东道国投资经营的不确定性，以促进直接投资。外交关系级别越高，母国与东道国合作时间越长，合作程度越紧密，意味着两国经济往来十分密切。因此，母国企业对于东道国的投资风险和实际情况有着更清晰明确的定位，从而有助于降低对外投资的风险壁垒，有效促进 OFDI。

外交关系级别越高，意味着东道国政策优惠程度越高，以往友好合作次数越多，越有利于各种规则的完善，越能保证投资者的利益，也越有助于投资者对东道国制度的适应与自我调整和修正，从而对投资的促进作用也越大。此外，制度嵌入的深化使投资商甚至在海外也能复制与母国类似的投资环境或系统，从而形成比较优势，并增强投资商的联系、杠杆效应、学习能力。

由此，提出假设：

假设 2a："一带一路"倡议的投资促进效应具有外交关系的异质性。外交关系级别越高，投资促进作用越大。

外交政策是各国中央政府制定的，而地方政府在遵循中央政府制定的外交政策时，在一定范围内也有搭建外交关系的权利，反映为双边城市间的外交,即建立友好城市关系。友好城市,亦称姐妹城市(Twin Cities),是两国城市间处于友好合作共同发展目的,签订真实条约以促进各方面积极交流合作的制度安排关系(Rao 和 Veenapani,2010)。

友好城市数量越多,母国与东道国城市间制度框架构建越全面,企业对外直接投资的规模越大。城市交流是双边政治关系中短期非正式的制度安排,常伴随相应的经济交流,最直接的包括直接投资协议和商贸合同,间接的则有相应的经济交流合作促进政策。企业作为投资主体,出于对政府偏好的考虑,有迎合政策导向的动机。母国与东道国友好城市数量越多,其释放的积极信号则越强。企业通过将投资纳入政策影响范围,在友好城市数量越多的东道国投资,能够契合政府政策,达成更有效的点对点合作,并且在交易成本和信息获取方面具有极大优势,从而其对外直接投资规模将会增大。

另一方面,友好城市数量越多,母国企业在东道国投资优势越大。友好城市双方地方政府以实现共同利益为目标,相互发展、相互竞争,从而建立密切平等的合作关系,能把各种社会资源或者社会资本有效地结合起来并进行合理分配(Blanco 和 Campbell,2006)。这赋予企业一种新的所有权优势,促进企业的对外投资。同时,通过友好城市安排和创造的经济与商务活动和各种交易场所(Ramasamy 和 Cremer,1998),增加信息的可获性,降低交易成本,促进投资决策,并增强对行为的履行程度。这种双边友好城市的建立为投资商提供了社会资源所有权优势和信息优势。因此,理性选择的投资商会增加在合作城市较多的东道国的投资。

由此,提出如下假设:

假设 2b:"一带一路"倡议的投资促进效应具有友好城市数量的异质性。两国之间友好城市的数目越多,投资促进作用越大。

外交事务是国际关系的一个重要方面,它是国家对外交往的重要渠道和手段。外交的一个重要目的是为经济发展创造良好的外部条件,通过外交活动积极发展与各国的经济合作。

高层领导人出访东道国次数越多,通过出访签订的经济合作项目越多,越有利于促进企业对外直接投资规模扩大。领导人出访指的是国家领导人正式的国事访问,是国家间政治关系亲密度的重要表现。领导人需要考量其无法参与国内事务而须付出的较高的政治机会成本以及出访将带来的政治关系收益,仅当后者超越前者,且由较低层级官员前期的多轮磋商协调并取得可信的政治成果后,才可能推动互访的实现(孙泽生和严亚萍,2021)。

领导人直接出访通常都会有随行企业带来的的直接投资项目。领导人出访次数越多，随行企业直接与东道国签订合作项目的数量自然也会更多，相当于直接提高了对东道国的直接投资规模。研究发现，中国国家主席与国务院总理的出访能显著提高海外并购的成功案例数量，相应的，海外并购等价于对外直接投资规模（黄亮雄，2018）。进一步的，闫雪凌（2019）发现领导人访问对中国对外直接投资具有显著的当期促进效应，验证了短期非制度安排的短期冲击效应。

另一方面，领导人出访次数越多，母国投资者对东道国信心越强，促进投资效果越大。在一定程度上，高层政治访问是海外投资商政治权利从母国向东道国的空间扩散过程。母国政府对东道国的政治影响是海外投资商在东道国获取商业优势的重要途径。这表明母国政府可以在双边高层政治访问的过程中依靠政治权利和能力为其在东道国投资的企业提供较好的制度安排。此外，海外投资企业不仅遵循经济利益最大化原则，也遵循风险最小化原则，本能的风险规避意识导致海外投资企业在东道国投资时往往追随或参照双边政治关系这面旗帜。然而投资商对双边政治关系的判断评估往往简单、直观、缺乏投资专业化团队的指导（Kobrin et al.，1980）。对投资商而言，双边高层互访是双边国家友好的一种信号，这种表层可观察到的双边友好关系能增加他们对东道国投资的信心。同时，新兴国家的企业在跨国投资时，往往与政府的偏好、优先权保持一致（Gammeltoft et al.，2010），这意味着政府的政治偏好可能影响投资决策。具体而言，当政府偏好于某一国家时，高层互访增加，这也是给投资商的一种鼓励的信号。母国高层领导出访其他国家次数越多，意味着与母国有合作协议的国家越多，并且合作越密切。企业在东道国投资具有国家层面的政策保障与支持，便利程度越高。

由此，提出如下假设：

假设2c："一带一路"倡议的投资促进效应具有高层领导出访数量的异质性。中国领导人出访国家的次数越多，投资促进作用越大。

（三）"一带一路"倡议对中国向不同政治风险国家的对外投资规模的影响

根据韦军亮（2009）的定义，政治风险是指在东道国境内或境外发生的特定政治事件、活动、政府行为（如政府违约、革命）、社会事件或活动（如骚乱）导致的跨国公司海外分支机构经营环境的非预期变化。处于理性人天然的风险厌恶，投资主体都会尽可能规避风险。这算是因为，政治风险的增加会对投资主体的投资行为产生不利影响，包括直接的财务损失，如长时间罢工、骚乱；额外开支或成本，如政府制度不完善带来的权力寻租等，这些风险会直接减少企业的预期收益。这些政治风险意味着较高的风险壁垒和成本壁垒。

东道国行政风险越高，东道国制度发展越不完善，经济越落后，投资机会相对更丰富，投资促进效果越好。在行政风险高（如官僚质量差、腐败程度高）的国家，其经济发展水平相对较差，这类发展中往往还伴随着严重的人口问题。由于技术落后等原因，固定资产投资如基础设施建设在这类国家需求远远超过供给，因此在这类国家尽管行政风险较高，外国企业在投资过程中可能面临较高的交易成本与诉讼费用，但相对于制度完善、经济发展水平较高的发达国家来说其投资机会更多，投资收益更大。由于进行对外直接投资的企业规模往往非常庞大，其抗风险能力也较高，为了得到更高的收益，这些跨国企业有动力倾向于在这类行政风险较高的东道国进行投资。

东道国行政风险越高，监管越宽松，企业 OFDI 投资阻力相对较小，投资促进效果越好。在行政风险较高的东道国，公务人员素质差，腐败程度高，制度不够完善。这类发展中国家监管制度往往不够完善，企业投资所面临的监管与审查相对宽松，企业投资成功率提高。同时，对于技术型企业来说，在这类国家其技术优势更加明显，可以通过低成本的寻租保持其垄断地位并持续赚取超额利润。

由此，提出如下假设：

假设 3a："一带一路"倡议的投资促进效应具有行政风险的异质性。东道国行政风险越高，投资促进作用越大。

东道国经济风险越高，宏观经济风险越高，对投资的抑制效应也就越高。宏观经济风险集中反映了东道国经济增长的动态变化状况，是与政治、制度和社会环境等方面因素交互作用的，容易产生交叉风险进而影响对外直接投资。实证研究表明，对 OFDI 有显著促进作用的包括市场规模、经济增速、国民收入、资源状况、劳动力数量、对外开放程度等一系列宏观经济变量，如果东道国在这些方面没有优势，那么以上变量或因素就成为抑制 FDI 流入的经济风险，如经济增速缓慢、市场空间狭小、国民收入水平低往往意味着产业发展落后、有效需求不足；基础设施落后往往意味着流通难度大、物流成本高；对外开放程度低则往往意味着准入壁垒高、交易成本高，等等。东道国宏观经济风险越高，越不利于创造一个稳定的经济社会发展局面，对投资促进作用越小。

东道国经济风险越高，金融和债务风险越高，对投资的抑制效应也就越高。金融和债务风险主要是指东道国无法偿还债权人债务，进而导致债权人可能面临损失的风险，即东道国的主权信用风险。在国际资本流动中，对外直接投资受东道国政治经济波动影响最大，在发生风险时很难撤回，容易造成较大损失。Hayakawa 等（2013）认为与短期的银行贷款或组合投资不同，对外直接投资很难从发生金融风险的东道国撤出，一旦东道国的外债/GDP 比率上升，东道国偿债能力下降、金融和债务风险上升，将会给企业带来巨大冲击。金融和债务风险主要包括通货膨胀状况、利率和汇率水平、金融系统稳定性以及东道国的主权信用状况，如外债水平、赤字状况、贸易条件，等等。如果东道国的金融风险较高或者债务偿还出现困难，就会极大地冲击宏观经济和其他领域，引发系统性风险。无论是 20 世纪 80 年代发生的拉美债务危机，还是 21 世纪的欧洲债务危机，都是金融债务风险引起了东道国的国际资本流动巨大波动，进而影响宏观经济稳定健康发展。东道国的外债水平、偿债能力、国际收支状况、财政赤字水平等主权信用状况，也会影响经济稳定性。

由此，提出如下假设：

假设 3b："一带一路"倡议的投资促进效应具有经济风险的异质性。东道国经济风险越高，投资促进作用越小。

冲突风险包含东道国内部冲突风险和对外部的冲突风险，直接与东道国国内国外政治形势相关联。冲突风险具有随机性和不确定性，企业在做出决策时无法对这一风险进行预测。一旦东道国爆发不同程度的内外冲突，作为直接投资方，很有可能直接面临值冲突带来的投资损失。这些投资损失也无法通过制度构建直接规避。因此，企业在进行对外投资决策时，会根据东道国历史上发生冲突的频率考察该国冲突风险水平，若该国发生冲突频率较高，企业将会倾向于减少该国的投资。所以东道国冲突风险越高，对促进投资效果越差。

冲突风险是国家经济合作和母国政策支持无法降低的一种风险壁垒。国家间经济合作和政策支持只能降低信息的不对称性，促进企业在东道国对外投资环节中的相关壁垒打通，不影响东道国自身的问题。冲突风险越高，意味着潜在收益越低，潜在投资成本越高。简而言之，政治冲突风险会通过对企业实现利润最大化的负面效应从而抑制投资主体的直接投资规模（Harms，

2002)。所以冲突风险越高,对企业 OFDI 促进效果越差。

由此,提出如下假设:

假设 3c:"一带一路"倡议的投资促进效应具有冲突风险的异质性。东道国冲突风险越高,投资促进作用越小。

二、数据说明与变量测量

(一)数据说明

本书所有变量均是国家层面的数据。对外直接投资流量的数据来源于国家统计局数据库和商务部发布的历年《中国对外直接投资统计公报》。由于商务部的中国对外直接投资国别数据最早发布于 2003 年,因此,本书的数据区间选择 2003—2018 年,其余变量也按照该时间窗口来选取。

为了完整探究中国对"一带一路"沿线不同政治关系和风险的国家投资选择的影响,本书在构建面板时同时引入了这两个方面的数据。其中外交关系类的数据包括友好城市数量、主席出访次数、总理出访次数,数据均整理自外交部官方网站公示的报道与文件①。政治风险数据来源于美国政治风险服务集团(Political Risk Service, PRS Group)的国家风险国际指南(International Country Risk Guide, ICRG)。该指数首次发布于 1980 年,目前覆盖 140 个国家与地区。ICRG 发布全球各个国家和地区的风险报告,其中含有的政治风险指数(Political Risk Ratings, PRR)是报告中国家风险指数的一部分,其分值介于 0 到 100,得分越高代表该国家政治风险越低。该政治风险指数由以下12 个合成指标构成(见表 7-1),详情参见其官方网站②。

表 7-1　政治风险指数表

序号	具体题项	最大分值
A	政府稳定性(Government stability)	12
B	社会经济情况(Socioeconomic conditions)	12
C	投资环境(Investment profile)	12

① 外交部官方网站 https://www.fmprc.gov.cn/web/。
② 美国政治风险服务集团官方网站 https://www.prsgroup.com/。

续表

序号	具体题项	最大分值
D	国内冲突（Internal conflict）	12
E	外部冲突（External conflict）	12
F	腐败（Corruption）	6
G	军人在政治中地位（Military in politics）	6
H	宗教冲突（Religious tensions）	6
I	法律和秩序（Law and order）	6
J	种族冲突（Ethnic tensions）	6
K	民主稳健性（Democratic accountability）	6
L	官僚体系质量（Bureaucracy quality）	4
Total	–	100

　　本书数据整理自推进"一带一路"建设工作领导小组办公室指导、国家信息中心主办的中国"一带一路"网，将已同中国签订共建"一带一路"合作文件的国家视作"一带一路"国家。由于"一带一路"倡议是由习近平主席在 2013 年提出，将 2013 年及以后的年份设定为在倡议提出后。此外，参考现有文献的做法，大部分研究对政策冲击的时间点基本设置为政策提出当年，而且"一带一路"倡议研究的文献也表明 2013 年是合理的政策提出节点（吕越、陆毅，2019）。

　　有关经济状况的数据，首先，本书选取了来自世界银行数据库的国内生产总值（GDP）、中国向"一带一路"沿线国家的出口额，其中，中国对东道国出口额选自世界银行的世界综合贸易方案（World Integrated Trade Solution，WITS）数据库。WITS 数据库可按照各种产品分类、产品细节、年份及贸易流量查询各国之间的双边贸易，也包含关税和非关税措施以及用于计算降低关税的效果的数据分析工具。本书选取了中国对其他国家出口额数据。

　　描述国家的制度质量则使用世界银行的全球治理指标（Worldwide Governance Indicators，WGI）数据，该数据包括 1996—2013 年全球 215 个国家六大治理维度方面的数据，即话语权和责任、政治稳定性和不存在暴力、政府效率、规管质量、法治和腐败控制。将其六个维度取平均值得到某个国家综合的制度质量数值。由于各个数据库中对经济体的划分略有不同，本书选取数据均按照 GB/T 2659—2000 标准的国家代码进行整理，并将其中的美元数据全部转化为 2010 年不变价美元。数据变量说明、描述性统计如表 7 - 2、表 7 - 3 所示。

表7-2 变量说明

	变量名称	变量符号	变量单位	变量含义	数据来源
因变量	对外直接投资规模	OFDI	万亿美元	中国对东道国的对外直接投资流量	商务部、国家统计局
核心变量	是否为"一带一路"国家	OBOR	—	虚拟变量,"一带一路"国家记为1	"中国一带一路网"
	是否在政策提出后	Post	—	二值变量,时间在"一带一路"倡议提出后记为1	构造变量
政治关系	友好城市数目	Sister city	个	中国与东道国间的友好城市数	外交部
	高层出访次数	Leader visit	次	中国国家主席和总理对东道国出访次数	外交部
	外交关系层级	Diplomacy type	—	经过量化后的外交伙伴关系	外交部
经济制度状况	国内生产总值	GDP	10亿美元	东道国国内生产总值	世界银行
	中国对东道国出口规模	Export to country	千亿美元	中国对东道国出口额	WITS数据库
	制度质量	WGI	—	取政权稳定性、政府效率、监管质量、腐败控制、法律制度和话语同责权6个维度平均数	世界银行
	经济距离	Economic distance	百万美元	东道国与中国人均GDP之差	世界银行
	矿产资源占比	Mineral	—	东道国矿产资源出口占总出口额比例	国际货币基金组织
	燃料出口占比	Fuel	—	东道国燃料资源出口占总出口额比例	国际货币基金组织
	是否加入世界贸易组织	WTO	—	东道国是否加入WTO	CEPII数据库数据库
	贸易依存度	Trade dependence	—	东道国进出口总额与GDP的比值	世界银行
	两国首都地理距离	Geographic distance	百万千米	中国与东道国首都之间的地理距离	谷歌地图

续表

	变量名称	变量符号	变量单位	变量含义	数据来源
政治风险	行政风险	Administration risk	—	政府稳定、官僚质量、腐败控制、军事参政、法律、民主问责倒数和	PRS 集团
	经济风险	Economic risk	—	社会经济、投资概况倒数和	PRS 集团
	冲突风险	Conflict risk	—	宗教紧张、内部矛盾、外部矛盾与民族冲突倒数和	PRS 集团

注：其中的美元均为 2010 年不变价美元。

表7-3 变量描述性统计表

变量	样本量	平均值	标准差	最小值	最大值
OFDI	2820	42.672	442.692	-1100	11000
OBOR	4685	0.66	0.474	0	1
Post	4687	0.247	0.431	0	1
Leader visit	4686	0.113	0.338	0	4
Sister city	4508	6.27	22.19	0	242
Diplomacy type	4686	1.732	1.35	0	5
Administration risk	4482	4.07	1.191	0	6.5
Economic risk	4481	6.782	2.341	0	11.5
Conflict risk	4482	6.797	1.546	0	9
GDP	4668	0.284	1.189	0	20.544
WGI	3813	-0.003	0.916	-2.449	1.969
WTO	4508	0.718	0.450	0	1
Investment freedom	2793	52.990	21.339	0	95
Export to country	4278	57.189	257.179	0	4303.262
Economic distance	4416	10.29	21.606	-7.308	186.862
Geographic distance	4682	8.993	3.818	0.81	19.297
Mineral	4508	5.989	12.769	0	86.54
Fuel	4508	12.104	24.278	0	99.986

(二)核心变量测量

对外直接投资规模(OFDI):中国对东道国的直接投资流量为当年中国对东道国发生的直接投资流量额,反映了中国与东道国之间资本的流动情况。

是否为"一带一路"国家(OBOR):这是一个二值变量,将已经与中国签订"一带一路"合作备忘录的国家的OBOR记为1,没有的记为0。东道国与中国签订"一带一路"合作备忘录的数据参考中国官方的"中国一带一路网"。

是否在倡议提出后(Post):这是一个虚拟变量,将时间在"一带一路"倡议提出年份及之后的年份数据的post记为1,之前的年份记为0。

外交关系类型（Diplomacy type）：利用中国伙伴关系分层进行简单的量化得出的外交关系，构造方法如表 7 - 4 所示。从表中可以看出，随着数值的增大，中国与东道国之间的政治关系越好。

表 7 - 4　外交关系构建表

外交关系类型	Diplomacy type 李克特数值
未建交	0
建交	1
一般伙伴关系	2
全面合作伙伴关系	3
战略伙伴关系	4
全面战略伙伴关系	5

友好城市数量（Sister city）：利用外交部网站消息统计得出的中国当年与东道国具有的友好城市数量。

高层出访次数（Leader visit）：外交部网站消息统计得出的中国国家主席和总理当年对东道国的出访次数。

政治风险指数（Political risk）：按照之前的数据说明，政治风险分为 12 个维度，分别是政府稳定性、社会经济条件、投资回报、内部冲突、外部冲突、腐败、军事干预政治、宗教参与政治、种族关系紧张、法律与秩序、民主责任、官僚主义，并依据规则对 12 个维度分别进行打分，原数据得分越高风险越低。参考韩民春（2017）的处理，对 12 个指标取倒数和，得到处理后的政治风险指数，其得分越高风险越高。根据 12 个指标，本书形成了 3 种类型的政治风险，分别是行政风险、经济风险和冲突风险，具体指标构建公式和其他控制变量详见前面的表 7 - 2。

三、计量分析与结果

（一）计量模型设定

本书采用了自然实验中的双重差分模型。一项公共政策（如本书所研究的"一带一路"倡议）的实施使得社会中的部分群体受到了某种影响，而另外一部分群体则可能没有受到任何影响，或者受到的影响小得多，因此它的执行可以类比于自然科学实验中对试验对象施加的某种"处理"。使得社会中个人、厂商、城市等的环境发生改变的外生事件被称为自然试验（Natural experiment）或准实验（Quasi – experiment）。如果一项公共政策可被视为自然实验，那么通过比较受到政策影响的社会群体——处理组（Treatment group）和没有受到政策影响的社会群体——对照组（Control group）就可以了解该项政策所产生的效果。而双重差分法可以通过构建交互项研究外生事件的影响。

本书以"一带一路"倡议的提出作为准自然实验，考查其对中国对外直接投资规模的影响。故选取"一带一路"国家为处理组、其他国家作为对照组，具体模型构造如下：

$$OFDI_{ct} = \beta_1 OBORXpost_{ct} + X_{ct}\gamma + \alpha_c + \psi_t + I_c + \varepsilon_{ct}$$

其中，下标 c 表示国家，t 表示年份。因变量为中国对东道国 c 在年份 t 的对外直接投资流量 OFDI。交互项 $OBORXpost_{ct}$ 表示"一带一路"倡议提出后虚拟变量与处理组虚拟变量的交互项，也是双重差分法关注的核心变量，其回归系数值 β_1 即为准自然实验冲击后对实验组产生的净效应，即准自然实验对实验组带来的净直接投资规模的影响。上述公式中，$post_t$ 为处理效应时期虚拟变量，由于"一带一路"倡议在 2013 年提出，故将 2013 年及之后年份的 $post_t$ 设定为 1，之前的年份设定为 0。$OBOR_c$ 是处理组虚拟变量，表示东道国经济体是否为"一带一路"国家，如果是"一带一路"国家将该变量设定为 1，否则为 0。X_{ct} 为一系列反映东道国特征的控制变量。α_c 为国家固定效应，ψ_t 为时间固定效应，I_c 为地区固定效应，ε_{ct} 为误差项。由于国家数量较多，为了更好地控制国家固定效应，利用世界银行的国家人均收入水平，将国家划分为 4 类地区：人均国民收入不到 1036 美元的国家归属于低收入地区；人均国民收入在 1036 ~ 4045 美元的国家属于中等偏下收入地区；人均国民收入在 4046 ~ 12535 美元的国家属于中等偏上收入地区；人均国民收入高于 12535 美元的国家属于高收入地区。同时，还控制了年份固定效应。为降低内生性的影响，本部分所有控制变量均做滞后一阶处理。

（二）基准回归结果

在本部分，将考察"一带一路"倡议对中国对外直接投资规模的实际效应。表 7 – 5 显示了回归结果，从中可以看出，4 个模型分别探讨了控制项的作用，是否为"一带一路"国家的单独作用、是否在"一带一路"倡议提出后的单独作用、二者及交互项的共同作用下中国对东道国直接投资规模的影响。模型4中显示，"一带一路"倡议对对外直接投资具有显著的促进效应（b=0.966，p<0.001），说明"一带一路"倡议对中国对"一带一路"国家的对外直接投资并显著高于其他国家。

表7-5 双重差分回归结果

Variables	Model 1	Model 2	Model 3	Model 4
GDP	−3.067 ***	−3.068 ***	−3.068 ***	−3.093 ***
	(0.067)	(0.067)	(0.067)	(0.067)
WGI	−0.133	−0.245	−0.245	−0.257
	(0.171)	(0.176)	(0.176)	(0.175)
WTO	−0.224	−0.246	−0.246	−0.288
	(0.210)	(0.210)	(0.210)	(0.210)
Investment freedom	0.007	0.007	0.007	0.007
	(0.004)	(0.004)	(0.004)	(0.004)
Export to country	5.100 ***	5.066 ***	5.066 ***	5.108 ***
	(0.073)	(0.074)	(0.074)	(0.074)
Trade dependence	−0.068	−0.005	−0.005	−0.028
	(0.134)	(0.135)	(0.135)	(0.135)
Economic distance	0.009	0.005	0.005	0.006
	(0.005)	(0.006)	(0.006)	(0.006)
Geographic distance	0.055 **	0.049 *	0.049 *	0.052 **
	(0.020)	(0.020)	(0.020)	(0.020)
Mineral	0.002	0.003	0.003	0.003
	(0.004)	(0.004)	(0.004)	(0.004)
Fuel	−0.004	−0.004	−0.004	−0.004
	(0.003)	(0.003)	(0.003)	(0.003)
OBOR		−0.481 **	−0.481 **	−0.836 ***
		(0.165)	(0.165)	(0.193)
Post			−1.090 **	−1.781 ***

续表

Variables	Model 1	Model 2	Model 3	Model 4
			(0.355)	(0.405)
OBOR X post				0.966***
				(0.275)
Constant	1.145*	1.407**	1.407**	1.651***
	(0.459)	(0.467)	(0.467)	(0.471)
Observations	1,876	1,875	1,875	1,875
R - squared	0.771	0.772	0.772	0.774
Region effect	控制	控制	控制	控制
Year effect	控制	控制	控制	控制

注：表中报告的是非标准化系数，括号中为标准误差。***、** 和 * 分别表示 0.1%、1%、5% 的显著性水平。

在控制经济区位水平的几个因素中，GDP 的系数显著为负（b = -3.067，p < 0.001），这可能是因为 GDP 相对较低的国家发展前景大、发展速度较快，中国对其投资规模也会更大。而地理距离（b = 0.055，p < 0.01）的系数显著为正，该值越大，表明中国与东道国的互补性更强，更有利于吸收中国的对外直接投资。中国对东道国出口的系数（b = 5.100，p < 0.001）显著为正，这说明东道国的经济外向程度高，也更容易吸引中国的投资。

（三）双重差分估计的有效性分析

为进一步验证双重差分法的有效性，本部分进行平行趋势检验和安慰剂检验。

1. 平行趋势检验

双重差分模型的前提假设是，在政策冲击发生前，处理组和对照组的变化趋势是一致的。这样双重差分交互项的估计量才能一致无偏地反映政策冲击对处理组的净影响。这个一致的变化趋势通常被称为平行趋势假定。为了验证基准回归中的平行趋势假定成立，构造如下实证模型：

$$OFDI_{ct} = \beta_k \sum_{k \geq -4}^{4} OBOR_c \cdot year_{2013+k} + X_{ct} + \alpha_c + \psi_t + \varepsilon_{ct}$$

其中，$year_t$ 为年度虚拟变量，当年份为 t 年时值取 1，其他取 0。其他变量与基准回归一致。根据该模型可以建议 2013 年 "一带一路" 倡议提出前后

5 年的趋势变化。图 7-1 汇报了其 β_k 结果。其中，点为 β_k 回归值，竖线范围为 β_k 的 95% 置信空间。

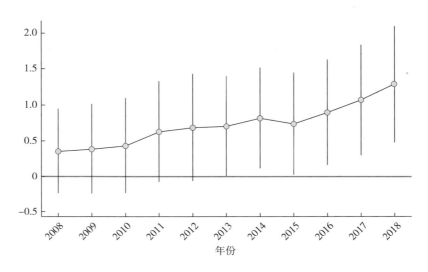

图 7-1 平行趋势检验动态效应图

可以看到，在 2009—2012 年，趋势差异系数的置信区间包含零，即无法拒绝原系数为零的假设。这说明在这段时间内，处理组和对照组没有显著差异，通过了平行趋势检验。进一步分析，在 2013 年以及之后，即"一带一路"倡议提出当年和之后，系数显著为正，95% 置信区间不包含 0，说明处理组与对照组有显著差异。这个差异在 2013—2018 年均显著，这说明中国向"一带一路"国家的投资在"一带一路"倡议后与在其他国家存在显著差异。

2. 安慰剂检验

根据双重差分前提假设，政策发生前，对处理组和对照组的对外直接投资不应该出现显著差异，即如果将政策假定发生与真实发生事件（2013 年）之前，其核心变量的估计系数应当不显著。如果结果与预期相反，这说明尚有未曾考虑到的因素驱动了中国对"一带一路"国家与其他国家的投资差异，而不仅仅是政策效应本身。于是，对政策发生年份做安慰剂检验，分别选取 2008—2012 年作为冲击年份，为了平衡面板在假想冲击事件两侧的数据量，分别各自取 2013 年前后 5 年作为时间窗口，发现 2013 年之前的系数均不显著，佐证了平行趋势的检验结果。

表7-6 安慰剂检验结果

	2008 年	2009 年	2010 年	2011 年	2012 年	2013 年	2014 年	2015 年	2016 年	2017 年	2018 年
OBOR X Post	0.353	0.384	0.431	0.627	0.685	0.704*	0.818*	0.739*	0.898*	1.073**	1.292**
	(0.305)	(0.322)	(0.342)	(0.359)	(0.381)	(0.355)	(0.358)	(0.364)	(0.376)	(0.393)	(0.415)
Constant	256.264***	256.264***	256.264***	256.264***	256.264***	256.264***	256.264***	256.264***	256.264***	256.264***	256.264***
	(75.047)	(75.047)	(75.047)	(75.047)	(75.047)	(75.047)	(75.047)	(75.047)	(75.047)	(75.047)	(75.047)
Observations	1, 868	1, 868	1, 868	1, 868	1, 868	1, 868	1, 868	1, 868	1, 868	1, 868	1, 868
R - squared	0.764	0.764	0.764	0.764	0.764	0.764	0.764	0.764	0.764	0.764	0.764
控制变量	控制	控制	控制	控制	控制	控制	控制	控制	控制	控制	控制
Region effect	控制	控制	控制	控制	控制	控制	控制	控制	控制	控制	控制
Year effect	控制	控制	控制	控制	控制	控制	控制	控制	控制	控制	控制

注：表中报告的是非标准化系数，括号中数据为标准误差。
***、**和*分别表示0.1%、1%、5%的显著性水平。

（四）进一步的考察：基于三重差分法研究中国对"一带一路"沿线不同政治关系的国家对外直接投资规模的影响

接下来将采用三重差分法进一步考察中国在"一带一路"国家的投资选择是否受中国与东道国政治关系的影响。于是将基准回归方程拓展如下：

$$OFDI_{ct} = \beta_1 OBORXpostXrelation_{cti} + \eta_1 OBOR\_post_{ct} + \eta_2 OBORXrelatio\ n_{ci} +$$
$$\eta_3 postXrelatio\ n_{ti} + X_{cti}\gamma + \alpha_c + \psi_t + \varepsilon_{ct}$$

在该模型中 OBORXpostXrelation 表的就是外交关系与是否为"一带一路"国家与冲击年份变量的三重交互项，其系数 β_1 的值反映的就是外交关系较好的"一带一路"国家在政策冲击年份后的净效应。

表 7-7 展示了"一带一路"倡议、政策时点与外交关系三重交互对对外直接投资规模的影响显著为正（b = 1.254，p < 0.001），这说明那些外交关系较好的"一带一路"沿线国家在倡议提出后受到中国对外直接投资流量相比对照组增加了。这是因为两国之间良好的外交关系降低了中国与"一带一路"国家的投资壁垒，为中国向"一带一路"国家的投资提供了制度保证和政治保证，从而更加促进了两国之间的投资合作。

表 7-8 显示了"一带一路"倡议、政策时点与友好城市数量三重交互对对外直接投资规模的影响显著为正（b = 0.150，p < 0.001），这说明那些与中国建立更多友好城市的"一带一路"国家在倡议提出后受到中国对外直接投资流量相比对照组增加了。表 7-9 列示了"一带一路"倡议、政策时点与高层出访次数三重交互对对外直接投资规模的影响并不显著（b = -0.052，ns），这说明中国高层出访次数多的"一带一路"国家在倡议提出后受到中国对外直接投资流量与对照组相比并没有显著增加。

表 7-7 外交关系、政策时点与"一带一路"倡议三重交互结果

Variables	Model 1	Model 2	Model 3	Model 4
GDP	-3.067***	-3.087***	-3.203***	-3.228***
	(0.067)	(0.068)	(0.069)	(0.068)
WGI	-0.133	-0.250	-0.202	-0.231
	(0.171)	(0.176)	(0.171)	(0.169)
WTO	-0.224	-0.245	-0.241	-0.283

续表

Variables	Model 1	Model 2	Model 3	Model 4
	(0.210)	(0.210)	(0.204)	(0.202)
Investment freedom	0.007	0.007	0.007	0.008*
	(0.004)	(0.004)	(0.004)	(0.004)
Export to country	5.100***	5.069***	5.187***	5.207***
	(0.073)	(0.074)	(0.073)	(0.072)
Trade dependence	−0.068	0.035	−0.020	−0.066
	(0.134)	(0.138)	(0.134)	(0.132)
Economic distance	0.009	0.005	0.007	0.008
	(0.005)	(0.006)	(0.006)	(0.005)
Geographic distance	0.055**	0.053**	0.051**	0.050**
	(0.020)	(0.020)	(0.020)	(0.019)
Mineral	0.002	0.003	0.005	0.004
	(0.004)	(0.004)	(0.004)	(0.004)
Fuel	−0.004	−0.004	−0.003	−0.004
	(0.003)	(0.003)	(0.003)	(0.003)
OBOR		−0.486**	−0.518*	0.719*
		(0.165)	(0.256)	(0.305)
Post		−1.219***	−0.065	1.860***
		(0.364)	(0.452)	(0.519)
Diplomatic relation		0.079	0.608***	0.972***
		(0.049)	(0.090)	(0.102)
OBOR X post			1.107***	−1.894***
			(0.277)	(0.497)
OBOR X diplomatic			−0.164	−0.765***
			(0.096)	(0.126)
Post X diplomatic			−0.824***	−1.623***
			(0.086)	(0.139)
OBOR X post X diplomatic				1.254***

续表

Variables	Model 1	Model 2	Model 3	Model 4
				(0.173)
Constant	1.145*	1.251**	0.792	0.002
	(0.459)	(0.477)	(0.476)	(0.482)
Observations	1876	1875	1875	1875
R - squared	0.771	0.772	0.785	0.791
Region effect	控制	控制	控制	控制
Year effect	控制	控制	控制	控制

注：表中报告的是非标准化系数，括号中数据为标准误差。

*** 、 ** 和 * 分别表示 0.1% 、1% 、5% 的显著性水平。

表7-8 友好城市、政策时点与"一带一路"倡议三重交互结果

Variables	Model 1	Model 2	Model 3	Model 4
GDP	- 3.067***	- 2.979***	- 3.117***	- 3.146***
	(0.067)	(0.068)	(0.068)	(0.068)
WGI	- 0.133	- 0.373*	- 0.389*	- 0.380*
	(0.171)	(0.176)	(0.171)	(0.170)
WTO	- 0.224	- 0.259	- 0.154	- 0.150
	(0.210)	(0.204)	(0.200)	(0.198)
Investment freedom	0.007	0.007	0.006	0.007
	(0.004)	(0.004)	(0.004)	(0.004)
Export to country	5.100***	4.944***	5.073***	5.092***
	(0.073)	(0.073)	(0.073)	(0.072)
Trade dependence	- 0.068	0.223	0.155	0.132
	(0.134)	(0.139)	(0.135)	(0.134)
Economic distance	0.009	0.004	0.005	0.005
	(0.005)	(0.006)	(0.005)	(0.005)
Geographic distance	0.055**	0.062**	0.056**	0.056**
	(0.020)	(0.020)	(0.019)	(0.019)
Mineral	0.002	0.005	0.005	0.004

Variables	Model 1	Model 2	Model 3	Model 4
	(0.004)	(0.004)	(0.004)	(0.004)
Fuel	−0.004	−0.001	−0.002	−0.002
	(0.003)	(0.003)	(0.003)	(0.003)
OBOR		−0.390*	−0.134	0.269
		(0.161)	(0.207)	(0.219)
Post		−1.010**	−0.889*	−0.235
		(0.331)	(0.383)	(0.399)
Sister city		0.045***	0.114***	0.139***
		(0.009)	(0.013)	(0.013)
OBOR X post			0.114	−0.811*
			(0.279)	(0.328)
OBOR X sister			−0.042**	−0.098***
			(0.015)	(0.018)
Post X sister			−0.149***	−0.220***
			(0.015)	(0.020)
OBOR X post X sister				0.150***
				(0.028)
Constant	1.145*	0.897	0.589	0.323
	(0.459)	(0.462)	(0.456)	(0.456)
Observations	1876	1768	1768	1768
R − squared	0.771	0.774	0.788	0.792
Region effect	控制	控制	控制	控制
Year effect	控制	控制	控制	控制

注：表中报告的是非标准化系数，括号中数据为标准误差。

*** 、** 和 * 分别表示 0.1% 、1% 、5% 的显著性水平。

表 7-9　高层出访、政策时点与"一带一路"倡议三重交互结果

Variables	Model 1	Model 2	Model 3	Model 4
GDP	-3.067 ***	-3.069 ***	-3.102 ***	-3.102 ***
	(0.067)	(0.067)	(0.067)	(0.067)
WGI	-0.133	-0.243	-0.253	-0.253
	(0.171)	(0.176)	(0.175)	(0.175)
WTO	-0.224	-0.245	-0.246	-0.246
	(0.210)	(0.210)	(0.210)	(0.210)
Investment freedom	0.007	0.007	0.007	0.007
	(0.004)	(0.004)	(0.004)	(0.004)
Export to country	5.100 ***	5.066 ***	5.114 ***	5.114 ***
	(0.073)	(0.074)	(0.074)	(0.074)
Trade dependence	-0.068	-0.006	-0.045	-0.045
	(0.134)	(0.135)	(0.135)	(0.135)
Economic distance	0.009	0.005	0.006	0.006
	(0.005)	(0.006)	(0.006)	(0.006)
Geographic distance	0.055 **	0.049 *	0.049 *	0.049 *
	(0.020)	(0.020)	(0.020)	(0.020)
Mineral	0.002	0.003	0.003	0.003
	(0.004)	(0.004)	(0.004)	(0.004)
Fuel	-0.004	-0.004	-0.004	-0.004
	(0.003)	(0.003)	(0.003)	(0.003)
OBOR		-0.480 **	-0.726 ***	-0.729 ***
		(0.165)	(0.198)	(0.203)
Post		-1.086 **	-1.726 ***	-1.732 ***
		(0.356)	(0.408)	(0.416)
Leader visit		-0.025	0.677 *	0.663
		(0.163)	(0.299)	(0.351)
OBOR X post			0.976 ***	0.984 ***
			(0.275)	(0.297)

续表

Variables	Model 1	Model 2	Model 3	Model 4
OBOR X leader			− 0. 737 *	− 0. 713
			(0. 329)	(0. 448)
Post X leader			− 0. 539	− 0. 507
			(0. 321)	(0. 515)
OBOR X post X leader				− 0. 052
				(0. 657)
Constant	1. 145 *	1. 407 **	1. 619 ***	1. 622 ***
	(0. 459)	(0. 467)	(0. 471)	(0. 473)
Observations	1876	1875	1875	1875
R – squared	0. 771	0. 772	0. 775	0. 775
Region effect	控制	控制	控制	控制
Year effect	控制	控制	控制	控制

注：表中报告的是非标准化系数，括号中数据为标准误差。

*** 、** 和 * 分别表示 0.1% 、1% 、5% 的显著性水平。

（五）异质性分析："一带一路"倡议对中国向"一带一路"沿线不同政治风险的国家直接投资规模的影响

表 7 – 10 展示了"一带一路"倡议、政策时点与行政风险三重交互对对外直接投资规模的影响显著为正（b = 0. 748，p < 0. 01），这说明那些行政风险高的"一带一路"国家在倡议提出后受到中国对外直接投资流量相比对照组反而增加了。表 7 – 11 列示了"一带一路"倡议、政策时点与经济风险三重交互对对外直接投资规模的影响并不显著（b = − 0. 002，ns），这说明那些经济风险高的"一带一路"国家在倡议提出后受到中国对外直接投资流量与对照组相比并没有显著增加。表 7 – 12 展示了"一带一路"倡议、政策时点与冲突风险三重交互对对外直接投资规模的影响显著为负（b = − 1. 746，p < 0. 001），这说明那些冲突风险高的"一带一路"国家在倡议提出后受到中国对外直接投资流量相比对照组减少了。

表 7 - 10　行政风险、政策时点与 "一带一路" 倡议三重交互结果

Variables	Model 1	Model 2	Model 3	Model 4
GDP	-3.067^{***}	-2.892^{***}	-2.917^{***}	-2.917^{***}
	(0.067)	(0.066)	(0.066)	(0.066)
WGI	-0.133	-0.155	-0.194	-0.198
	(0.171)	(0.178)	(0.179)	(0.178)
WTO	-0.224	-0.178	-0.210	-0.202
	(0.210)	(0.208)	(0.209)	(0.209)
Investment freedom	0.007	0.007	0.008	0.008
	(0.004)	(0.004)	(0.004)	(0.004)
Export to country	5.100^{***}	4.910^{***}	4.955^{***}	4.955^{***}
	(0.073)	(0.074)	(0.075)	(0.075)
Trade dependence	-0.068	0.034	0.005	0.006
	(0.134)	(0.135)	(0.137)	(0.136)
Economic distance	0.009	0.006	0.007	0.007
	(0.005)	(0.006)	(0.006)	(0.006)
Geographic distance	0.055^{**}	0.045^{*}	0.047^{*}	0.047^{*}
	(0.020)	(0.020)	(0.020)	(0.020)
Mineral	0.002	0.005	0.004	0.004
	(0.004)	(0.004)	(0.004)	(0.004)
Fuel	-0.004	-0.003	-0.003	-0.003
	(0.003)	(0.003)	(0.003)	(0.003)
OBOR		-0.476^{**}	-0.680	0.675
		(0.165)	(0.712)	(0.875)
Post		-1.232^{***}	-0.911	1.733
		(0.333)	(0.735)	(1.238)
Administration risk		-0.129	-0.028	0.168
		(0.081)	(0.147)	(0.164)
OBOR X post			0.738^{*}	-2.710^{*}
			(0.306)	(1.336)

续表

Variables	Model 1	Model 2	Model 3	Model 4
OBOR X administration			−0.006	−0.289
			(0.146)	(0.181)
Post X administration			−0.199	−0.743**
			(0.127)	(0.241)
OBOR X post X administration				0.748**
				(0.282)
Constant	1.145*	1.839**	1.512	0.524
	(0.459)	(0.577)	(0.885)	(0.959)
Observations	1876	1763	1763	1763
R − squared	0.771	0.772	0.773	0.774
Region effect	控制	控制	控制	控制
Year effect	控制	控制	控制	控制

注：表中报告的是非标准化系数，括号中数据为标准误差。

***、** 和 * 分别表示0.1%、1%、5%的显著性水平。

表7-11　经济风险、政策时点与"一带一路"倡议三重交互结果

Variables	Model 1	Model 2	Model 3	Model 4
GDP	−3.067***	−2.899***	−2.920***	−2.920***
	(0.067)	(0.066)	(0.067)	(0.067)
WGI	−0.133	−0.198	−0.268	−0.268
	(0.171)	(0.176)	(0.177)	(0.177)
WTO	−0.224	−0.215	−0.209	−0.209
	(0.210)	(0.207)	(0.207)	(0.207)
Investment freedom	0.007	0.006	0.007	0.007
	(0.004)	(0.004)	(0.004)	(0.004)
Export to country	5.100***	4.925***	4.946***	4.946***
	(0.073)	(0.074)	(0.076)	(0.077)
Trade dependence	−0.068	0.036	0.054	0.054
	(0.134)	(0.135)	(0.137)	(0.137)

续表

Variables	Model 1	Model 2	Model 3	Model 4
Economic distance	0.009	0.005	0.004	0.004
	(0.005)	(0.006)	(0.006)	(0.006)
Geographic distance	0.055**	0.048*	0.055**	0.055**
	(0.020)	(0.020)	(0.020)	(0.020)
Mineral	0.002	0.004	0.004	0.004
	(0.004)	(0.004)	(0.004)	(0.004)
Fuel	-0.004	-0.003	-0.003	-0.003
	(0.003)	(0.003)	(0.003)	(0.003)
OBOR		-0.428**	0.480	0.476
		(0.164)	(0.591)	(0.691)
Post		-1.200***	-1.333*	-1.344
		(0.332)	(0.661)	(1.088)
Economic risk		-0.013	0.123	0.122
		(0.037)	(0.069)	(0.075)
OBOR X post			0.752*	0.766
			(0.301)	(1.138)
OBOR X economic			-0.145*	-0.144
			(0.069)	(0.080)
Post X economic			-0.054	-0.053
			(0.061)	(0.118)
OBOR X post X economic				-0.002
				(0.136)
Constant	1.145*	1.371*	0.274	0.277
	(0.459)	(0.539)	(0.778)	(0.823)
Observations	1876	1762	1762	1762
R-squared	0.771	0.772	0.774	0.774
Region effect	控制	控制	控制	控制
Year effect	控制	控制	控制	控制

注：表中报告的是非标准化系数，括号中数据为标准误差。

*** 、** 和 * 分别表示0.1%、1%、5%的显著性水平。

表 7 – 12　冲突风险、政策时点与"一带一路"倡议三重交互结果

Variables	Model 1	Model 2	Model 3	Model 4
GDP	− 3. 067 ***	0. 039	0. 042	0. 026
	(0. 067)	(0. 092)	(0. 091)	(0. 091)
WGI	− 0. 133	0. 033	− 0. 022	− 0. 031
	(0. 171)	(0. 326)	(0. 323)	(0. 322)
WTO	− 0. 224	− 0. 019	0. 217	0. 232
	(0. 210)	(0. 386)	(0. 384)	(0. 382)
Investment freedom	0. 007	0. 005	0. 002	0. 001
	(0. 004)	(0. 008)	(0. 008)	(0. 008)
Export to country	5. 100 ***	1. 094 ***	1. 132 ***	1. 149 ***
	(0. 073)	(0. 132)	(0. 131)	(0. 131)
Trade dependence	− 0. 068	3. 658 ***	3. 782 ***	3. 797 ***
	(0. 134)	(0. 230)	(0. 228)	(0. 228)
Economic distance	0. 009	− 0. 047 ***	− 0. 055 ***	− 0. 056 ***
	(0. 005)	(0. 010)	(0. 010)	(0. 010)
Geographic distance	0. 055 **	− 0. 049	− 0. 038	− 0. 037
	(0. 020)	(0. 037)	(0. 036)	(0. 036)
Mineral	0. 002	0. 029 ***	0. 030 ***	0. 030 ***
	(0. 004)	(0. 008)	(0. 008)	(0. 008)
Fuel	− 0. 004	0. 008	0. 009	0. 009
	(0. 003)	(0. 005)	(0. 005)	(0. 005)
OBOR		− 1. 432 ***	9. 849 ***	5. 210 *
		(0. 308)	(1. 966)	(2. 411)
Post		− 0. 648	− 1. 772	− 12. 688 ***
		(0. 622)	(1. 520)	(3. 632)
Conflict risk		− 0. 138	0. 998 ***	0. 472
		(0. 103)	(0. 264)	(0. 308)
OBOR X post			− 1. 928 ***	10. 593 **
			(0. 518)	(3. 821)

续表

Variables	Model 1	Model 2	Model 3	Model 4
OBOR X conflict			− 1.484 ***	− 0.853 **
			(0.267)	(0.328)
Post X conflict			0.358	1.861 ***
			(0.185)	(0.490)
OBOR X post X conflict				− 1.746 ***
				(0.528)
Constant	1.145 *	0.315	− 8.508 ***	− 4.547
	(0.459)	(1.073)	(2.121)	(2.430)
Observations	1876	1763	1763	1763
R – squared	0.771	0.220	0.240	0.245
Region effect	控制	控制	控制	控制
Year effect	控制	控制	控制	控制

注：表中报告的是非标准化系数，括号中数据为标准误差。

*** 、 ** 和 * 分别表示 0.1%、1%、5% 的显著性水平。

四、研究结论

本章利用国家层面的对外直接投资数据、国家政治关系和政治风险等数据，以"一带一路"倡议提出作为准自然实验，利用双重差分法考察"一带一路"倡议的实施对中国向"一带一路"国家对外投资规模的影响，以及在不同政治关系和政治风险的东道国中所起作用的差异性。

通过本章的计量分析，得到了如下结论：（1）"一带一路"倡议并没有显著提升中国对"一带一路"国家的投资规模，说明"一带一路"倡议并没有达到应有的政策效果，从而假设 1 没有得到支持。（2）通过建立"一带一路"倡议冲击、"一带一路"国家与政治关系的三重差分模型发现，"一带一路"倡议显著提升了对外交关系良好与友好城市数目多的"一带一路"国家的对外直接投资规模，从而假设 2a 和假设 2b 得到支持。但是，并没有提升中国向高层出访数量多的"一带一路"国家的对外直接投资规模，从而假设 2c 没有得到支持。（3）通过对政治风险的异质性分析发现，中国的对外直接投资确实表现出了显著的风险厌恶，但是只是针对东道国存在的冲突风险，从而假设 3c 得到支持。相反，对于行政风险高的"一带一路"国家，中国的对外直接投资反而表现出了显著的风险偏好，从而假设 3a 得到支持。对于存在经济风险的东道国，中国的对外直接投资则没有表现出显著的风险偏好或风险厌恶，从而假设 3b 没有得到支持。

但是，本章受基础模型的解释方向局限仍有几处不足：无法通过模型解释中国在"一带一路"国家直接投资的区位选择上对外交关系相对一般的国家的偏好；假定伙伴关系之间的外交关系差距是等距线性的，事实上，目前中国外交部没有官方宣布伙伴关系之间的具体层级及差异，本章所采用的分法也仅仅只是出于对外事活动的简单归纳，还需要进一步确认伙伴关系与外交关系的真实联系；在分析具体政治风险对直接投资的影响时，对政治风险进行了较为主观的分类，未来需要采用更加全面的方法来进行更为客观的分类。

从更进一步的角度考虑，本研究需要进一步探索长期政策背景和短期事件冲击同时存在下，经济因素与非经济因素共同作用下，中国对外直接投资区位选择的运作机制，探明具体内部运转逻辑。本研究也仅仅于涵盖各方面因素进行简单的回归分析，对于其具体运作机制尚未有能同时在理论和实证做到严谨数学推导和现实验证的成果。

主要参考文献

［1］陈虹，杨成玉．"一带一路"国家战略的国际经济效应研究——基于 CGE 模型的分析［J］．国际贸易问题，2015（10）：4 - 13.

［2］张建红，姜建刚．双边政治关系对中国对外直接投资的影响研究［J］．世界经济与政治，2012（12）：133 - 155.

［3］戴利研，李震．双边政治关系、制度质量与中国对外直接投资［J］．经济理论与经济管理，2018（11）：94 - 109.

［4］杨连星，刘晓光，张杰．双边政治关系如何影响对外直接投资——基于二元边际和投资成败视角［J］．中国工业经济，2016（11）：56 - 72.

［5］门洪华，刘笑阳．中国伙伴关系战略评估与展望［J］．世界经济与政治，2015（2）：65 - 95，157 - 158.

［6］郭烨，许陈生．双边高层会晤与中国在"一带一路"沿线国家的直接投

资 [J]. 国际贸易问题, 2016 (2): 26-36.

[7] 刘敏, 黄亮雄, 王方方. 构建双边伙伴关系与中国企业对外直接投资 [J]. 当代财经, 2018 (12): 102-111.

[8] 黄亮雄, 钱馨蓓, 李青. 领导人访问与中国企业在"一带一路"沿线国家的海外并购 [J]. 国际商务 (对外经济贸易大学学报), 2018 (6): 47-60.

[9] 闫雪凌, 林建浩. 领导人访问与中国对外直接投资 [J]. 世界经济, 2019, 42 (2): 147-169.

[10] 陈烨, 谢凤燕, 王珏, 赵乙霖. 中国友好城市关系是否促进了城市出口贸易——基于二模网络视角 [J]. 国际贸易问题, 2020 (5): 89-101.

[11] 李晓, 杨弋. 中国"一带一路"沿线投资的影响因素研究——基于投资引力模型的实证检验 [J]. 东北师大学报 (哲学社会科学版), 2019 (06): 151-158.

[12] 任红, 张长征. "一带一路"沿线国家产业结构对中国对外直接投资的诱发作用研究——基于"陆上丝绸之路"与"海上丝绸之路"沿线国家的比较分析 [J]. 国际商务 (对外经济贸易大学学报), 2020 (2): 48-61.

[13] 韦军亮, 陈漓高. 政治风险对中国对外直接投资的影响——基于动态面板模型的实证研究 [J]. 经济评论, 2009 (4): 106-113.

[14] 王海军. 政治风险与中国企业对外直接投资——基于东道国与母国两个维度的实证分析 [J]. 财贸研究, 2012, 23 (1): 110-116.

[15] 韩民春, 江聪聪. 政治风险、文化距离和双边关系对中国对外直接投资的影响——基于"一带一路"沿线主要国家的研究 [J]. 贵州财经大学学报, 2017 (2): 84-91.

[16] 黄亮雄, 钱馨蓓, 李青. 领导人访问与中国企业在"一带一路"沿线国家的海外并购 [J]. 国际商务 (对外经济贸易大学学报), 2018 (6): 47-60.

[17] 方慧, 宋玉洁. 东道国风险与中国对外直接投资——基于"一带一路"沿线43国的考察 [J]. 上海财经大学学报, 2019, 21 (5): 33-52.

[18] 谢孟军. 政治风险对中国对外直接投资区位选择影响研究 [J]. 国际经贸探索, 2015, 31 (9): 66-80.

[19] Peng, M. W., Wang, D. Y., & Jiang, Y. An Institution-based View

of International Business Strategy: a Focus on Emerging Economies. Journal of International Business Studies, 2008, 39 (5), 920 – 936.

[20] Solow, R. M., A. Contribution to the Theory of Economic Growth. The Quarterly Journal of Economics, 1956, 70 (1): 65 – 94.

[21] Dunning, J., Multinational Enterprises and Global Economy, New York, Addison – Wesley Publication Ltd. 1993.

[22] Bhagwati, J. N., Brecher, R. A., Dinopoulos, E., & Srinivasan, T. N. Quid pro quo foreign investment and welfare. Journal of Development Economics, 1987, 27 (1 – 2), 127 – 138.

[23] Gupta, N. & Yu, X. Does Money Follow the Flag? [J]. Social Science Electronic Publishing, 2009.

[24] Gammeltoft P., Barnard H., Madhok A.. Emerging Multinationals, Emerging Theory: Macro – and Micro – Level Perspectives [J]. Journal of International Management, 2010, 16 (2): 95 – 101.

[25] Ramasamy B., Yeung M., & Laforet S.. China's Outward Foreign Direct Investment: Location Choice and Firm Ownership [J]. Journal of World Business, 2012, 47 (1): 17 – 25.

[26] Harms, P., Political Risk and Equity Investment in Developing Countries. Applied Economics Letters, 2002, 9: 377 – 380.

[27] Hoskisson, R. E., Eden, Lau, C. M., & Wright, M. Strategy in Emerging Economies. Academy of Management Journal, 2000, 43 (3): 249 – 267.

第八章

研究结论与政策建议

一、研究结论

（一）中国对外直接投资区位分布不均

中国对"一带一路"沿线各国的投资历程长短、数量、变化趋势等均不同，但总体上表现为区位不均衡的特征，中国投资集中于特定区域和国家。从区域来看，吸引中国对外直接投资最多的是亚洲地区，且投资比重仍在不断增加，2019 年该区域吸引中国投资额比例超过了 80%①。之后依次为拉丁美洲地区、北美洲地区、欧洲地区、非洲地区和大洋洲地区，这些区域投资比重相差较小。作为中国对外直接投资比重最高的亚洲地区，中国对其内部次级区域投资也存在不均衡特点。东南亚地区具有地理位置邻近优势，吸收了中国对"一带一路"国家一半以上的投资，是"一带一路"国家中吸收中国对外直接投资最多的地区。从区域内部来看，中国对外直接投资在具体国家或地区选择上也具有一定的集中性。中国对于亚洲地区的投资主要集中于中国香港，北美洲和大洋洲地区分别集中在美国和澳大利亚，这三个国家吸引中国投资的比例超过了区域总和的 80%。欧洲地区吸引中国投资最多的地方是俄罗斯，拉丁美洲地区则是开曼群岛，但相较于其他地区，中国对欧洲和拉丁美洲投资的区位选择集中性较低，比较分散。至于非洲地区，吸收中国对外直接投资的集中特征并不明显。

同时，实证回归检验结果表明，在区位选择上，"一带一路"国家的 GDP水平和中国对其出口规模是影响中国对外直接投资的重要因素，中国倾向于投资经济水平较高、与中国贸易往来更为频繁的国家。

（二）"一带一路"倡议促进了中国对"一带一路"国家的投资

"一带一路"倡议提出后，中国对"一带一路"国家投资数量和质量均

---

① 数据来源：商务部。

有所提高，原因如下：第一，"一带一路"倡议作为区域经济合作平台增加了投资机会。作为跨境次区域合作机制，"一带一路"倡议推动了生产要素的自由化流动，一方面增加了地区和国家的贸易和投资，另一方面也促进了生产要素的有效配置，提高了投资效率。第二，"一带一路"倡议优化了投资的区位状况。"一带一路"倡议下亚投行对于"一带一路"国家交通、电力、信息等基础设施建设的投资，改善了交通地理区位，降低了投资成本，有效促进了中国对外直接投资额的不断增加。第三，"一带一路"倡议改善了中国与"一带一路"沿线国家的友好政治关系。"一带一路"倡议提出后，中国对"一带一路"国家的主席出访次数、总理出访次数以及友好城市设立数量均有所增加，而政治关系的向好能够改善投资环境，减少中国对外直接投资的政治不确定性带来的风险，降低政治风险。

值得注意的是，中国对"一带一路"国家与其他国家的对外直接投资因素也存在着差异。针对其他国家进行对外直接投资时，中国较为注重经济发展水平因素，这意味着在没有政策导向的情况下，中国对外直接投资关注市场规模和发展潜力。而中国对参与国进行投资考量时，往往会降低对政治、经济因素的关注。但是在参与国内部，中国对外直接投资的选择仍然会遵从以往的投资逻辑。

总而言之，"一带一路"倡议有效促进了国家地区的次区域经济合作，优化了经济与交通地理区位，促进相关生产要素的自由流动，提高了国际生产效率，推动了中国对"一带一路"国家地区的投资增长。

（三）政治关系与外资依存度关系复杂

1. 东道国制度质量与外资依存度成反向态势

通过对"一带一路"国家平均制度质量指数和平均外资依存度的分析，得到如下结果：第一，从"一带一路"国家制度质量指数居于前十的国家范围来看，制度质量相对越高，其对中国的外资依存度则相对越低。第二，从制度质量处于中上游的国家来看，即制度质量指数位于十至二十名的国家，不同的国家对中国外资依存度的分布情况差异较大，但总的来说都处于中下游水平。因此，可以认为"一带一路"国家的制度质量与对中国的外资依存度成反向态势。

2. 双边外交关系与外资依存度呈正向态势

依据"一带一路"国家平均双边关系指数和平均外资依存度数据比较发

现："一带一路"国家平均双边关系指数排名区间越高,其平均外资依存度指数排名也越高。平均双边外交关系排名为前十的国家平均外资依存度为14.9,排名十至二十的国家平均外资依存度排名为21.8,排名二十至三十的国家平均外资依存度为25.3,排名三十至四十的国家平均外资依存度排名为26。总的来说,这反映着中国与"一带一路"国家双边外交关系的改善能够提高东道国对中国的外资依存度。

(四)政治风险与中国对外直接投资呈正向态势

总的来说,无论是投资规模还是投资速度,中国对"一带一路"国家对外直接投资的主要风险特征都是东道国的综合投资风险偏高。对此,有两个原因可以解释:一是寻求丰富的自然资源和充裕的劳动力是中国对"一带一路"发展中国家投资的主要动机,而经济相对落后、市场前景广阔的经济体虽然大多伴随着政局动荡、基础设施落后、法律制度不完善等社会问题,但是丰富的自然资源所带来的收益可能会超过这些政治风险所带来的损失,因此,可能会忽略东道国的政治风险。二是政府推动的投资项目在一定程度上降低了"一带一路"国家的高政治风险。自"一带一路"倡议提出以来,政府在"一带一路"国家对外直接投资项目中有着不可或缺的地位。中国政府通过在国家层面给予"一带一路"国家资金等方面的援助,树立了负责任的大国形象。而接受过中国援助的国家的居民更加容易接受中国企业的投资,从而在很大程度上优化了中国企业对"一带一路"国家的对外直接投资的投资环境,为中国企业在"一带一路"国家汇入资本、开拓市场奠定了基础。

因此,"一带一路"倡议的提出与推动绝不局限于投资收益的层面,其作为新时代国家顶层合作倡议,必须站在国家战略的层面进行多方面的综合考量。

(五)政治关系与中国对外直接投资成正向态势

计量分析部分表明外交关系的提高能够促进中国对"一带一路"国家的直接投资。主席出访次数、总理出访次数和友好城市数量的能够改善双边政治关系,从而密切双方的经贸合作,促进对外直接投资流量和存量的增长。其中主席出访的外交意义与其他方式相比更为重大,对中国对"一带一路"国家的投资推动作用更为明显。此外,政府运行效能距离也会影响中国对"一带一路"国家的对外直接投资。政府运行效能距离反映中国与东道国在政府运行效能上的差异，一般而言，这种差异越大，政治关系的紧密程度会越小，双边开展经济合作的摩擦成本就越高，不利于中国对其直接投资。

总的来说，中国与"一带一路"国家政治关系的改善能够密切经济合作，为中国对外直接投资提供更为便利的条件，减少投资预期的不确定性，降低投资成本，从而促进中国对外直接投资增长。因此，中国在进行对外直接投资的区位重构时必须考虑政治关系因素。

二、政策建议

（一）在顶层设计层面推动改善"一带一路"建设政治环境

"一带一路"国家数量众多且差异巨大，这导致中国对外直接投资面临极为复杂的发展环境。而改善发展环境这一重任非企业及个人能力所及，需要国家的积极作为与政策配合。因此，国家应该在"一带一路"基本战略框架之下，在外交及经贸关系建设方面给企业以支持。

1. 建设友好政治关系

随着中国的快速发展和国际化参与的日益深入，中国建设"一带一路"倡议面临的地缘政治风险呈上升态势。一些国家会出于国家战略冲突、历史遗留问题等因素的考量而拒绝与中国开展经济合作，因此缩小了"一带一路"倡议的合作空间。

对此，中国应该建立与"一带一路"国家的友好政治关系，推动"一带一路"国家共同参与治理。这要求中国按照地缘政治的逻辑来洞悉不同地区、不同国家的战略利益，尊重"一带一路"国家的真正需求，努力寻找并最大化中国与"一带一路"国家的共同利益，增强中国与"一带一路"国家的政治关系，以获得其对"一带一路"倡议的积极支持。在具体措施上，中国应该构建多维关系互动模式，发展伙伴关系外交，以长期的政治交流与人文对话机制促进投资发展。在政治交流方面，加强高层互访频率，发展城市外交，以政治友好协商促进双边投资合作，并建立双边工作联系机制和贸易协调机制来减少冲突发生的可能性，降低政治风险。在处理国家间不可避免的摩擦时，以冷静、理智的态度解决争端，坚持双边或多边框架下的沟通和对话，在理解对方的基础上达成共识，避免双方政治关系恶化导致的经济合作中断。

在人文交流方面，应进一步推动公共外交，发挥次国家行为体的交流作用，构建政府之间和民间团体之间的有机协调和合作机制。政府可以设立长期稳定的文化交流基金和大型文化交流项目，例如文化和旅游部可以开展具有思路特色的文化产业和旅游产业项目。营造良好的国际形象，传播优秀的中华文化；同时简化国家间的交往障碍，例如放宽签证制度以保障双方顺畅的人员交往，以更好地带动物流和资金流往来。除了发挥政府的文化交往作用外，更应重视企业、民间团体等非国家行为体的对外交往功能，通过社会群众积极与"一带一路"国家的政府和民众进行互动，例如教育交流、青年交流、科技交流、智库交流、媒体交流等，提高他们对于中国的信任度，从而促进"一带一路"国家对中国对外直接投资的支持和推动投资项目的顺利开展。

2. 构建良好投资关系

在"一带一路"建设中，政治和谐的目的在于更便利地进行经济合作，因此需要在维护友好政治关系的基础上，注重投资关系的发展，将政治和谐转化为实在的投资合作行动，才能够真正促进"一带一路"倡议发展，实现互利互惠。

在投资关系上，积极推动与"一带一路"国家的双方或多方签订自由贸易协定，消除贸易壁垒与投资壁垒，持续促进投资便利化。在投资来源上，充分发挥"亚投行"和"丝路基金"等融资机构的作用，为"一带一路"对外直接投资合作项目提供资金支持，开发"一带一路"国家的经济潜力，促进资源的优化配置。同时，加强与其他大型国际金融机构的合作关系，进一步拓展"一带一路"建设资金来源渠道。在投资领域上，助力"海上丝绸之路"国家修建港口、完善基础设施，改善口岸交通建设；协助"丝绸之路经济带"国家修建铁路，出口高铁，积极加入"一带一路"建设中去，加强与"一带一路"国家的互联互通，从硬件设施层面促进投资便利化，促进投资的深入开展。

3. 加强战略利益对接

"一带一路"建设面临域外诸多政治挑战，地缘政治经济竞争风险随着中国的发展而不断加大。对此，中国需要化竞争为合作，通过构建共同利益来减少摩擦风险。对于与中国存在战略竞争的关键大国，需要积极争取与其所主导的战略计划相对接，发现利益契合点，并给予一定的主动权，从而有效应对"一带一路"倡议的阻力和风险（门洪华，2018）。例如针对域外关键大国美国，可以通过构建"中美利益共同体"、深化中美对话交流、拓宽美国了解倡议渠道、与美国共建规则体系、妥善处理双方争端等方式来减少美国对"一带一路"建设的疑虑和阻力（宋瑞琛，2017）。

此外，"一带一路"国家各有其战略计划和发展规划，中国可以加强与"一带一路"国家及其参与组织的战略对接，以扩大合作范围，推进"一带一路"建设。在双边对接上，中国和越南共同建设的"两廊一圈"跨国经济带，通过加强次区域合作来推动"一带一路"倡议的整体发展；中国和印度尼西亚"全球海洋支点"战略不谋而合，扩大"一带一路"倡议的海洋合作。在多边对接上，中国应与亚太经合组织、上海合作组织、东南亚国家联盟、非洲联盟、中亚区域经济合作等多边机构和组织加强来往，深化利益融合（李青燕，2018）。借此，中国可以积极建立起"一带一路"倡议与其他国家和组织的有机联系，实现互动互补，互相促进，为"一带一路"建设营造良好的国际环境。

（二）在具体策略层面引导企业进行"点面结合"式区位选择

中国对外直接投资应根据东道国的实际情况定制投资方案。不同国家之间的基本国情不同，不同地区的政治风险指数与投资规模、投资速度也存在差异，因此，中国在对外直接投资的过程中需要因地制宜，根据东道国的实际情况量身定做投资方案，在最大程度上降低对外直接投资给本国企业带来的风险。

国家应建立"点面结合"投资战略，密切关注东道国投资环境与政策，引导企业高效有序投资。第一，国家应从全球经济体系整体定位"一带一路"倡议，确定"一带一路"倡议的整体布局，合作模式可从双边到小范围多边，再逐渐到大范围多边（王贵国，2020）；进而，选取若干地缘政治环境友好、投资环境适宜、经济发展辐射力强的区域作为"一带一路"建设的重点区域，在其建设成熟后，尽量推动其带动"一带一路"倡议的整体建设，例如中亚地区的哈萨克斯坦和东南亚地区的印度尼西亚，不仅自然资源和能源丰富，其地理位置更是具有重要战略意义，且与中国保持着较好的政治和经济关系。第二，国家应开展"一带一路"国别投资研究，为企业对外直接投资的区位选择提供导向作用。各国工业情况、商业环境、政治环境各有不同，为了更好地实现投资回报，需要加强基于具体地区和国家的投资分析。在互相了解的基础上有针对性地进行经济合作，才更有可能发现新机遇，开发经济潜能，培育新业态（陈艺元，2018）。第三，国家应完善东道国信息了解渠道和公开方式，积极公布东道国政治经济新形势、法律法规、风俗习惯等投资信息，引导企业依据当地发展形势和需求有针对性地进行投资。对于不同类型的国家，应因地制宜，改变投资侧重点。对于和中国政治关系友好、政治互信度高的国家，中国在促进企业对外直接投资时可以发挥在行业中具有优势的国有企业的引导作用，由大型国企带动中小型企业快速高效地"走出去"，而对于地缘政治敏感度高、对国家资本存在疑虑的国家，中国应多采用市场化方式，积极鼓励民营企业对"一带一路"国家开展对外直接投资。

（三）在实际操作层面构建对外直接投资的政治风险防范机制

1. 建立"一带一路"国家政治风险评级和防范体系

中国对"一带一路"国家的投资中，很大一部分集中在高政治风险的国家。因此，在选取对"一带一路"国家投资的目的地以及投资规模时，国家应该建立完善的政治风险评价指标与政治风险评价体系，并应及时应对风险问题。在具体措施上，一是利用国际平台和双边合作加强宏观风险动态监测，充分利用联合国（UN）、二十国集团（G20）、国际货币基金组织（IMF）等重要的国际多边平台，密切跟踪全球主要风险和"一带一路"国家的政治经济形势，做好前瞻性研究和应对工作（陈雨露，2019）。二是加强信息和风险提示，商务部等政府主管部门可以充分发挥信息优势，及时公开发布《对外投资合作国别（地区）指南》《对外投资合作国别（地区）产业导向目录》和《国别贸易投资环境报告》等指南和报告，为企业进行对外直接投资提供相关国家的整体投资信息。通过全方位考察投资目的地的各方面实际情况，结合已有的风险数据并对比各国风险差异，合理布局投资目的地，谨慎选取投资规模，实现资源、市场寻求与潜在风险之间的均衡，可以最大程度降低投资风险，推动"一带一路"建设。

2. 构建"一带一路"国家投资保险制度

对"一带一路"国家的投资，不可避免面临到来自东道国的政治风险。而在无法彻底规避政治风险的情况下，完善的投资保险制度有利于减少风险发生后的损失。合理的保险保障机制，是市场经济条件下对外直接投资风险管理的基本手段，也是对外直接投资体系的重要支柱。通过设置合理的保险保障机制，用经济补偿等手段来弥补政治风险给对外直接投资带来的负担，可以实现"一带一路"国家投资的良性运行和有效管理。

3. 优化投资项目的选择，增进对于投资环境和政策的了解程度

在中国企业的对外直接投资中，应对东道国政治经济形势、风俗习惯、相关规章制度等重要的投资信息做全面的了解。并且根据因地制宜的原则，通过对东道国当地发展现状以及需求特点的研判，对不同的国家采取不同的投资策略。具体而言，在对于吸引中资起点较低的中东欧地区，在对当地欠缺基础设施建设的需求进行研判的基础上，结合中国企业自身的优势，在投资时可以就高速公路、铁路、机场等方面展开。此外，对于以越南为代表的农业国家，可以将投资重点放在第一产业上，以促进国家间的经济合作，并且有利于规避不必要的风险。

4. 与"一带一路"国家共同建立争端仲裁和解决机制

"一带一路"国家中发展中国家居多，政治效能普遍较差，政治制度存在诸多不完善之处，法律建设也相对落后。同时，这样国家对经济冲击的反应能力较弱。在此情况下，一旦"一带一路"合作项目造成政治经济利益受损，就极易产生摩擦，且难以找到快速有效的方式解决冲突，最终阻碍中国与"一带一路"国家的投资合作。因此，应重点筹建符合"一带一路"国家特点和需要的、客观、公正的争端仲裁机构，在争端解决机制和规则上达成共识，以有效解决"一带一路"建设过程中不可避免的国际纠纷，降低"一带一路"合作中的政治风险，为共谋发展提供和睦环境（门洪华，2018）。

三、未来研究方向

结合当今学界对"一带一路"倡议背景下中国对外直接投资区位的研究进度剖析，本书认为，在后续探索"一带一路"背景下，中国对外直接投资区位选择方面，可以结合具体东道国情况，制定不同的对外策略。本书结合"一带一路"各国总体情况，评析了政治关系在企业对外直接投资成果产生的影响程度，并指出企业"走出去"可能面临的政治风险，进而选取代表性国家进行了具体研究，但篇幅所限，本书难以逐个剖析"一带一路"国家国情。因此，在后续研究中，探究具体投资行为可行性与方法策略时，仍需要深入研究不同区域、不同东道国政治经济制度、经济发展战略以及宗教文化差异，才能更具实效地规避政治风险，维护中国对外直接投资利益。

主要参考文献

［1］陈艺元．"一带一路"建设需要"一国一策"［N］．人民画报，2018－01－17.

［2］陈雨露．书写"一带一路"投融资合作新篇章［N］．中国金融新闻网，2019－06－13.

［3］李青燕．携手推进"一带一路"建设行稳致远［N］．光明日报，2018－08－22.

［4］门洪华．"一带一路"规则制定权的战略思考［J］．世界经济政治，2018（07）：19－40，156－157.

［5］宋瑞琛．美国对"一带一路"倡议的认知及中国的策略选择——基于对美国布鲁金斯学会和外交关系委员会学者观点的分析［J］．国际展望，2017，9（06）：57－74，151－152.

［6］王贵国．实施"一带一路"倡议需要制度创新［N］．中国一带一路网，2020－05－27.

致　谢

　　本书的完成得到"对外经济贸易大学中央高校基本科研业务费专项资金资助（项目号：TS4 - 19）"，以及"国际经济研究院科研发展基金资助"的支持。同时，本书的完成离不开对外经济贸易大学科研处的领导和专家以及对外经济贸易大学的老师、同学与合作者的共同支持和帮助！

　　本书由陈建勋进行总体筹划、框架建构、初稿修改与审核校订。各章写作负责人为：第一章：陈建勋、姜珺吉、王瑾钰；第二章：姜珺吉、王瑾钰、陈建勋；第三章：杨云菲、张乐妍、冯鹏程；第四章：陈建勋、刘婉琴、黄咏琪；第五章：刘婉琴、陈建勋、黄咏琪；第六章：陈建勋、方雨琦、杜立伟；第七章：陈建勋、曾德涛、王孜濠；第八章：陈建勋、姜珺吉、王瑾钰。

　　本书的写作经过多轮修改，不断完善，最终成稿。在这个过程中，课题立项过程中得到对外经济贸易大学多位专家以及校外老师的宝贵意见和建议，使得书稿的框架得以不断完善。在具体写作过程中，各位作者都投入了大量的时间和精力来进行数据收集、理论分析和归纳总结，使得本书的质量得以不断提升。同时，感谢中国商务出版社对书稿出版工作的大力支持，使得本书可以如期出版。谢谢你们！

作者